DAS BUCH

Halbgötter in Weiß sind out. Heutzutage wird fast jeder Patient selbst zum Experten. Aber was passiert tatsächlich, wenn Korruption, Kunstfehler und der nackte Wahnsinn im medizinischen Bereich aufeinandertreffen? Dann wird es kriminell. Kriminell gut. Und falls noch irgendwelche Unklarheiten bestehen, fragen Sie Ihren Arzt – oder lesen Sie die Geschichten und die dazugehörigen Essays von Dr. med. Ulrike Blatter.

DIE HERAUSGEBERINNEN

Nessa Altura
2001 veröffentlichte Nessa Altura ihre erste Kurzgeschichte und gewann damit den Friedrich-Glauser-Preis des Syndikats für den besten deutschsprachigen Kurzkrimi des Jahres. Seither hat sie für viele Verlage zahlreiche Storys für Anthologien geschrieben: Kriminalgeschichten und Liebesgeschichten, Humoriges und Historisches. Und damit immer wieder Preise gewonnen. Heute betreibt sie unter *www.autorenexpress.de* ein Blog und einen WebShop und verkauft Literaturgeschenke für Menschen, die das Besondere lieben.
www.nessaaltura.de.

Dr. med. Ulrike Blatter
Ulrike Blatter lebt als Kölnerin im freiwillig gewählten badischen Exil. Die Ärztin und Therapeutin arbeitete »von der Wiege bis zur Bahre«; d. h. von der Geburtshilfe bis zur Rechtsmedizin. Außerdem arbeitete sie viele Jahre in der Sozialpsychiatrie und begleitete ehrenamtlich Projekte für kriegstraumatisierte Menschen. Neben Krimis schreibt sie Lyrik und Kinderbücher, wurde mit Preisen ausgezeichnet und erhielt Schreibstipendien des Förderkreises deutscher Schriftsteller in Baden-Württemberg. Zurzeit schreibt sie an ihrem vierten Roman.
www.ulrike-blatter-krimi.de | *www.ulrike-blatter.de*

HRSG.

Nessa Altura

Ulrike Blatter

Diagnose Mord

BUCHVOLKverlag

Bibliografische Information der Deutschen Bibliothek
Die Deutsche Bibliothek verzeichnet diese Publikation in der Deutschen Nationalbibliografie; detaillierte bibliografische Daten sind im Internet abrufbar unter http://dnb.ddb.de.

Personen und Handlung sind frei erfunden. Ähnlichkeiten mit lebenden oder toten Personen sind rein zufällig und nicht beabsichtigt.

1. Auflage März 2014

Umschlaggestaltung, Layout und Satz: Ulrich Puhlfürst
Schrift: Minion Pro
Druck und Bindung: CPI Deutschland

ISBN: 978-3-944581-01-9

†

www.buchvolk.de

ILKA STITZ

Diagnose Mann

Liebe Gina-Redaktion!

Ihre Zeitschrift fiel mir zufällig in die Hände, und ich habe sie mit großem Vergnügen gelesen. Vor allem Ihr Artikel »Diagnose Mann – das zarte Geschlecht« hat mich begeistert. Sie haben so recht, und ich kann Ihre Einschätzung vollauf bestätigen. Männer sind anfällig, ängstlich und überaus wehleidig.

Und weil Sie mir mit diesem Artikel sozusagen aus dem Herzen geschrieben haben, und ich überzeugt bin, dass Sie mich verstehen, möchte ich Ihnen kurz meine Erfahrungen schildern, auch wenn es für mich unter den gegebenen Umständen derzeit etwas schwierig ist.

Oh Gott, wenn ich daran denke, wie es anfing! Hätte ich damals schon gewusst, wohin das alles führen würde, ich hätte diesen Mann nie geheiratet. Aber was soll ich sagen: Rüdiger war meine große Liebe. Ein stattlicher Mann, sportlich, intelligent, wohlhabend, erfolgreich, alle meine Freundinnen beneideten mich.

Während unserer Flitterwochen trug er mich auf Händen, las mir jeden Wunsch von den Augen ab. Die ersten Anzeichen ignorierte ich oder wusste sie nicht zu deuten. Die Stapel an Blistern mit bunten Pillen, die seine Kulturtasche ausbeulten – bevor ich ihn kennenlernte, wusste ich nicht einmal, dass diese Tablettendinger einen eigenen Namen haben – die Apothekerzeitschriften, die sich auf dem Nachttisch stapelten, die eingekringelten Gesundheitsratgebersendungen im Fernsehprogramm.

Ich erinnere mich noch genau an unseren ersten Streit. Ich bin es gewöhnt, bei offenem Fenster zu schlafen. Nie hatte ich deswegen irgendwelche gesundheitlichen Beeinträchtigungen. Rüdiger schon. Die Zugluft, so versicherte er mir, als er das Fenster schloss, verursache Muskelverhärtungen in seinem Rücken, wenn nicht gar Zerrungen. Mein Unwohlsein, die Kopfschmerzen durch die stickige Luft, seien dagegen zu vernachlässigen, so seine Worte.

Frauen sind zäh und leidensfähig, dennoch wachte ich am nächsten Morgen mit Kopfschmerzen auf. Oh, sagte mein Mann; ja, Kopfschmerzen, die hätte er schon seit Tagen. Wie arg hätte er erst zu leiden gehabt, wenn wir zudem bei offenem Fenster geschlafen hätten …

Mein Mann hörte meine Klage abwesend an, nickte schwer. Er hätte schon seit drei Tagen Flimmern vor den Augen und stechende Schmerzen hinter der Stirn, ich könnte es mir gar nicht vorstellen … Er winkte ab und legte sich hin.

Rüdiger pflegte zweimal in der Woche zu joggen, manchmal auch dreimal. Ausdauersport stärke Herz und Kreislauf, so sein Credo. Im Juni, kurz nach unserer Hochzeit, schenkte er mir Joggingschuhe zum Geburtstag und lag mir anschließend jeden Morgen in den Ohren, ich solle es wenigstens mal versuchen.

Was nimmt man nicht alles auf sich für den Mann, den man liebt. Und um seine Ruhe zu haben. Während ich

Schritt für Schritt vorwärts keuchte, meine Zellen quasi beim Absterben begleitete, in der festen Überzeugung, mein Körper bereite sich auf sein Ableben vor, stellte ich fest: Laufen ist nicht mein Ding. Irgendwann im September bekam ich Schmerzen am Meniskus – und mein Mann Anfang Oktober eine Operation am Knie

Mitte Oktober las ich im Wartezimmer des Orthopäden, in dem ich auf meinen Mann, der zur Kontrolle seines Meniskus' vorsprach, wartete, in einer dieser Patientenzeitschriften einen Artikel über Knieprobleme. Am Abend fand ich die gleiche Zeitschrift im Lesekörbchen meines Mannes. Aufgeschlagen war die Seite mit Knieproblemen.

Nein, es war nichts markiert oder angestrichen. Inzwischen wundert mich das.

Ich warf die Zeitschrift ins Altpapier, doch wundersamerweise wuchs der Stapel nach jedem entsorgten Heft weiter an, statt zu schrumpfen: »Apothekenrundschau«, »Arzt und Patient«, die »Hausarztpraxis« – allesamt mit durchaus widersprüchlichen Empfehlungen für ein gesundes und langes Leben, Rezepten für eine ausgewogene Ernährung und Tipps zur Früherkennung chronischer Krankheiten.

Der Winter brach in jenem Jahr früh herein, schon im November herrschte feuchtkaltes Wetter. Obwohl der Orthopäde geraten hatte, das Knie zu schonen ging Rüdiger morgens joggen. Unterdessen schwoll mein Hals an. Zur Arbeit begleitete meinen Mann die Sorge, sein Knie vielleicht doch zu intensiv belastet zu haben. Meine Nase lief mittlerweile wie ein Wasserhahn, jeder Knochen schmerzte. Wir aßen zu Abend, ich legte mich früh ins Bett, machte hustend die ganze Nacht kein Auge zu.

Am nächsten Morgen blieb mein Mann zu Hause, seit Tagen stecke ihm schon etwas in den Knochen, Fieber bestimmt. Sein Knie indes schien wie durch ein Wunder geheilt, davon war keine Rede mehr.

Mein Mann wurde dann wirklich krank. Er hatte tatsächlich Beschwerden. Ich hatte keine Ahnung, wie, aber er materialisierte Krankheiten. Nicht alle, aber doch erstaunlich viele. Eine Erkältung war eine seiner leichtesten Übungen, die beherrschte er aus dem Handgelenk. Andere Erkrankungen verlangten ein gewisses Maß an Einarbeitung, an Enthusiasmus, wieder andere wollten ihm trotz aller Bemühungen nicht gelingen. Jahrelang arbeitete er daran, vor mir zu menstruieren, aber das mit dem Bluten wollte einfach nicht klappen. Davon einmal abgesehen, beherrschte er Unterleibskrämpfe ausgezeichnet.

Eine mögliche Voraussetzung für seine »Materialisierungen« – so nahm ich an – war es, dass ich eine Krankheit bekam. Wie sich meist herausstellte, hatte mein Mann dann bereits seit drei Tagen darunter gelitten. Und nur meiner Beschwerden wegen fühlte er sich ermutigt, sein eigenes Leid endlich zu offenbaren. Die meiste Zeit leide er nämlich still. Ja, das hat er wirklich genau so gesagt.

Eine Weile erfreute er sich bester Gesundheit. Er joggte, ich kochte die Rezepte nach, die er aus der »Apothekenrundschau« ausschnitt und auf den Küchentisch legte, mixte ihm Vitaminshakes aus der »Hausarztpraxis« und bestrich seine Butterbrote mit Aufstrichen nach Mixturen aus »Schrot&Korn«, zubereitet mit Gemüse aus biologisch-dynamischem Anbau, an denen Demeter als Göttin der Feldfrüchte ihre Freude gehabt hätte.

Im März des darauffolgenden Jahres bekam er es an der Lunge. Oder an den Bronchien, wer weiß.

Am Morgen war er noch joggen gewesen, am Abend keuchte er zum Steinerweichen.

Ich selbst hatte keinerlei Symptome, aber einen Verdacht. Und richtig, in einer alten Ausgabe von »Arzt und Patient« wurde ich fündig. Mein Mann zeigte alle Anzeichen einer Lungenentzündung. Zusätzlich meldete sich sein Knie wieder. Tatsächlich war es angeschwollen.

Seit der Operation neigte er zu Wetterfühligkeit. Natürlich kündigte sich der Frühling mit feuchtwarmer Luft an. Mit Hilfe von warmen und kalten Wickeln, Tropfen, Antibiotika und stinkenden Salben genas er nach einigen Tagen, wovon auch immer. Mit Leidensmiene schleppte er sich zur Arbeit. Am nächsten Tag ging er joggen.

Waren es die warme Luft, die Menstruation oder das Glas Wein am Vorabend – jedenfalls meldete sich meine Migräne in ungewohnter Stärke. Ich riss mich zusammen und gab mich ihr erst hin, als mein Mann außer Haus war. Am Abend kam er nach Hause und klagte über Kopfschmerzen und Übelkeit.

Ich sagte ja schon, ich habe keine Ahnung, wie er das machte.

Der Sommer verlief ohne größere Klagen, der Winter nahte, und über Nacht hatte es überraschend gefroren. Rüdiger wollte joggen. Keuchend kehrte er vorzeitig zurück, das Gesicht kreidebleich, nur die Wangen hochrot, hielt er sich die Brust mit beiden Händen, in den Augen lag fiebriger Glanz. Er taumelte durch die Tür, klagte über Schwindel, kalte Hände und Füße und furchtbare Schmerzen in der Brust. Sofort meldete er sich krank und blieb zu Hause.

Diesmal machte ich mir wirklich Sorgen. Offenkundig hatte er tatsächlich Schmerzen, und er sah erbärmlich aus. Ich kochte ihm Tee, machte Umschläge, schlug vor, den Notarzt zu rufen, doch er winkte ab. Mit schwacher Stimme wisperte er, ich solle mir keine Mühe machen. Nein danke, er brauche nichts, vielleicht einen Tee. Und einen von den Keksen oder zwei. Und eine Hühnersuppe, die täte bestimmt gut …

Am nächsten Tag blieb er im Bett, schon wieder ganz munter, den Tag darauf ging er erneut joggen.

Der Winter schien kein Ende zu nehmen, und unsere Gasheizung fiel aus. Es war Januar, draußen herrschten Minusgrade. Mein Mann beschloss, sich der Heizung selbst anzunehmen.

Mit Strom und Gas ist nicht zu spaßen. Sonst renoviere und repariere auch ich viel im Haus, aber von Strom und Gas lasse ich die Finger. Das hätte auch mein Mann beherzigen sollen, fand ich und lauschte besorgt nach unten.

Im Keller rumorte es. Ein Bohrer dröhnte, kurz darauf waren unterdrückte Flüche zu hören. Ich rief die Feuerwehr.

Am nächsten Tag berichtete die Tageszeitung in einem kleinen Artikel über den Feuerwehreinsatz anlässlich einer angebohrten Gasleitung. Mein Mann sei nach Einschätzung eines Feuerwehrmannes nur knapp dem Erstickungstod entkommen.

Die Presse übertreibt.

Er sei durch die Hölle gegangen, stöhnte Rüdiger. Man hätte glauben können, er wäre im Irakkrieg gewesen.

Das nächste Jahr bescherte meinem Gatten eine Haselallergie, erneut einen entzündeten Meniskus und eine weitere Lungenentzündung, diesmal jedoch nur einen leichten Schub. Nicht zu vergessen die Migräne und regelmäßige Menstruationsbeschwerden – will sagen Unterleibskrämpfe.

Neu hinzu kam ein Karpaltunnelsyndrom, das ihm die Hände einschlafen ließ. Nachdem die Beschwerden auch nach der Operation fortbestanden, entpuppte es sich dann aber als eingeklemmter Halswirbel.

Unterdessen verbesserte er seine Zeit auf der Halbmarathonstrecke um gute fünf Minuten.

Als er einmal glaubte, ich merkte es nicht, unterzog Rüdiger seinen Körper einer genauen Analyse, er befühlte seinen Bauch, die Achselhöhlen, die Leiste. Die Falten auf seiner Stirn vertieften sich. Blass ging er ins Bett, bleich stand er auf. Am nächsten Morgen zeigte sein Blutdruckmessgerät den beängstigenden Wert von 190 zu 140. Mit Herzrasen schleppte er sich zur Arbeit, dann zum Arzt, bekam Blutdrucktabletten.

Irgendwann im Mai sah ich ihn in einem blauen Buch blättern. Das hätte mich natürlich nachdenklich stimmen müssen, las er sonst doch ausschließlich Zeitschriften. Aber ich dachte mir nichts dabei. Auch am folgenden Wochenende saß er wieder auf der Couch und blätterte versunken in dem blauen Buch.

Am Montagmorgen dann betrachtete er sich im Spiegel, die Stirn gerunzelt. Drehte sich nach links, nach rechts, tastete links oberhalb des Nabels auf seinem Bauch herum. Sein Blick suchte meinen, panisch. Ob ich es auch sähe, fragte er mich.

»Was denn?«, fragte ich aufgeschreckt – es konnte ja doch einmal etwas Ernstes sein.

»Na, die Ausbuchtung da.« Rüdiger drückte an der Seite, wo ich – und er wahrscheinlich auch – seine Leber vermutete. Ich konnte beim besten Willen nichts Abnormes erkennen.

Sein Blick durchbohrte mich. *Du nimmst mich nicht ernst*, klagte er stumm. Am besten sagte er gar nichts mehr, murmelte er missmutig. Er unterzog seinen Leib einer weiteren eingehenderen Musterung, bevor er sich anzog, seine biologisch-dynamischen Butterbrote einpackte und abfuhr.

Ich nahm das blaue Buch zur Hand, das sich Rüdigers außergewöhnlicher Zuwendung erfreute. Es handelte sich um eine Aufstellung sämtlicher deutscher Selbsthilfegruppen, von A wie Alzheimergesellschaft bis Z wie Zahnwurzelzystiker. Ich ließ das Buch sinken. Klagte er nicht neuerdings über sein nachlassendes Gedächtnis? Ich konnte mich nicht mehr erinnern. Hier, ein paar Seiten weiter, war ein Absatz markiert. Die vielen Erkältungen, der Husten … zu spät diagnostizierte Mukoviszidose? Die Schmerzen im Unterbauch – Morbus Crohn. Die eingeschlafenen Hände … hatten wir inzwischen hoffentlich abgeklärt. Aber hier, Schmerzen in den Knöcheln – Rheuma …

An einer Stelle im hinteren Teil klappte das Büchlein quasi von selbst auf. Ich wagte gar nicht mehr nachzusehen, welche Krankheit dort behandelt wurde, und dennoch verschlang ich geradezu zwanghaft den Text. »Morbus Lupus« las ich erleichtert. Gut, das würde selbst meinem begabten Gatten nicht gelingen.

Im Laufe des nächsten Jahres suchte mein Mann sich fast jeden Monat eine hübsche Krankheit aus dem Buch aus, deren Symptome er täuschend echt nachahmte. Dennoch fand er keinen Arzt, der sich zu einer Diagnose in seinem Sinne hinreißen ließ. In der Regel verschrieben sie ihm Schmerztabletten oder eine Salbe, eine Erfahrung, die meinen Glauben an die Mediziner nicht unerheblich stärkte.

Mit den Jahren fiel es mir schwerer, Anteil zu nehmen, Tee zu kochen, Salben aufzutragen, an die Einnahme der Pillen zu erinnern. Dunkle Gedanken stellten sich immer häufiger ein. Ich blätterte in dem immer stärker zerfledderten Verzeichnis der Selbsthilfegruppen nach besonders schweren und vor allem tödlich verlaufenden Krankheiten und legte es wie zufällig an solchen Stellen aufgeschlagen ganz oben auf seinen Zeitschriftenstapel. Er würdigte diese Anregungen keines Blickes, zuletzt wählte er stattdessen eine Erkrankung des Verdauungstraktes. Nur um zu zeigen, dass er mich durchschaut hatte.

Zusätzlich zu seinen eigenen Krankheiten hatte er ständig Migräne, hatte – immer schon drei Tage vor mir – einen schmerzenden Unterleib oder entzündeten Hals, und allmählich sehnte ich mich danach, einmal eine Krankheit ganz für mich allein zu haben. Eine Krankheit, die meinen holden Gatten nicht bereits drei Tage vor mir heimgesucht hatte.

Ich klagte nicht, er hingegen immer häufiger, neuerdings über Schwindel und Benommenheit, Brustschmerzen, Schlappheit und Konzentrationsstörungen. Ich litt unter seiner Reizbarkeit.

Im Januar kehrte er vom Joggen heim. Er keuchte, rang nach Luft, hechelte wie ein Hund in der Sahara. Ich stülpte ihm eine Plastiktüte über den Kopf. Er starrte mich entsetzt an, das Plastik schmiegte sich abwechselnd mit seinen Atemzügen grotesk an sein Gesicht und blähte sich dann auf, zunächst schneller, dann langsamer.

Wegen dieser Phase des Hyperventilierens lag fortan stets eine Plastiktüte neben der Eingangstür bereit, die er sich nach dem Lauf über den Kopf stülpen konnte.

Es war Februar, die Heizung war erneut ausgefallen. Ich stand im Keller, in der Hand eine frische Plastiktüte, als ich die Haustür hörte. Rüdigers Tüte neben der Tür hatte ich kurz zuvor zweckentfremdet, um das Häufchen, das der Nachbarhund mal wieder auf unserem Weg hinterlassen hatte, zu entsorgen. Die Störung der Heizung hatte mich in den Keller gerufen, bevor ich ihm eine neue hinlegen konnte.

Ich blickte auf den blinkenden Alarmknopf der Heizung. Der Gashahn war zugedreht. Trotzdem glaubte ich, den charakteristischen Gasgeruch förmlich riechen zu können ...

Ich rannte hinauf. Im Flur stand Rüdiger, keuchend, hielt sich mit einer Hand die Brust, die andere war Hilfe suchend nach mir ausgestreckt. Er röchelte etwas Unverständliches.

»Gas!«, schrie ich ihn an. »Geh in den Keller! Die Heizung! Los!«

Ich schob meinen keuchenden Gatten vor mir her die Kellertreppe hinunter. Vielleicht hoffte ich, er würde hinunterfallen, aber er tat es nicht. Er blieb unten stehen, Panik im Blick fuchtelte er nach der Tüte. Ich wies auf die Heizung, den blinkenden Alarmknopf.

Er keuchte.

Ich schnüffelte. Rüdiger wurde blass, riss mir die Tüte aus der Hand und stülpte sie sich über den Kopf.

Ich rannte die Treppe hoch.

Natürlich hätte ich ihn unten nicht allein lassen dürfen. Das habe ich mir anschließend tausendmal gesagt. Statt dessen bin ich die Treppe hinaufgerannt, laut »Gas, Gas!« rufend, während im Keller Rüdiger in seine Plastiktüte schnaufte.

Irgendwann kam die Feuerwehr, jemand nahm mich beiseite, um mir die traurige Mitteilung zu machen.

Die Heizung war nicht defekt gewesen, ein kurzer unbemerkter Stromausfall hatte den Alarm ausgelöst. Gas war nicht ausgetreten. Doch leider waren sie zu spät gekommen, um Rüdiger von seiner Plastiktüte zu befreien. Als jemand im Badezimmer seine Medikamente entdeckte, nahmen sie mich vorsichtshalber mit. Wahrscheinlich auch, weil die Plastiktüte mit rotem Geschenkband um Rüdigers

Hals zugebunden war. Mit einer doppelten Schleife unter dem Kinn, so hieß es später. Ich kann mich beim besten Willen nicht erinnern, wo das rote Geschenkband hergekommen sein soll. Vor Gericht sagten sie, dass ich zuvor das Geburtstagsgeschenk für meine Mutter mit dem gleichen roten Band verschnürt hätte … Ich könnte durchaus den Rest in die Tasche gestopft haben, als draußen der Nachbarshund bellte, der ständig seine Haufen auf unseren Weg setzt, das Drecksvieh. Kann sein, ich will mich darüber nicht streiten.

Ohnehin muss ich allmählich zum Ende kommen. Die Zeit, die sie mich den Computer benutzen lassen, ist abgelaufen – einmal im Monat eine Stunde, wegen guter Führung halt, so ist das hier. Jetzt hoffe ich nur, dass die Wärterin diese Zeilen wirklich an Sie abschickt, wie sie es versprochen hat.

Ich glaube ihr, denn kann es ein Zufall sein, dass dieser Artikel in einem fast zwei Jahre alten Heft gerade jetzt in meine Zelle geraten ist? Jedenfalls weiß ich nun, dass es da draußen Menschen gibt, die mich verstehen. Und dafür möchte ich Ihnen danken. Aber jetzt muss ich zurück in meine Zelle. Denn wissen Sie, ich habe Migräne. Ich ganz allein.

Lassen Sie mich durch, ich bin Patient!

von Ulrike Blatter

Meine Oma sagte immer: »Die beste Krankheit ist nichts wert!« Die gute Frau hatte entschieden unrecht. Rüdiger würde sie eines Besseren belehren. Für Rüdiger gab es nichts Wertvolleres, als eine richtig gute Krankheit. Sie garantierte ihm menschliche Zuwendung, berufliche und private Freiräume und die Chance, seine Marathon-Laufzeiten zu verbessern.

Um es auf den Punkt zu bringen: Gibt es etwas Schöneres, als eine gut gepflegte Krankheit?

Die Antwort lautet: Ja. Nämlich ein ausgewachsenes Helfersyndrom.

In jeder funktionierenden Partnerschaft ergeben sich Synergieeffekte. Sei es im Geschäft, in der Ehe oder in einer neurotisch verzahnten Co-Abhängigkeit. Und auch das zarte Pflänzchen einer Hypochondrie braucht hingebungsvolle Pflege, um seine bizarren Blüten zu treiben. Rüdigers Ehefrau bot sich als willige Vollstreckerin an und erlebte ein geradezu idealtypisches Desaster. Menschen mit Helfersyndrom beziehen nämlich ihr Selbstwertgefühl daraus, anderen zu helfen. Dabei opfern sie sich auf und gehen meist weit über die eigenen körperlichen und seelischen Belastungsgrenzen hinaus. Solche Menschen haben selbst häufig Kopfschmerzen – weil immer wieder mal der Heiligenschein drückt. Oder Rückenschmerzen – vom Buckeln und Nicht-Treten-Können. Oder eine unbändige Wut im Bauch, die sie aber nie, niemals, unter gar keinen Umständen zeigen dürfen.

War Rüdiger also ein Psychopath, einer, der sich harmlos in das Leben seiner Mitmenschen einschleicht? Dessen Symptome anfangs unmerklich sind, wie der zarte Flaum eines Schimmelpilzes, der sich aber bald schon wie grauer Mehltau über die gesamte Existenz legt und sich schließlich mit der unbändigen Kraft einer Dampframme durchsetzt, frei nach dem Motto: »Platz da! Lassen Sie mich durch – ich bin Patient!« Plagte Rüdiger seine bedauernswerte Ehefrau auf ebenso subtile wie scheußliche Weise, sodass sie schließlich gar nicht anders konnte, als … beziehungsweise: dass sie schließlich ganz anders konnte, als sie eigentlich wollte? War Rüdiger ein Monster?

Einfache Fragen verlangen nach komplizierten Antworten. Und so ist es auch hier. Friedrich Nietzsche sagte zu diesem Thema: »Ein Hypochonder ist ein Mensch, der gerade genug Geist und Lust am Geiste besitzt, um seine Leiden [...] gründlich zu nehmen.« *(»Der Wanderer und sein Schatten«, S.255)*

Die WHO trägt folgendermaßen zur Diskussion bei: »Gesundheit ist der Zustand vollkommenen physischen, geistigen und sozialen Wohlbefindens und nicht allein definiert durch die Abwesenheit von Krankheit.« *(WHO, 1948, www.who.int)* Diese Definition ist löblich und sicher gut gemeint. Aber: Ach du meine Güte! Wer von uns ist denn nach diesen Kriterien überhaupt noch gesund? Gilt dann nicht der Spruch: Wer gesund ist, wurde nur noch nicht richtig durchuntersucht? Und wenn dann noch die regelmäßige Lektüre der »Apotheken-Rundschau« – vulgo: »Rentner-BRAVO« – dazu kommt, kann ein sensibles Gemüt schon mal in exzessiver Selbstbetrachtung enden. Dann ziept es hier und klemmt dort. Dann folgen Ängste, Arztbesuche und eingehende Untersuchungen. Und irgendein Laborwert wird sich schon finden, der nicht hundertprozentig im Normbereich liegt. Und wenn ein solchermaßen tief verunsichertes männliches Ego auf eine liebende – oder ebenfalls selbstwertgeschwächte – Ehefrau trifft, besteht die großartige Chance, diese zart keimende Hypochondrie zu voller Blüte zu bringen. Und da bekanntermaßen der Mensch mit seinen Aufgaben wächst, werden sich bald schon die Symptome verselbstständigen, dramatische Notfälle werden sich häufen, und der Entwicklung eines veritablen Teufelskreises steht nichts mehr im Wege.

Aber wie wir wissen, wuchs auch Rüdigers Gattin schließlich über sich selbst hinaus ... ob der Einsatz der Plastiktüte in diesem Fall Not-Lösung oder Er-Lösung war, überlasse ich der Einschätzung des geneigten Publikums. Eine Lösung war sie in jedem Fall. Fragt sich nur, für wen.

ANETTE SCHWOHL

In petto

Karoline hatte Bereitschaft, und als ob sie es geahnt hätte, brummte um vier Uhr dreißig in der Früh ihr Handy auf dem Nachttisch. Die Nummer verriet ihr: Es war Felix.

»Jaaa?«, krächzte sie ins Telefon.

»Du musst kommen, wir haben einen geständigen Mörder auf dem Revier.«

Mit einem Mal war Karoline glockenwach.

»Karo?« Ihr Kollege sprach mit eindringlichem Ton.

»Ja … ich komme … sofort.«

Sie sprang aus dem Bett, nahm ihr Telefon mit ins Bad und drückte dabei den Lautsprecherknopf. Wenn schon einer willig war zu gestehen, musste alles schnell gehen, solange die Erinnerungen noch frisch und ungefiltert waren. Sie griff nach der Zahnbürste. »Erzähl mir was, Felix.«

Ohne die Zähne zu putzen, konnte sie ihren Tag nicht beginnen. Neben einem klaren Kopf brauchte sie auch ein frisches Gefühl im Mund. »Lof, waf ift paffiert?«

»Putzt du dir grad die Zähne?«

»Hmmm.«

Felix lachte. »Nimm erstmal die Zahnbürste aus dem Mund.«

Karoline nahm einen großen Schluck aus dem Becher und spülte. »Also los, was ist passiert, erzähl schon.«

Während sie sich in ihre Klamotten warf, erzählte Felix von dem Mann, der vor einer halben Stunde auf der Wache erschienen war und einen Mord gestanden hatte, den er kurz zuvor an einer alten Frau im Krankenhaus begangen hatte.

»Der Typ heißt Uwe Olschewski, Mitte vierzig. Heult die ganze Zeit, und ich krieg nichts weiter aus ihm raus. Da ist jetzt deine weibliche Intuition gefragt.«

»Das ist ja mal wieder typisch, oder?! Wenn du nicht weiterweißt, soll ich mit ›weiblicher Intuition‹ den Karren aus dem Dreck holen. Das ist normale Vernehmungspsychologie, mein Lieber. Du solltest in unseren Psychologiefortbildungen einfach mal besser aufpassen! Die sind nämlich nicht nur dazu da, mit Kolleginnen zu flirten. Bis gleich.«

Sie drückte die rote Taste.

Mit viel zu hoher Geschwindigkeit raste Karoline durch die nächtliche Stadt und hatte Glück, nicht erwischt zu werden.

Sie betrat den Vernehmungsraum, in dem Uwe Olschewski bereits wie ein Schaf auf der Schlachtbank saß: gebeugte Schultern, die Hände in Gebetshaltung auf dem Tisch, das Gesicht verheult und die Nase hochziehend.

»Guten Morgen, mein Name ist Karoline Neubert. Ich bin Kriminalkommissarin und werde jetzt ein Gespräch mit Ihnen führen.« Olschewski nickte stumm, sah sie aber nicht an.

»Verstehen Sie mich?«, vergewisserte sie sich.

Olschewski blickte sie nun an und nickte noch einmal.

»Ich möchte unser Gespräch aufzeichnen. Sind Sie damit einverstanden?«

Wieder nickte Olschewski.

»Bitte sagen Sie deutlich ›Ja‹ oder ›Nein‹.«

»Ja, ich bin damit einverstanden«, Olschewski schluckte trocken.

»Möchten Sie etwas trinken? Kaffee, Wasser?«

»Wasser«, murmelte Olschewski.

Karoline nickte dem Wache haltenden Kollegen in der Ecke zu, der daraufhin den Raum verließ. Sie beobachtete Olschewski, der den Blick auf seine noch immer gefalteten Hände konzentrierte und fragte sich dabei, ob er wohl tatsächlich bete.

Einen kurzen Moment später kam der Polizist wieder und stellte den vollen Wasserbecher vor Olschewski auf den Tisch. Dann verzog er sich in seine dunkle Ecke wie ein abgerichteter Hund.

Olschewski nahm einen großen Schluck. Karo stellte das Aufnahmegerät an. »Nennen Sie mir bitte Ihren vollständigen Namen, Ihre Adresse und Ihr Geburtsdatum. Ich weiß, das haben Sie schon gesagt, aber hier bitte noch einmal für die Aufnahme.«

»Uwe Olschewski, Orchideenweg 21, achtzehnter April 1967.«

»Sie sind bereits belehrt worden?«

»Ja, Ihr Kollege hat mich belehrt.«

»Ist es richtig, dass Sie darauf verzichten, sich mit einem Anwalt zu beraten?«

»Ja.«

»Wenn Sie Ihre Meinung ändern, können Sie jederzeit einen Verteidiger hinzuziehen. Es ist zumindest gut, dass Sie geständig sind, das kann sich strafmildernd auswirken.«

Olschewski nickte wieder.

»Bitte erzählen Sie mir etwas zur Tat und zum Hergang.«

Olschewski räusperte sich, nahm noch einen Schluck Wasser. Stockend kamen seine Worte hervor: »Ich habe … heute Nacht im Städtischen Krankenhaus … eine alte Frau … umgebracht.« Er sackte in sich zusammen.

»Wie ist das passiert?«, hakte Karoline nach.

»Na, ich hab sie umgebracht«, rief er laut und blickte sie unverwandt an. »Mit ihrem Kopfkissen hab ich sie erstickt, weil sie sich gewehrt hat. Die anderen im Zimmer wären doch sonst aufgewacht.«

»Erzählen Sie bitte der Reihe nach.«

Olschewski wurde noch lauter. »Was wollen Sie denn noch wissen? Es reicht doch wohl, dass ich gestehe!«

Der Polizist in der Ecke rührte sich, aber Karoline gab ihm ein Zeichen, dass er bleiben sollte, wo er war. Sie spürte, dass Olschewski zwar aufgebracht, aber keineswegs aggressiv war. Er würde sich wieder beruhigen.

»Nun, zunächst einmal möchte ich wissen, was genau passiert ist, zum Beispiel, was Sie mitten in der Nacht in dem Patientenzimmer zu suchen hatten.«

Olschewski wand sich auf seinem Stuhl. »Als ich nach dem Abendbrot eine Runde über den Flur machte, habe ich durch die halb offene Zimmertür gesehen, wie die Frau ihren Schmuck abnahm und ihn in ihre Nachttischschublade legte.« Olschewski stockte.

»Sie waren also als Patient im Krankenhaus?«

»Ja. … klar. Hatte ich das noch nicht gesagt?«

Karo schüttelte nur den Kopf. »Und was ist dann passiert?« Ihre Stimme war ganz ruhig. Sie war sich sicher, er würde erzählen. Der Druck der Schuld lastete zu schwer auf ihm.

»Wir bekommen doch fast alle Schlaftabletten, damit nachts kein Radau auf der Station ist. Kann man ja auch verstehen, bei einer einzigen Nachtschwester und einer Helferin, die für bestimmt vierzig bis fünfzig Patienten zuständig sind. Und da werden ständig Patienten nachgeliefert. Die liegen ja schon auf dem Flur.«

Karoline registrierte, dass Olschewski plötzlich in der Gegenwartsform erzählte.

»Kommen wir zur Ausgangssituation zurück. Was hat Sie dazu gebracht, in das Zimmer der Patientin zu gehen?« Sie lehnte sich in ihrem Stuhl vor und blätterte in der Akte.

»Na ja, ich dachte, ich nehm′ mir den Schmuck. Wenn ich raus bin aus dem Krankenhaus, kann ich den zu Geld machen. Und sie sah nicht so aus, als ob ihr groß was fehlen würde. Die hat zu Hause bestimmt eine ganze Kommode voll mit dem Zeug.«

»Brauchen Sie denn dringend Geld? Was arbeiten Sie?«

Olschewski lachte hysterisch auf. »Natürlich brauche ich Geld! Ich war mal Einzelhandelskaufmann, habe aber am Ende nur noch Regale im Supermarkt aufgefüllt und an der Kasse gesessen, um dann mir nichts dir nichts auf die Straße gesetzt zu werden. Seit drei Jahren weiß ich nicht mehr, wovon ich meine Familie ernähren, die Miete bezahlen und meinen Kindern etwas Vernünftiges zum Anziehen kaufen soll, damit sie in der Schule nicht als Loser abgestempelt werden – wie ihr Vater!«

Der Mann schien wirklich verzweifelt zu sein.

Das Bild ihres Vaters schob sich vor Karolines inneres Auge; wie er abends erschöpft am Küchentisch gesessen hatte, den Kopf auf die Hände gestützt. Auch er hatte sich für seine Familie abgerackert, bis nichts mehr ging. Und dann, mit Ende Fünfzig, hatte er einen Schlaganfall erlitten und war zum Pflegefall geworden. Karo hatte sich die Jahre ihrer Ausbildung bei der Polizei abends und am Wochenende mit Kneipenjobs über Wasser gehalten.

Sie wandte sich wieder Olschewski zu. »Wie spät war es, als Sie das Krankenzimmer betraten, in dem die alte Dame lag?«

»Das muss so gegen halb zwei gewesen sein. Die Nachtschwester macht immer um ein Uhr ihre Runde. Dann erst wieder um drei. Und da dachte ich, halb zwei ist eine gute Zeit …«

»Moment mal! Sie waren doch jetzt die erste Nacht auf der Station. Woher wollen Sie wissen, dass die Schwester ihre Runden immer genau zu diesen Zeiten macht?«

Olschewski biss sich auf die Lippen. Er zögerte. »Ich war vor einigen Wochen schon mal auf der gleichen Station. Da habe ich das mitgekriegt.«

»Waren Sie damals wegen der gleichen Diagnose dort?«

»Ja.«

Karo beugte sich über die Akte und blätterte. »Hier steht, dass Sie wegen einer Ohnmacht aufgrund akuter Herzrhythmusstörungen eingeliefert worden sind. Wer hat Ihre Einweisung veranlasst?«

»Ein Bekannter hat mich in die Notaufnahme gebracht.«

»Und das letzte Mal waren Sie wegen der gleichen Diagnose im Städtischen Krankenhaus? Hat man Ihnen denn beim ersten Aufenthalt nicht die entsprechenden Medikamente gegeben, um Sie richtig einzustellen?«

»Doch. … Aber ich hab´s noch nicht geschafft, mir wieder welche verschreiben zu lassen.«

Karo schaute auf ihre Uhr und sprach in das Aufnahmegerät »Ich unterbreche die Vernehmung um fünf Uhr fünf.« Sie nickte Olschewski kurz zu. »Einen kleinen Moment bitte. Wollen Sie in der Zwischenzeit einen Kaffee?«

Olschewski richtete sich auf. »Ja, jetzt gerne.«

Sie blieb, bis der Kollege mit dem Kaffee wiederkam.

Karo bat ihren Kollegen zu recherchieren, ob Olschewski vielleicht noch öfter im Städtischen Krankhaus gewesen war.

»Warum? Meinst Du, der hat schon mehrere alte Damen um die Ecke gebracht?«, feixte Felix.

»Das nicht gerade.« Karo ging nicht auf seinen Witz ein. »Aber ich möchte es einfach genau wissen. Ich hab das Gefühl, der Mann hat noch mehr in petto. Ist doch merkwürdig, dass er so genau Bescheid weiß, wann die Schwestern ihre Runden machen, und vor allem wie viele da nachts Dienst tun.«

»Okay, ich kümmere mich.« Felix rief die Kollegen am Tatort an.

Karo brühte sich einen Tee auf und schlenderte nachdenklich zurück in den Vernehmungsraum.

Olschewskis Hände umklammerten den Becher mit dem dampfenden Kaffee.

»Machen wir weiter.« Karo drückte den Aufnahmeknopf. »Wegen Herzrhythmusstörungen waren Sie also ohnmächtig geworden. Wie lange dauert so eine Ohnmacht?«

»Wenn die mir ein Medikament gegeben haben, dann war ich schnell wieder auf den Beinen …« Er unterbrach sich. »Ich meine, das war so beim letzten Mal, als ich drin war.«

Rede weiter, dachte Karo, *bald bist du reif.* Aber Olschewski nahm erst einmal einen langen Schluck Kaffee und hatte damit genügend Zeit, zu überlegen. Als er den Becher endlich absetzte, sagte er: »Ah, das tut gut.«

Karo insistierte. »Erzählen Sie weiter. Um halb zwei sind Sie also in das besagte Zimmer geschlichen.«

»Ja, es war dunkel, alle waren am Schnarchen. Die alte Frau, die ich am Abend vom Flur aus beobachtet hatte …«

»Wo genau lag diese Frau?«

»Gleich rechts hinter der Tür.«

»O.k., weiter.«

»Ich hatte die Tür einen Spalt breit aufgelassen, damit ich in dem Licht vom Flur etwas sehen konnte. Ich schlich mich an ihr Bett und zog vorsichtig die Schublade von ihrem Nachtschrank auf. Da griff plötzlich ihre Hand nach meinem Arm. Ich hab mich wahnsinnig erschreckt und ließ irgendwas von dem fallen, was ich schon in der Hand hatte. Die Alte schlug mit ihren knochigen Fäusten auf mich ein und grunzte so merkwürdig. Ich hatte echt Angst, dass die anderen aufwachen. Ich meine, sie hatte nicht viel Kraft, sie hätte mir nichts tun können, aber so ein Tumult erregt ja schon irgendwie Aufsehen. Zuerst hab ich versucht, ihr meine Hand auf den Mund zu drücken. Aber plötzlich biss sie richtig fest zu. Ich hätte fast geschrien. Ich nahm meine andere Hand zur Hilfe, aber ihr Kopf bewegte sich wie verrückt hin und her. Sie konnte sich immer wieder frei machen und grunzte die ganze Zeit. In dem Gerangel hab ich das Kissen unter ihrem Kopf weggezogen und es ihr so lange aufs Gesicht gedrückt, bis dieses Grunzen endlich aufhörte.«

Er war erschöpft, das merkte Karo. Aus Erfahrung wusste sie, dass das immer so ist, wenn die Täter beim Erzählen alles noch einmal durchleben. Sie wartete ab.

»Das Verrückte ist, dass keine von den anderen in dem Zimmer aufgewacht war. Als die Frau dann endlich still war, da war es wirklich … still. Es war, als ob nichts geschehen wäre. Richtig unwirklich. Ich hätte einfach das Kissen wieder unter sie legen, in mein Zimmer zurückschleichen und mich in mein Bett legen können. Ein paar Stunden später, beim nächsten Rundgang, hätte es dann nur einen natürlichen Todesfall mehr gegeben. Bei so einem alten Menschen, der im Krankenhaus stirbt, untersucht doch keiner weiter. Schon allein wegen des Personalmangels. Bedeutet doch nur noch mehr Arbeit.«

Karo wusste, dass er recht hatte.

Felix kam herein und legte ihr ein mehrseitiges Fax auf den Tisch. Auf Karos fragenden Blick hin nickte er ermunternd.

Sie sah die Seiten durch. Dann blickte sie Olschewski fest an. »Wie ich hier aus den Unterlagen des Krankenhauses entnehme, waren Sie das letzte Mal zwar wegen einer Ohnmacht im Krankenhaus, die ihre Ursache aber nicht in Herzrhythmusstörungen hatte, sondern die in einem viel zu niedrigen Blutzuckerspiegel begründet war. ... Sie haben aber viele Krankheiten.«

Olschewski schwieg.

»Wie auch immer, erzählen Sie weiter. Wenn es so einfach war, wie Sie sagen, warum sind Sie dann hier aufgetaucht und haben sich gestellt?«

Olschewski sank wieder in sich zusammen. »Wie soll ich denn mit so einer Schuld leben? Wie meinen Kindern und meiner Frau jeden Tag vor die Augen treten? Mit dem Wissen, dass ich fähig bin, einen Menschen zu töten, darüber hinaus noch eine alte Frau.«

Jetzt war es Karo, die trocken schluckte.

Olschewski indessen redete weiter. »Wissen Sie eigentlich, was da am Wochenende für Leute rumkrauchen? Das letzte Mal habe ich einen in der Raucherecke getroffen, dem hatten sie eine Hand abgehackt. Der gehörte zu einer Bande von Bettlern. Der Bandenchef hackt denen einfach mal eben so Gliedmaßen ab, damit sie beim Betteln mehr auf die Tränendrüse drücken können und noch mehr Geld einbringen. Das ist doch abartig!«

Olschewski starrte in seinen leeren Kaffeebecher. Er war erschöpft und müde, aber sein Geständnis hatte sie im Kasten.

»O.k., wir unterbrechen an dieser Stelle.« Karoline drückte die Stopptaste, und das grüne Lämpchen erlosch.

»Mein Kollege bringt Sie jetzt erst einmal in eine unserer Gewahrsamszellen. Legen Sie sich eine Runde schlafen, oder ruhen Sie sich einfach nur aus. In ein paar Stunden unterhalten wir uns weiter.«

Der Polizist kam aus seiner Ecke hervor, packte Olschewski am Oberarm und führte ihn hinaus.

Karo stand an ihrem Schreibtisch und reckte genüsslich die Arme über den Kopf.

»Irgend etwas ist da nicht koscher«, sagte sie, als sie die Arme wieder fallen ließ und sich schüttelte, um locker zu werden. Felix saß ihr gegenüber und schaute sie neugierig an. »Was denkst du?«, fragte er.

Statt zu antworten, blätterte sie noch einmal in dem Fax, das Felix ihr gegeben hatte.

»Ist doch komisch, dass der Mann immer wieder ohnmächtig wird. Mal wegen des Herzens, dann wegen Unterzuckerung …«

Einer Eingebung folgend, schnappte sich Karoline den Tischkalender. Ihr Blick schwirrte zwischen dem Kalender und dem Fax hin und her.

Sie schlug mit der flachen Hand auf den Tisch. Felix glotzte verständnislos.

»Das läuft so«, erklärte Karo, »Alle, die am Samstag oder Sonntag notfallmäßig eingeliefert werden und nicht unbedingt in den OP müssen oder sonst eine klare Diagnose haben, kommen erstmal auf die Dreiunddreißig. Da werden sie mit dem Nötigsten versorgt und erst am Montagmorgen auf die zuständigen Stationen gebracht.«

Felix beugte sich zu Karos Schreibtisch hinüber und griff sich das Fax. »Woher weißt du das denn so genau?«

»Ich hab das bei meinem Onkel erlebt. Der ist am Ende übrigens auch auf der Dreiunddreißig gestorben. … Zum Glück hatte er keinen Schmuck und kein Geld bei sich.«

»So konnte er wenigstens nicht unserem Krankenhausmörder zum Opfer fallen.« Felix grinste schief.

»Ist nicht witzig«, meinte Karo. Sie konnte sich nicht vorstellen, dass Olschewski mit Methode mordete. Alles sprach für eine Verzweiflungstat. »Aber warum hat er mir dann das mit dem Bettler erzählt? Das ist doch eine ganz andere Geschichte. Oder etwa nicht?«

Felix zuckte nur mit den Schultern. »Ich dachte bisher immer, so was gibt´s nur in Indien.«

Hatte Olschewski vom Thema ablenken oder ihr verschlüsselt etwas mitteilen wollen? Wenn ja, was?

Karo spürte, dass der Mann noch etwas zurückhielt. Er schien etwas loswerden zu wollen. Jetzt musste sie ihm nur noch eine Brücke bauen. Aber wie sollte sie das tun, wenn sie selbst noch völlig im Dunkeln tappte?

»Komm, lass uns in die Kantine gehen, frühstücken. Ich hab Hunger.« Sie schnappte sich ihr Portemonnaie, stopfte es in die Gesäßtasche und stolzierte voraus. Felix schlurfte hinterher. Karo war die einzige Frau, die er kannte, die ohne Handtasche auskam.

Karoline belud sich ihren Teller mit drei halben belegten Brötchen, hängte einen Teebeutel in einen leeren Becher und ließ heißes Wasser aus dem Automaten darüber laufen. Felix nahm einen Becher Kaffee und ein Muffin. Beide trugen sie ihre Tabletts zu einem der vielen freien Tische am Fenster. Um diese Zeit hatte man in der Kantine noch seine Ruhe.

»Unser nächster Schritt muss sein, dass wir recherchieren, ob es Anzeigen wegen Diebstahls im Krankenhaus gegeben hat. Wenn ja, müssen wir herausfinden, wann, was und wo gestohlen wurde. Auf der Dreiunddreißig scheint so etwas einfacher zu sein als auf anderen Stationen.«

»Du denkst, da steckt mehr dahinter?«

»Der Olschewski hat sich bei seinem Geständnis ab und zu verheddert. Mehrmals hat er sich selbst unterbrochen, dann hat er die Zeiten gewechselt: von der Vergangenheitsform –

was auf eine einmalige Sache hindeutet – zur Gegenwartsform. Das zeigt mir, dass er sich auskennt und weiß, dass es immer so abläuft. … Oder benutzt du die Gegenwartsform, wenn du eigentlich etwas aus der Vergangenheit erzählst?«

Felix nickte. »Stimmt.«

»Und dann diese Geschichte mit dem Bettler. Die lässt mir keine Ruhe.« Karo biss beherzt in eins der halben Brötchen.

»Schau mal, ob du etwas zu hiesigen Bettlerbanden herausfindest, und wie die organisiert sind.« Karo fielen ein paar Krümel aus dem Mund.

»Man spricht nicht mit vollem Mund! Hat dir denn deine Mutter gar nichts beigebracht?« Felix grinste sie über den Rand seiner Tasse hinweg an.

Karo wischte mit der Serviette ihre Mundränder sauber, grinste zurück und zuckte nur mit den Schultern. »Ich gehe jetzt eine Runde spazieren. Ich brauche einen klaren Kopf.« Sie klappte die zwei übrigen Brötchenhälften zusammen und nahm sie mit. »Bringst du mein Tablett zurück?«

»Aber sicher, Eure Majestät.« Felix war mit Karos sprunghaften Aktionen vertraut.

Karo fuhr ins stadtnahe Naturschutzgebiet und setzte sich nach einem kurzen Spaziergang an den Fluss. Fließendes Wasser tat ihr gut, nahm ihre Gedanken mit sich fort und schaffte Platz für neue.

Was, wenn der Olschewski auch zu einer Bande gehörte? Aber wie konnten die organisieren, dass er immer am Wochenende krank wurde? Krankheit lässt sich doch nicht planen. Ihre Gedanken hakten sich fest. Das war nicht gut, brachte sie nicht voran. … Oder doch?

Zurück im Präsidium, ließ sie Olschewski aus seiner Zelle holen, um mit der Vernehmung fortzufahren. Felix berichtete kurz, dass seine Abfrage zu Diebstahlanzeigen im Krankenhaus ergeben hatte, dass es sich hierbei mittlerweile um einen echten kriminellen Markt handelte. Bei ebay oder polizeibekannten Hehlern tauchen immer wieder gestohlene Schmuckstücke, Uhren oder auch Laptops auf. Einige Sachen konnten den Eigentümern zurückgegeben werden, da sie eindeutig identifizierbar waren. Aber mit einem konkreten Täterhinweis konnte man bisher nicht aufwarten.

Karo saß bereits im Verhörraum, als Olschewski hereingeführt wurde.

»Setzen Sie sich.« Sie drückte den Aufnahmeknopf.

»Ich habe mich die ganze Zeit gefragt, warum Sie mir die Geschichte von dem Bettler mit der abgehackten Hand erzählt haben …«

Olschewski hob den Kopf und blickte ihr zum ersten Mal in die Augen. Er wirkte fast erleichtert.

»Wenn es eine Bande ist, wird es auch einen Bandenchef geben, oder?«, fragte Karo.

Olschewski nickte. Karo deutete kurz auf das Aufnahmegerät.

»Ja«, antwortete er.

»Gehören Sie auch zu einer Bande? Ist das, was Sie da betreiben, irgendwie organisiert?«

»Ja.«

Das kam schneller, als Karo erwartet hatte, denn sie hatte erst einmal nur ins Blaue geschossen. Mit so einer eindeutigen Aussage hatte sie nicht gerechnet. Bevor sie weitere Fragen stellen konnte, legte Olschewski auch schon los.

»Ich habe mich gestern einweisen lassen, weil ich nach den Befunden meines verschwundenen Freundes suchen wollte. Der ist nämlich nicht mehr aufgetaucht, seit er das letzte Mal im Krankenhaus war. Ich weiß ja, dass ich da nachts ungestört suchen kann, wenn die Schwester ihren Rundgang macht. Die ist mindestens eine halbe Stunde unterwegs, wenn was passiert, auch mal eine ganze Stunde. Wo die ihre Unterlagen aufbewahren, weiß ich auch. Ich hatte genügend Gelegenheiten, alles zu beobachten.«

Olschewski rang die Hände. »Ich denke, dass die Chefin ihm etwas Falsches gespritzt hat.«

»Moment!«, fuhr Karo dazwischen. »Wen meinen Sie mit ›Chefin‹?«

»Die Frau, die das alles organisiert und uns die Pillen gibt oder die Spritzen, ist eine ehemalige Krankenschwester. Sie kennt sich aus mit all den Mitteln, die uns vorübergehend so krank machen, dass wir ohne Probleme im Krankenhaus bleiben und nach etwa zwei Tagen wieder entlassen werden können. So haben wir immer mindestens eine Nacht, in der wir auf Beutezug gehen können. Sie sorgt auch dafür, dass wir immer mal in andere Krankenhäuser kommen. Würde ja auf Dauer auffallen, wenn wir immer im gleichen Krankenhaus klauen. Alle acht bis zwölf Wochen haben wir so einen Einsatz. Sie glauben nicht, was auf so einer Station alles zusammenkommt. Wir werden zwar nicht reich davon, aber wir verdienen eine ganze Menge dazu. Hartz IV reicht eben nicht, da können die da oben sagen, was sie wollen.«

Er redete sich in Rage. »Aber ich konnte ja nicht einfach so ins Krankenhaus spazieren und nach den Unterlagen von meinem Freund fragen. Also bin ich hin zu ihr und habe gesagt: Ich brauch wieder ein bisschen Geld. Da musste ich dann natürlich auch etwas mitbringen, das sie verkaufen kann. Dann passierte das mit der alten Frau.«

Er sprang auf. Der Stuhl flog nach hinten. »Aber ein Mörder bin ich nicht! *Sie* … sie ist eine Mörderin. Ich bin mir sicher, sie hat meinen Freund umgebracht. Können Sie das nicht rausfinden? Irgendwie?«

Er sank auf die Knie.

Da hatte Karo einen echten Volltreffer gelandet. Ohne es zu ahnen, hatte sie plötzlich alles in der Hand, um eine organisierte Verbrecherbande auszuhebeln. Es kribbelte entlang ihrer Wirbelsäule, wie immer, wenn etwas gut lief. »Ja, ich hoffe, das werden wir herausfinden.«

Der Kollege half Olschewski wieder auf seinen Stuhl, und nachdem dieser ihr die Namen seiner »Chefin« und die einiger Kollegen genannt hatte, ließ sie ihn in seine Zelle zurückbringen.

Karo plumpste auf ihren Schreibtischstuhl. Felix sah sie erwartungsvoll an.

»Ich wünsche ihm, dass er einen guten Verteidiger bekommt, der das Beste für ihn herausholen kann.«

»Du hast doch nicht etwa Mitleid mit ihm?«

Karo starrte auf die Akte, hob die Augenbrauen und nickte nur.

Krimi trifft Wirklichkeit

von Ulrike Blatter

1994 gab es in Deutschland über tausend Fälle von Mord und versuchtem Totschlag mit insgesamt über 600 Opfern. Seitdem zeigt die Statistik der Tötungsdelikte steil nach unten: 2010 waren es knapp 700 Delikte und 357 beklagenswerte Opfer. Selbst wenn man davon ausgeht, dass eine gewisse Anzahl von Morden nicht erkannt wird (vgl. die Ausführungen im Essay »Natürlichkeit ist Trumpf«), eines ist klar: Die »Chance«, in einen Mordfall verwickelt zu werden – auf welcher Seite auch immer – ist in

Deutschland ziemlich gering. Nur Zyniker werden dies ernsthaft bedauern, aber trotzdem … Mord boomt! Und zwar auf dem Papier.

Kaum ein Krimi kommt ohne den Thrill eines blutdürstigen Täters aus, und folgerichtig geht es in Anette Schwohls Kurzkrimi einer netten älteren Dame an den Kragen. Und auch der Freund des Täters verschwindet auf Nimmerwiedersehen. Das alles ist natürlich frei erfunden, aber dennoch beunruhigend: Die Geschichte beruht nämlich auf Tatsachen.

Die Autorin erlebte im Bekanntenkreis, dass einer todkranken Frau in der Sterbenacht Schmuck und Uhr gestohlen wurden. Weder Polizei noch Ärzte oder Pflegepersonal zeigten sich sonderlich überrascht. Achselzuckend wurden die Angehörigen darüber aufgeklärt, dass es sich hier um einen »kriminellen Markt« handele. Man dürfe eben keine Wertsachen ins Krankenhaus mitnehmen.

Zugegeben, der Diebstahl einer Damenarmbanduhr erscheint unspektakulär, bildet aber einen viel realistischeren Trend der aktuellen Kriminalitätsstatistik ab, als die nicht enden wollende Flut papierner Morde: Diebstahl und Einbruch liegen im Trend. Und im Gegensatz zu Mord mit einer Aufklärungsquote von 96 %, ist die Aufklärungsquote bei Eigentumsdelikten lausig.

Auch die Details sind interessant: 40% der Einbrüche finden tagsüber statt, oft sogar in Anwesenheit der Wohnungseigentümer. Ein Einbruch ist immer eine gravierende Verletzung der Privatsphäre. Werden dann auch noch Dinge gestohlen oder gar sinnlos zerstört, an denen persönliche Erinnerungen hängen, kann es zu hilfloser Wut, langdauernder Angst und zu immer wiederkehrenden Panikattacken kommen. Man fühlt sich in den eigenen vier Wänden nicht mehr sicher. Im Extremfall mündet diese seelische Verletzung in eine posttraumatische Belastungsstörung.

Bei diesen Symptomen sehe ich allmählich ein Glitzern in den Augen meiner schriftstellernden kriminellen Kollegen und Kolleginnen. Und wenn man bedenkt, dass die Schäden durch Einbrüche in die Millionen gehen, dann wird klar, dass sich auch im Bereich der sogenannten Alltagskriminalität ein weites literarisches Feld auftun kann.

Und wem das immer noch nicht spektakulär genug ist: Die Quote an gemeldetem Versicherungsbetrug ist mehr als zehnmal so hoch wie bei Tötungsdelikten. Was hierbei jedoch absolut lächerlich ist: Die Dunkelziffer der Betrugsfälle wird – je nach Versicherung – auf 30 bis über 50 Prozent der jeweilig gemeldeten Schadenssummen geschätzt. Und der angerichtete Schaden beläuft sich auf über 4 Milliarden Euro – jährlich! Das sind doch Dimensionen, die selbst den blutrünstigsten Krimiautor aufhorchen lassen müssten!

Geben wir uns also weiter dem fragwürdigen Vergnügen papiergebundener Untaten hin. Es hat etwas Tröstliches: Das Böse bleibt sorgsam versteckt zwischen den Buchdeckeln und wir, die Leser, wähnen uns in Sicherheit.

Aber Vorsicht: Manchmal trifft auch ein Krimi auf die Realität.

Autsch!

HEIDI MOOR-BLANK

Hüftgold

Mechanisch stocherte er in der kalten Asche. Für die großen Teile reichte das. Die kleineren fand er immer erst, wenn er alles beim Umfüllen in die Urne durchsiebte.

Goldzähne waren ihm am liebsten. Und Goldschmuck. Manchmal vergessen, manchmal bewusst mitgegeben von den trauernden Hinterbliebenen.

Heute würde er nicht viel finden. Die alte Frau hatte keine Angehörigen gehabt, und die einfache Urne zahlte die Stadt.

»Klong!«

Der Stock war auf Metall gestoßen. Na, immerhin. Für das Titan-Hüftgelenk, das er jetzt freischarrte, würde er beim Schrotthändler knappe zwei Euro kriegen. Hinten, in seiner Kammer, hatte er schon eine ganze Kiste voll. Hüften, Knie, seltener Schultern oder stabilisierende Platten. Er griff nach dem langen Schaft, den der Oberschenkelknochen freigegeben hatte, und hob das Teil hoch.

»Himmel!«, entfuhr es ihm. Das Ding war schwer! Normalerweise wogen die Prothesen je nach Länge des Schaftes so viel wie zwei oder drei Tafeln Schokolade. Aber diese hier musste über ein Kilo wiegen! Und das Grau war anders. Es glänzte.

Drei Wochen vorher

Dr. Liebermann lächelte. Es war ein neuer Auftrag herein gekommen. Über sechshunderttausend Euro. Das bedeutete zehn Operationen für den Kunden und eine für ihn selbst. Gleich würde er die Liste durchgehen und die elf Patienten auswählen. Er nahm das Prepaid-Handy, wählte die Nummer und gab die Bestellung durch: »Ich brauche 11 Stück, Langschaft, Pt, wie gehabt. Gesamtwert etwa 660.000 Euro. Schicke mir eine SMS, wann der Panzerwagen kommt.«

Er stand auf, ging hinüber an den kleinen Schrank und öffnete die Doppeltür. Er goss sich einen *Glenmorangie* ein, nahm den Ordner mit den Daten der Bewohner und setzte sich wieder in seinen Bürosessel. Nach einem tiefen Schluck klappte er den Ordner auf.

Sein Altenheim, oder netter gesagt, sein Seniorenwohnheim, hatte einen hervorragenden Ruf. Es gab Plätze für intensive Pflege, Wohnungen mit Betreuung nach Wahl – und es gab den obersten Stock. In den fünf Penthousewohnungen lebten seine Lieblingsklienten, mit eigenem Speisesaal, Fitnessraum und Gemeinschaftswohnzimmer für die Bridgeabende. Die drei Ehepaare und die beiden alleinstehenden Damen trugen die Hälfte der Betriebskosten der gesamten Wohnanlage. Und dies war die Basis für die Souterrain-Etage. Dort lebten die, die keine Angehörigen hatten, keine ausreichende Rente, keine Ersparnisse. Die Zimmer dort waren natürlich nicht so exklusiv, aber trotzdem sehr nett eingerichtet. Alle Wohnräume lagen nach Süden und waren deshalb, trotz der halben Kellerlage, hell und freundlich. Der Speisesaal öffnete sich zu einem Wintergarten mit Terrasse zum Park, und jeden Sonntag wurde dort Bingo gespielt und Hausmusik gemacht.

Dr. Liebermann finanzierte geschickt. Das Heim war ein kleines sozialistisches Konklave mitten in dieser Welt, in der nur der Kontostand zählte. Hier war das anders.

Die Reichen finanzierten die Armen mit, eine Stiftung sorgte für die Umverteilung der restlichen Gelder und für die steuerliche Schonung von Dr. Liebermann.

Es lief perfekt.

Die Zeitungen empfahlen sein Wohnheim ausdrücklich, und es gab Wartelisten. Sowohl für die Penthouse-Etage als auch für das Souterrain.

Dass im Souterrain öfter Wohnungen als in der obersten Etage frei wurden, fiel nicht sonderlich auf. Dies lag nicht an der schlechteren Versorgung – die Unterschiede im Speiseplan waren minimal, und die ärztliche Versorgung verteilte sich völlig gerecht – nein, es lag an den Operationen.

Dr. Liebermann operierte selbst. Er war ein begnadeter Orthopäde und half jedem wieder auf die Beine. Egal, ob mit einer knorpelaufbauenden Diät, kleineren Eingriffen zur Glättung wuchernder Knochen oder großen Operationen der Endoprothetik. Jeder Heimbewohner lobte ihn und seine ärztliche Kunst in höchsten Tönen. Nie gab es Probleme mit der Wundheilung oder mit Luxationen, zu perfekt waren seine Technik und die postoperative Betreuung in dem heimeigenen OP- und Reha-Trakt. Und das alles bezahlt von der jeweiligen Krankenkasse der Patienten.

Dr. Liebermann schloss den Ordner und prüfte noch einmal seine Liste. Dann nickte er zufrieden. In zehn Tagen würde er die aufgeführten Personen in seine Praxis bestellt und von einer Hüft-OP überzeugt haben. Die ausgewählten neun Damen und auch die zwei Herren waren nicht schmerzfrei, konnten nur mit einem Stock gehen, und einige waren sogar mit Rollator unterwegs. Und alle wohnten im Souterrain und hatten keine Angehörigen.

Dieser Dienstag würde anstrengend werden, aber es war alles perfekt vorbereitet. Der Panzerwagen war pünktlich eingetroffen, die EKG-Untersuchungen seiner elf Patienten waren ohne besorgniserregende Befunde geblieben, und er selbst hatte gut und ausreichend geschlafen.

Das OP-Team stand bereit, und das System würde sich auch heute wieder bewähren. In den drei OP-Sälen wurde im Halbstundenrhythmus mit der Anästhesie begonnen, desinfiziert, geschnitten, geklammert und gesägt. War der echte Hüftkopf entfernt, übernahm der Chef, passte das Metallgelenk ein und sorgte für den Wundverschluss. Die äußeren Nähte übernahm dann wieder das Team, und Dr. Liebermann schob seinen Edelstahlwagen mit den Prothesen in den nächsten OP-Raum. Den Wagen ließ er keine Sekunde aus den Augen, immerhin hatte dieser den Wert zweier Lamborghinis.

Am späten Nachmittag waren alle Prothesen versenkt, die Schnitte vernäht, und die Patienten befanden sich im Aufwachraum. Dr. Liebermann saß bei einem *Glenmorangie* auf dem Balkon und checkte in seinem Terminkalender die nächsten Termine. Alle elf Operationen waren gut verlaufen, die Damen und Herren schon wieder ansprechbar, Blutdruck in Ordnung, Dauerkanülen zur Schmerztherapie gelegt. In drei Tagen würden die Sekretschläuche gezogen werden, weitere drei Tage später sollten alle dann soweit sein, um in die Rehabilitationsklinik verlegt zu werden. Diese elf Patienten waren allerdings Sonderfälle, sie kamen nicht in den Reha-Trakt des Heimes, sondern in die Spezialreha.

Auf Little Cayman.

†

Maria Naumann öffnete die Augen und sah sich um. Über ihr hing eine Infusionsflasche, ihr war schwindelig, und sie konnte sich nicht bewegen. In ihrer Hand fühlte sie einen Knopf. Sie drückte, und gleich darauf stand eine Schwester an ihrem Bett.

»Alles in Ordnung, Frau Naumann, Sie haben es überstanden! Die Hüfte ist drin, und es ist alles prima gelaufen! Sie müssen jetzt schön auf dem Rücken liegen bleiben, und wenn Sie etwas brauchen oder Schmerzen haben, drücken Sie die Klingel, ja?«

Maria nickte und schloss die Augen. Sie war erleichtert. So ganz überzeugt war sie nicht gewesen, dass wirklich nur eine Hüftprothese bei ihren Schmerzen helfen würde, aber Dr. Liebermann war ein so guter Arzt und hatte ihr so ausführlich am Röntgenbild den schlimmen Verschleiß ihres Hüftkopfes und der Pfanne erklärt.

Dass ein ganz anderer Name am oberen Rand des Bildes stand, hatte sie nicht sehen können.

Aber nun war die Operation überstanden. Maria Naumann fühlte nach dem dicken Verband an ihrer Seite und schlief wieder ein.

Drei Tage später saß sie bereits munter in ihrem Bett, prüfte glücklich die Leckereien auf ihrem Frühstückstablett und besprach mit den beiden Zimmernachbarinnen das Fernsehprogramm des Vormittags. Der Plausch wurde durch die Visite und das Ziehen der Wundschläuche unterbrochen. Anscheinend wollte sich keine der Damen hierbei eine Blöße geben und laut stöhnen. Alle drei bissen sie die Zähne zusammen und bekamen auch prompt ein Lob von Dr. Liebermann, der sich höchstpersönlich um seine wertvollen Patientinnen kümmerte.

Am nächsten Tag begannen die Übungen mit den Gehstützen, und alle elf Patienten trafen sich zur »Krückenrallye« auf dem Stationsflur. Dass keine anderen Patienten auf dieser Station waren, fiel ihnen nicht weiter auf. Und als einer der beiden Männer klammheimlich auf ein Zigarettchen nach draußen wollte, den Aufzugknopf drückte, und gar nichts passierte, dachte er sich nichts dabei und kapitulierte schulterzuckend. Treppen zu steigen, schien er sich noch nicht zuzutrauen. Aber das hätte auch gar nicht funktioniert, denn die beiden Türen, die zu den Treppenhäusern führten, waren abgeschlossen.

Die elf Patienten waren komplett abgeschottet.

Zwei Tage später funktionierten die Aufzüge wieder. Ein Patient nach dem anderen wurde angezogen, in einen Rollstuhl gesetzt, mit seiner Reisetasche auf den Knien in den Fahrstuhl geschoben und dann durch den Hintereingang des Kellers in verschiedene Kleinbusse verstaut. All dies geschah am Abend, zielstrebig und planvoll, aber in entspannter Stimmung und voller Vorfreude.

Es sollte zur Reha gehen. Und wie Dr. Liebermann den Patienten erklärt hatte, »… Dahin, wo es warm ist. Und wo die Therapeuten noch voller Engagement sind und die Krankenkasse keine Utopiepreise veranschlagt.« Maria würde zum ersten Mal in ihrem Leben mit dem Flugzeug fliegen. Das hatte sie gerade erfahren und freute sich über alle Maßen.

Dr. Liebermann hatte mit der Fluggesellschaft alles geklärt. Schließlich war dies nicht der erste Flug, der Patienten seiner Klinik zu den Caymans brachte. Der Transport war der letzte Part des Deals, den er zu liefern hatte. Von dort an konnten die Auftraggeber entscheiden.

Dass die Patienten den kompletten Flug verschlafen würden, lag daran, dass sie sediert worden waren. Dr. Liebermann begründete das mit den starken Schmerzmitteln, die notwendig seien, um das lange Sitzen in den Flugzeugsesseln problemlos zu überstehen. Die entspannten Liegesessel in der ersten Klasse wären zwar eine Option gewesen, hätten aber seinen Reingewinn empfindlich geschmälert.

Jetzt fuhren die Kleinbusse im Abflugbereich des Flughafens vor, und die Rollstühle wurden ausgeladen. Pfleger schoben die Patienten in die riesige Halle. Maria konnte sich an dem Trubel, der um sie herum herrschte, kaum satt sehen und versuchte, sich selbst mit dem Rollstuhl voran zu bewegen. Es gab so vieles zu sehen, und sie schaffte es tatsächlich, sich um die eigene Achse zu drehen, um all die aufregenden Eindrücke in sich einzusaugen.

Ihre Tasche wurde von ihren Knien gehoben, und ein Pfleger schob sie in die Warteschlange. Maria las all die exotischen Reiseziele auf der Anzeigetafel und hätte fast vor lauter Vorfreude auf dieses große Abenteuer gejauchzt.

Was sie störte, waren der Druck ihrer Blase und die auf ihren diesbezüglichen Hinweis gegebenen Anweisungen der Schwester, sich zu entspannen und sich auf die Windel zu verlassen, die sie alle wegen des langen Fluges und der zu engen Flugzeugtoiletten trugen. Maria sah sich um und suchte nach der Schwester, die vorhin ihre Reisepässe eingesammelt hatte, doch die war verschwunden.

Stattdessen entdeckte sie ein WC-Schild. Die Schlange vor ihr war lang und bewegte sich offenbar keinen Millimeter vorwärts, aber die Idee, noch mal ganz schnell zu verschwinden, gefiel Maria ausnehmend gut. Sie drehte sich erneut um die eigene Achse und bewegte dann beide Räder gleichzeitig. Es funktionierte!

Schon scherte sie aus der Schlange aus, rollte ein paar Meter und hatte fast die Tür erreicht, als ein netter Herr mit einem »Darf ich Ihnen helfen?« nach ihrem Rollstuhl griff und ihn vor sich her schob. »An welches Gate müssen Sie denn?« fragte er dann und beugte sich mit einem freundlichem Lächeln zu Maria herunter.

»Aaaa …?«, stammelte Maria während sie überlegte, was ein »Gate« war.

»A – dann sind wir schon richtig! Sie kommen allein zurecht?« Er ließ sie stehen und verschwand im Menschengewimmel.

Maria drehte sich zweimal und dachte dabei nach, aus welcher Richtung sie gerade gekommen war, bevor sie zu einer breiten Tür an der Seite rollte.

Als der Aufzug ankam und die Leute ausstiegen, fühlte Maria, wie sie in die Kabine geschoben wurde und diese sich mit weiteren Menschen füllte.

»Ich wollte gar nicht …«, Maria brach mitten im Satz ab, als sie bemerkte, dass sie gegen Bäuche sprach und niemand sie beachtete. Sie wehrte sich auch nicht mehr, als jemand sie im Untergeschoss aus dem Fahrstuhl schob. Auch nicht, als eine andere Person sie mit einem beiläufigen »S-Bahn zum Hauptbahnhof?« in einen übervollen Zug rollte und sich gleich darauf die Türen hinter ihr schlossen.

Erst in der riesigen Bahnhofshalle kam Maria der eigentliche Grund, weshalb sie aus der Warteschlange ausgeschert und jetzt hier gestrandet war, wieder in den Sinn.

Eine nette Brezelverkäuferin zeigte ihr die Stelle, an der man den Schlüssel für die Behindertentoilette bekam, und Maria stellte fest, dass ihr das Steuern des Rollstuhles immer leichter fiel.

Die Windel stopfte sie in den Eimer. Das lange Pflaster auf der Wunde hatte sie versehentlich gleich mit abgezogen und dabei auch zwei Wundklammern erwischt. Es blutete etwas, und die Naht klaffte an einer Stelle ein bisschen. Maria seufzte tief. Der nette Herr Doktor würde sicher schimpfen. Wegen der Klammern und des verpassten Fluges und der nicht genommenen Beruhigungspillen, die beim letzten Abendessen auf der Station ausgeteilt worden waren.

Maria überlegte. Sie konnte nicht zurück zum Flughafen – das Flugzeug war sicher schon längst gestartet. Sie konnte auch nicht zurück ins Heim, nach all dem Ärger, den sie verursacht hatte. Außerdem kannte sie niemanden, den sie um Hilfe bitten konnte und hatte keinen einzigen Cent bei sich. Vorsichtig manövrierte Maria den Rollstuhl in eine ruhige Ecke, wickelte sich fest in die dünne Decke, die auf ihrem Schoß gelegen hatte, und schloss die Augen. Sie träumte von Wärme und der Karibik, die sie nun doch nicht mehr erleben würde.

Die Suche nach Maria Naumann hatte sich von der Abflughalle B auf das gesamte Flughafengelände ausgedehnt. Die Helfer hielten Ausschau nach einer hilflosen alten Dame, die plötzlich aus der Warteschlange verschwunden war, Dr. Liebermann tobte, schrie wahllos Pfleger und Bodenpersonal an und suchte höchstpersönlich nach seiner lukrativen Patientin.

Die anderen zehn waren inzwischen bis zur Flugzeugtür geschoben und mit Krücken zu ihren Sitzen geleitet worden. Als die Maschine auf die Startbahn rollte, wurden Bonbons verteilt, als die Reisehöhe erreicht war, hatte bei allen die Betäubung eingesetzt.

Die Rollstühle wurden von den Helfern wieder eingesammelt, die Patienten würden sie auf den Caymans nicht mehr brauchen.

Liebermann durchquerte ein weiteres Mal die Abflughalle, fluchte, nippte an dem Pappbecher mit dem grässlichen Kaffee und warf den Behälter dann mit einem kräftigen Schwung weit neben den Mülleimer. Er hatte die Suche aufgegeben, Frau Naumann blieb wie vom Erdboden verschwunden.

Einige Pfleger und Helfer, die die Patientin kannten, durchforsteten im Flughafengebäude weiter jeden Flur und jede Nische, das Bodenpersonal erhielt genaue Anweisungen, und Liebermann packte die Rollstühle und seine restlichen Leute in zwei Kleinbusse und fuhr zurück zur Klinik.

Er hatte sich nicht im Griff gehabt – das war schlecht. Keiner der Helfer kannte den Deal. Für sein Personal war er ein Wohltäter, der Krankenkassenpatienten selbst operierte, sich höchstpersönlich um deren Genesung kümmerte und sie dann auch noch zur Sonderreha schickte.

Kurz darauf saß Liebermann in seinem Büro und startete eine Internet-Telefonverbindung. Er musste den korrekten Versand der Ware wie vereinbart an den Auftraggeber melden, sonst würde dieser Alarm schlagen. Liebermann überlegte kurz, ob er die Webcam einschalten sollte bevor, er auf den Button klickte. Er schlüpfte in seinen seriösen weißen Kittel, strich sich die Haare aus der Stirn und setzte sich aufrecht vor seinen Bildschirm.

Da musste er jetzt durch, alles andere wäre zu auffällig gewesen, und wenn einer lügen konnte, dann er.

»Hello?«

Liebermann lächelte breit in Kamera. »Hallo! Ihre Ware ist unterwegs und wird pünktlich bei Ihnen eintreffen!«

»Wonderful. Ich bin entzückt. Und wie wird es jetzt weiter gehen?«

»Oh!«, Liebermann beugte sich nach vorn. »Der Rest ist Ihre Sache! Die Patienten können kurze Strecken laufen, die Gehhilfen sind an Bord und im Preis inbegriffen. Sie können sie bei sich wohnen lassen, aufbewahren wie ein Sparbuch und sich ihrer bei Bedarf bedienen. Sie können aber natürlich auch alle auf einen Schlag verwerten.«

Liebermann lehnte sich zurück. Er verzog den Mund und lehnte die Fingerspitzen seiner Zeigefinger aneinander. »Der Zustand aller ist sehr gut, und Sie haben Zeit genug, sich Ihr Vorgehen zu überlegen. Allerdings ist das Material nicht auf Jahre ausgelegt, es ist einfach zu weich. Aber die Patienten sind ja alle nicht mehr die Jüngsten, von daher …«. Er lächelte und faltete die Hände wie ein Priester. »Von daher wünsche ich Ihnen viel Vergnügen mit Ihrem Geldtransfer!«

Liebermann kappte die Verbindung, und sofort verschwand auch das verbindliche Lächeln von seinem Gesicht. Er schlug mit der Faust auf die Tastatur.

»Gottverdammte Scheiße! Wo ist nur die Alte abgeblieben? Meine zehn Prozent sind irgendwo in einem Rollstuhl unterwegs – einfach weg! So ein Gefährt verschwindet doch nicht einfach spurlos!«

Er griff nach dem Telefon, zögerte und gab sein Vorhaben auf. Eine Vermisstenmeldung würde einiges an Fragen nach sich ziehen. Und vielleicht würde dann irgendein übereifriger Beamter feststellen, dass bisher keiner der Patienten, der die Spezialreha in Anspruch genommen hatte, jemals wieder nach Deutschland eingereist war.

†

Eine kühle Hand legte sich auf ihre Stirn, und Maria öffnete die Augen. Eine junge Dame beugte sich zu ihr herunter und fragte: »Wo möchten Sie denn hin? Kann ich Ihnen helfen?«

Maria sah die junge Frau lange an. Ihre Gedanken schlugen Purzelbäume und waren nicht fassbar. Immer wieder vergaß sie, was ihr gerade eingefallen war. Sie öffnete den Mund und versuchte, die ganze Geschichte zu erzählen, aber ihr Hals war trocken und ihre Lippen fühlte sich heiß und spröde an.

»Karibik!«, krächzte sie dann endlich.

»Sie wollten in die Karibik?« Die Frau lächelte. »Aber Sie sind hier am Hauptbahnhof. Von hier aus fahren keine Züge in die Karibik.« Sie schüttelte sachte den Kopf und nahm Marias Hand.

Die Hand war glühend heiß.

Energisch schob sie dann Marias Hand unter die Decke, packte den Rollstuhl und schob ihn über den Bahnsteig zum Büro der Heilsarmee.

Dort kümmerte man sich gleich um sie. Bald hielt Maria einen großen Becher mit heißem Tee in den zittrigen Händen und nahm brav zwei kleine Schlückchen.

Eine andere Frau hatte sich vor sie hingekniet und fragte: »Wie heißen Sie denn? Und wo wohnen Sie? Sind Sie hier am Bahnhof angekommen, oder wollten Sie erst verreisen? Und wo ist Ihr Gepäck? Ihr Ticket? Wo sind Ihre Papiere?«

Maria schaute hilflos auf ihren Tee. Sie starrte lange in die dampfende Flüssigkeit, als könne sie dort die Antworten finden. So viele Fragen, und ihre Gedanken wirbelten nur noch in ihrem Hirn. Da war etwas mit einem Flugzeug gewesen. Und einer OP. Jetzt fiel es ihr wieder ein. »Maria! Ich heiße Maria.«

Dann rutschte ihr der Becher aus der Hand, der Tee schwappte auf die Decke, und Scherben klirrten auf dem Fußboden.

Im Krankenhaus wurden das Fieber behandelt, ein Tropf angehängt und Blut abgenommen. Die Operationsnarbe war entzündet und eitrig, weiße Blutkörperchen hatten den Körper überschwemmt, ihren Kampf aber schon aufgegeben. Die Antibiotikagabe kam zu spät.

Maria starb noch in dieser Nacht.

Einige Tage lang lag die Leiche im Kühlraum, bis die Behörden ihre Bemühungen, die Identität von Maria zu klären, aufgaben. Es existierte kein Personalausweis, kein

Pass, keine Versicherungskarte, es gab keinen Wohnsitz und keinen Nachnamen.

Maria wurde als »Maria Karibik« ins Städtische Krematorium überführt, verbrannt und ihre Asche auf dem anonymen Gräberfeld der Stadt in einer einfachen Urne beigesetzt.

Das Hüftgelenk befindet sich noch in der Altmetallkiste im Hinterzimmer des Krematoriums. Zusammen mit einigen anderen aus Titan.

Dieses eine glänzt besonders und ist schwerer als alle anderen. Und es hat einen Metallwert von etwa sechzigtausend Euro.

Je nachdem, wie die aktuelle Notierung an der Edelmetallbörse für Platin gerade steht.

Besonderer Dank für die Unterstützung bei der Recherche an:

Prof. Dr. Christian Heisel
Orthopädischer Chirurg,
Sektionsleiter Gelenkchirurgie und Orthopädie am Diakonissen-Stiftungs-Krankenhaus Speyer

Dr. Christian Sobau
Orthopädischer Chirurg
Facharzt für Orthopädie und Unfallchirurgie,
Sportmediziner, Orthopädie Kurpfalz Speyer-Mannheim

Der internationale Horror-Laden

von Ulrike Blatter

Die schnellste Hüft-Operation, bei der ich jemals assistierte, fand in den 80er Jahren statt und zwar an der ältesten Patientin, der unser Chirurgen-Team jemals eine neue Hüfte angepasst hatte. Sie war weit über 90 Jahre alt. Bis zu ihrem fatalen Sturz war sie mobil gewesen und hatte sich im Wesentlichen selbst versorgen können. Keine Frage – wir wollten unser Bestes geben, damit sie wieder auf die Beine kam. Aber als sie dann klein und schrumpelig, narkotisiert und ohne Gebiss auf der Operationsliege lag, stockte uns allen erst einmal der Atem. »Seid ihr sicher, dass sie überhaupt noch lebt?«, meinte unser Chef, und das war kein schlechter Witz.

Als wir mit der Operation begannen, hatten wir tatsächlich das Gefühl, gegen die Zeit zu kämpfen – gegen diesen winzigen Rest Lebenszeit, der dieser alten Frau noch vergönnt war – wir hörten nur zu gut, wie unerbittlich die Uhr tickte …

Als ich Heidi Moor-Blanks Krimi las, tauchte diese Patientin wieder vor meinem geistigen Auge auf. Der stille Horror dieser Geschichte, deren Ende man schon frühzeitig ahnt, wirkt wohl deswegen so nachhaltig, weil jeder von uns eine »Maria« kennt. Altersarmut, körperliche Gebrechen, Einsamkeit und das Gefühl, einem übermächtigen Medizin-Apparat hilflos ausgeliefert zu sein – das alles kennen wir, entweder vom Hören-Sagen oder aus eigener Erfahrung.

Aber: Diese Idee, alte Menschen zum Ausschlachten in die Karibik zu schicken – ist das nicht der völlig überdrehten Phantasie einer lebensfremden Schreibtischtäterin entsprungen? So etwas gibt es doch gar nicht. Das Handbuch für Hüftprothesen umfasst bis zu 1.000 Seiten.

Kaum ein Chirurg macht sich die Mühe, es ganz durchzulesen, aber ein Kapitel über Edelmetallschmuggel findet sich dort nicht.

Also doch alles gut?

Ich muss Sie enttäuschen: In meiner Zeit als Rechtsmedizinerin untersuchten wir regelmäßig sogenannte Bodypacker. Arme – wirklich bettelarme! – Menschen, deren Körper zum Kokaintransport missbraucht worden waren. Bei dieser Art des Schmuggels leisteten nicht nur Drogenbarone sondern auch Ärzte Hilfestellung. Öffnete sich eins der verschluckten Drogenpäckchen, bevor es ausgeschieden wurde, dann war dies tödlich. Immer.

Drogen wurden auch in Särgen transportiert – und zwar doppelt verpackt, wenn Sie verstehen, was ich meine. Und die Flugbegleiter waren angehalten, auf gewissen Flugstrecken darauf zu achten, ob die Babys in den Armen ihrer »Mütter« eindeutige Lebenszeichen zeigten.

Der blanke Horror! Aber … so etwas gibt es doch nicht bei uns! Oder?

Die Erfahrung zeigt leider, dass grundsätzlich alles, was sich ein kriminelles Hirn ausdenkt, möglich ist. Der Menschenhandel gehört mittlerweile mit dem Drogen- und Waffenhandel zu den Top 3 auf der Hitliste der weltweiten Schattenwirtschaft. Allein in Lateinamerika schätzte man im Jahr 2012 Gewinne von 6,6 Milliarden US-Dollar aus dem Handel mit Kindern. Und bei immer mehr Kindern verlieren sich die Spuren nicht nur in Nahost und China, sondern auch in Europa. Es gibt starke Indizien dafür, dass ihnen systematisch Organe entnommen werden. Wer das genauer nachlesen will, wird fündig auf der Internetseite der Kindernothilfe. *[www.kindernothilfe.de/Kindernothilfe_Partner_bekaempft_Kinderhandel_in_Bolivien.html]* Leider liegt es in der Natur der Dinge, dass die Ermittler den Tätern hinterherhinken. Und wenn wir auf den Klinik-Alltag schauen: Selbst ausgefeilte Checklisten und Reporting-Systeme können unterlaufen werden. Das gilt auch für Pflegeheime. Dagegen hilft nur eins: Eine Kultur der Transparenz und des Hinschauens, aber keine Misstrauenskultur mit ständiger Überwachung und raffinierter Vertuschung. Mutig füreinander Verantwortung übernehmen, statt vor unklaren Anweisungen zu kuschen, weil sie halt »von oben« kommen. Hierarchien konstruktiv hinterfragen, ohne paranoid zu werden. Glauben Sie mir, ich weiß, wovon ich rede … Aber es besteht Anlass zur Hoffnung: Nach diversen Skandalen mit Krankenhausinfektionen und Organtransplantationen sind wir inzwischen auf einem guten Weg. Mal sehen, wohin dieser Weg führt. Wir werden alle älter …

Übrigens: Unsere über neunzig Jahre alte Patientin verlangte am zweiten postoperativen Tag nur eins: ihren Lippenstift!

IVONNE KELLER

Wehe dir

Verena Anders lag auf einer Parkbank und blickte in die Zweige einer blühenden Linde, die ihren süßlich fauligen Duft verströmte. Seit dem Morgen litt sie unter Rückenschmerzen, die bis in den Bauch ausstrahlten. Hoffentlich hatte sie nichts mit den Nieren. Vielleicht kam dieses Unwohlsein aber auch von der Aufregung, die sie fast die ganze Nacht wachgehalten hatte.

Verena wandte den Kopf. Ihr Blick fiel auf das achtstöckige Klinikgebäude. Überall blätterte der Putz, und die Waschbetonplatten vor dem Eingang verstärkten den schäbigen Eindruck noch. Deprimierend! Wie gut, dass ihr Aufenthalt hier bald ein Ende hatte. Einmal noch musste sie hinein, um ihr Vorhaben auszuführen. Auf der Rückfahrt nach Hause läge dann etwas Liebliches, Zartes auf dem Sitz neben ihr, und alles wäre gut. »Wehe dir, wenn es diesmal nicht klappt«, murmelte sie. Aber es würde schon gut gehen. Sie war bestens vorbereitet.

Verena richtete sich schwerfällig auf. Das Kissen, das sie sich auf den Bauch geschnallt hatte, hielt nicht mehr gut, seitdem sie so dick geworden war. Diese verdammten Medikamente. Sie schwemmten auf und machten sie unförmig wie ein Marshmallowmännchen. Aber Leo fand sie schön. Zumindest sagte er das immer, wenn sie sich sahen; genauso wie er ihr ständig sagte, sie bräuchte nur Geduld. Das erzählte er seit fast sechs Jahren. Und nichts war seither passiert!

Dabei hatte alles so vielversprechend angefangen. Er, der aufstrebende Jurist; sie, die begabte Cellistin am Wiesbadener Staatstheater. Sie hatten einen Stall voll Kinder gewollt. Kleine musikalische Intelligenzbestien. Allein ihrer Liebe zu Leo und zur Musik hatte Verena es zu verdanken, dass sie in ihrem Unglück noch nicht durchgedreht war. Dass sie unglücklich war, hatte sie dank der Gespräche mit Frau Dr. Wagenbart, die da oben im siebten Stock ihre Arbeit verrichtete, inzwischen verstanden. Sie solle sich auf das Positive in ihrem Leben konzentrieren und nicht auf das, was fehlte. Dabei kapierte diese Frau einfach nicht, wie es sich anfühlte, nicht komplett zu sein. Monat für Monat dieses Warten, diese Hoffnung, die jeden Tag wuchs und sich ausdehnte. Aber es dauerte stets so lange, bis man Gewissheit hatte. Es war so, als ob man dem Gras beim Wachsen zusah. Und dann, jeden Monat, immer wieder – diese maßlose Enttäuschung. War es da nicht sinnvoller, Pläne zu schmieden? Ausgefeilte natürlich, nicht so eine spontane Aktion wie vor drei Jahren im REWE. Der Einkaufswagen mit der Babytrage hatte einsam und verlassen zwischen Erdnussflips und Toilettenpapier herumgestanden. Von der Rabenmutter keine Spur. Das zahnlos lächelnde Baby hatte eine rosafarbene Wollmütze mit einem Eisbären darauf getragen. Verena hatte gegurrt wie eine Taube – so machten richtige Mütter das – den Wagen genommen und ihn unauffällig quer durch die Gänge geschoben. Sie ließ Joghurts und Käse hinter sich, kurvte durch die Getränkeabteilung, dann an Bananen und Kiwis vorbei und rollte um die Kasse herum, hinaus auf den Parkplatz. Dort ließ sie die Karre zwischen zwei parkenden Autos stehen und griff nach der Trage, die sie mit flinken Handgriffen auf ihrem Beifahrersitz festschnallte. Da war das Püppchen noch ruhig, sah sie mit großen Augen an und nuckelte an seinen Fingerchen. Aber kaum waren sie eine Stunde daheim, begann die Kleine zu weinen. Leise zuerst, ein zartes Gequengel, das Verena mit einem Schnuller eine Weile eindämmen konnte. Aber irgendwann brach ein Sturm los. Die Kleine schrie und schrie. Sie hörte gar nicht mehr auf. Leo war nicht da, und Verena jagte durchs Haus, hetzte durch alle sieben Zimmer mit dem schreienden Bündel auf dem Arm. Einmal legte sie es sich an die Schulter, dann wiegte sie es, zum Schluss schüttelte sie den Schreihals – nichts half. Schließlich hatte sie das Kind auf den Küchenfußboden gelegt und mit der Schere eine Tüte Milchpulver aufgeschnitten. Natürlich ging alles daneben: die Anrichte, ihre Strickjacke und das Baby – alles war mit einer klebrigen weißen Schicht bedeckt. Und die Kleine kreischte immer durchdringender! Schließlich wählte Verena mit zitternden Fingern die 110 und erklärte der Dame am anderen Ende, dass da diese Frau, höchstwahrscheinlich eine Verrückte, geklingelt und ihr dieses Kind übergeben habe. Und dann waren Beamte gekommen, und Leo. Sie nahmen Verena mit aufs Revier, und dann musste sie zum Arzt, weil alle sich furchtbare Sorgen machten, weil solche Sachen nicht alle Tage passierten. Anschließend hatte sie ein paar Wochen Urlaub in einem blitzweißen Gebäude inmitten eines Parks gemacht – in einem viel schöneren Haus als diesem hier. Und als sie nach Hause zurückkehrte, hatte sie statt der drei Kinderzimmer ein Ankleidezimmer, ein Bügelzimmer und ein Schlafzimmer ganz für sich allein vorgefunden. Leo sagte, hierhin könne sie sich zurückziehen, wenn sie Ruhe brauche. Dabei brauchte sie doch gar keine Ruhe!

Aber das alles war jetzt Vergangenheit. Diesmal würde sie nicht improvisieren. Diesmal gab es einen Plan. Das Schicksal hatte ihr die Frau in Zimmer 701 beschert, und sie würde ihre Chance nutzen.

Verena stemmte die Hände in die Seite und verzog das Gesicht. Bevor die Schmerzen sich verschlimmerten, machte sie sich besser auf den Weg. Wenn sie rechtzeitig vorm Dunkelwerden zu Hause sein wollte, war es ohnehin an der Zeit.

»Ist alles o.k. mit Ihnen, Frau Anders?«, hörte sie plötzlich eine Stimme. Verena fuhr zusammen. Sie hatte das junge Ding, das hinter ihr im Gras saß, völlig vergessen. Miriam. Sie passte angeblich nur ein wenig auf sie auf, wenn sie nach draußen ging. Dabei brauchte sie weiß Gott keinen Aufpasser. Schon gar nicht so ein pickeliges Mädel mit Pferdeschwanz und Birkenstock-Tretern. Verena betrachtete die Zwanzigjährige von oben bis unten. Wie sollte sie Miriam im entscheidenden Moment loswerden?

Der – genau genommen – *jetzt* da war.

»Ich muss auf die Toilette«, sagte Verena und hievte sich auf die Füße. Griff nach dem Rucksack, den sie immer bei sich trug und der mit einer flauschigen Decke ausgepolstert war. Obenauf lagen ein Schnuller und ein kleiner Stoffhund, der quietschen konnte. Mehr durfte nicht mit hinein, sonst war kein Platz mehr für das Kleine.

»Ich komme mit«, sagte Miriam und wollte sich unterhaken – doch Verena schüttelte sie ab. »Ich kann gut allein laufen.«

Die Fahrt im Fahrstuhl verbrachten sie schweigend.

Als sie im siebten Stock ankamen, verdeckte Miriam die Tastatur des Türöffners und gab die Zahlenkombination ein. Der Türsummer ertönte. Verena lächelte in sich hinein.

Das mit den Zahlen war leicht zu durchschauen gewesen. Sie nahmen einfach das Datum. Rückwärts. Sie hatte einmal beobachtet, wie Frau Dr. Wagenbart als erstes eine 3 und eine 1 eingegeben hatte, und haarscharf kombiniert. Die Leute waren Einfaltspinsel, erst recht solche, die sich für besonders schlau hielten. Einmal hatte sie heimlich kontrolliert, ob sie mit ihrer Vermutung richtig lag, und natürlich hatte es funktioniert. Verena überlegte. Heute war der 28. Juni 2013. Und heute holte sie sich ihr Kind.

Miriam hielt ihr die Tür auf. Als sie im Flur standen, verschränkte Verena die Arme: »Aufs Klo gehe ich aber allein, dass das mal klar ist.«

Miriam nickte und verschwand in Richtung Schwesternzimmer. Richtig so. Und so einfach, sie loszuwerden. Hier drinnen stand sie ja gar nicht unter Aufsicht, sie konnte sich frei bewegen. Manchmal vergaß Verena die einfachsten Dinge. Man schloss die Stationstür ab, weil alle auf diesem Stockwerk verrückt waren – alle, bis auf Verena natürlich, aber das verstand einfach keiner. Sie wollte doch nur ein Kind – was war daran so schwer zu verstehen? Und dass sie dieses Ziel hartnäckig und ohne jemals aufzugeben seit Jahren verfolgte, war doch ein Zeichen für einen wachen Verstand.

»Denken Sie einmal an was anderes, Frau Anders, dann klappt das von ganz allein«, hatte es jahrelang geheißen.

Aber nicht an ein Kind zu denken, wäre so gewesen, als rate man einer Verhungernden in Afrika, sie solle das schöne Wetter genießen. Es ging nicht! Und wie eine dieser Verhungernden stopfte Verena alles in sich hinein, was ihr in die Finger kam. Nun hatte sie nicht nur kein Kind. Sie sah auch noch aus wie eine Tonne.

Verena sah sich misstrauisch um, aber alles war ruhig. Im Grunde konnte sie tatsächlich eine Pause gebrauchen.

Vielleicht sollte sie sich kurz hinlegen. Sicher war es eine Kolik, oder wie nannte man das? Aber sie konnte sich jetzt keine Ruhe gönnen. Keine Zeit – bis fünfzehn Uhr musste alles getan sein. Um fünfzehn Uhr war ein Termin mit Frau Dr. Wagenbart angesetzt. Da würde sie schon längst weg sein. Dieses Nana-Mouskouri-Double wollte sowieso immer nur über die gleichen Dinge mit ihr reden. Zum Beispiel darüber, wie sehr sich Leo um sie sorgte. Oder dass Leute mit psychischen Problemen manchmal die Realität nicht vom Wahn unterscheiden könnten. Genauso wie sie ständig versuchte, ihr einen Termin bei Professor Schmidt im fünften Stock aufzuschwatzen, damit der sich den Fortschritt ihrer Schwangerschaft ansehen könne. Dabei war sie ja gar nicht schwanger – mit den Kissen erzeugte sie lediglich eine perfekte Illusion, eine, die selbst Leo ihr abnahm. Seitdem sie zu Hause dieses eigene Zimmer hatte, hatte er sie nur ein einziges Mal darin aufgesucht. Das war schon viele Monate her. Wovon also sollte sie schwanger sein? Früher hatten sie Sex nach Plan gehabt, und es hatte auch nicht geklappt.

Verena ließ die Tür zur Toilette links liegen, bewegte sich langsam den Gang entlang und hielt mit beiden Händen das Kissen vor ihrem Bauch in Position. Alles, wonach sie sich sehnte, lag in Zimmer 701 – in den Armen dieser Frau, deren Summen bis in den Flur schallte. Es war ein Wunder: ein so kleines Kind, hier an diesem Ort – aber bei einer stillenden Mutter machten sie anscheinend eine Ausnahme. Die Tür stand offen – ein leises »La-Le-Lu« schwebte in den Flur. Von dem Baby hingegen hatte Verena noch nie einen Laut gehört. Es schien einen ausgeglichenen Charakter zu haben – ganz im Gegensatz zu dem Schreihals aus dem REWE-Markt.

Verena warf einen prüfenden Blick zur Ausgangstür. In die Freiheit war es ein Katzensprung. Dort drüben befand sich die Bushaltestelle. Den Rucksack würde sie auf dem

Rücken tragen. Sie würde es sachte tun, sodass das Kind nicht zu Schaden kam. Tausendmal hatte sie es zu Hause im Hof auf der Gartenbank mit einer Puppe geübt. Leo hatte sie dabei immer so grüblerisch aus dem Arbeitszimmerfenster beobachtet, die Augenbrauen verständnislos nach oben gezogen. Wenn er nur wüsste, wie sehr sie ihn liebte. Vielleicht hatte er manchmal seine Zweifel daran – besonders dann, wenn sie austickte. Beim letzten Mal war es besonders schlimm gewesen. Dabei hatten sie doch nur Tee getrunken. Sie wusste auch nicht, wie es gekommen war … jedenfalls quoll plötzlich Blut aus Leos Augenbraue, und ihre Tasse lag zerbrochen am Boden. Einen Tag später hatte er sie hierher gebracht. Mit seiner Augenklappe hatte er wie ein Pirat ausgesehen. Angeblich war sie freiwillig hier, dabei wäre sie viel lieber zu Hause. Andererseits hätte sie dann nie von der Frau auf Zimmer 701 erfahren. Dafür würde sie Leo auf ewig dankbar sein.

Es war vollkommen klar, dass die Frau sterben musste. Alles andere ergab keinen Sinn. Grundsätzlich war Verena natürlich dagegen, zu töten. Aber welche Wahl blieb ihr denn? Angenommen, sie würde sich das Kind schnappen und damit loslaufen – die Frau würde doch schreien wie ein Brüllaffe. Welche Mutter würde das nicht? Und Schreie konnte Verena sich weiß Gott nicht leisten.

Außerdem: Ließe sie die Frau am Leben, wäre die eine wichtige Zeugin. Und Zeugen konnte Verena ebenso wenig gebrauchen.

Einzig Miriam hatte sie zuletzt gesehen. Mit dickem Bauch. Und der wäre ja nachher weg. Sie würde einfach sagen, dass sie das Kind auf der Toilette bekommen habe und die ganze Sauerei, die zu einer Geburt dazugehörte, in der Kanalisation schwamm. Das würde das Reinigungspersonal bestimmt freuen. Es war geradezu perfekt, wie sich alles fügte.

Verena atmete tief durch und wischte sich über die Stirn. Ob sie es schaffte, jetzt auch nur einen Schritt weiterzulaufen? Das, was mittlerweile in ihrem Körper vorging, war kein Spaß. Wenn sie nicht genau wüsste, wo sie das Mordwerkzeug verstaut hatte, würde sie vermuten, es stäke mitten in ihrem Unterleib.

Bei Zimmer 701 angekommen, stellte sie aufatmend fest, dass die Frau mit dem Pinselhaarschnitt noch immer in ihrem Bett saß und das Kind in einem dicken Kissen schaukelte. Sie hatte Verena die Seite zugewandt und trug ein labbriges T-Shirt. Dass die Haare dringend eine Wäsche nötig hatten, sah Verena auf den ersten Blick. So eine ungepflegte Person hatte doch gar kein Kind verdient! Das japanische Küchenmesser würde mit Leichtigkeit zwischen ihre Rippen gleiten, wie in eine reife Avocado. Verena bückte sich, zog das Hosenbein ihrer Jogginghose hoch und griff schnaufend nach dem Schneidwerkzeug, das sie mit einem Gummiband an ihrem Schienbein befestigt hatte. Die Schutzhülle war ein wenig eingerissen, glücklicherweise hatte die Klinge sie nicht verletzt. Sie hatte das Messer am Sonnabend eingesteckt, als sie zu Hause gewesen war. Ihre Mutter war auch dort gewesen und hatte den ganzen Nachmittag mit verkniffenem Mund abwechselnd auf Leos bandagiertes Auge und Verenas Bauch gestarrt. Verena wusste, dass die Mutter Zweifel an ihrer Schwangerschaft hatte. So wie sie einfach alles in Verenas Leben bezweifelte. Aber auch wenn ihr Bauch nicht echt war – Verena würde trotzdem beweisen, dass sie es besser drauf hatte, als ihre Mama. Bald schon würde sie mit einer Familie aufwarten können, die komplett war.

Verena zog vorsichtig das Messer aus der Hülle, während die Frau ohne Unterlass das Wesen in ihrem Arm wiegte. Dann betrachtete Verena die blitzende Klinge und ging mit ausgestrecktem Arm auf das Bett zu. Den Griff des Messers hielt sie fest umschlossen, damit sie nicht abrutschte. Darauf bedacht, kein Geräusch zu verursachen, hob sie die Hand – und hielt mitten in der Bewegung inne. Verblüfft sah sie an sich hinab. Eine warme Flüssigkeit lief an der Innenseite ihrer Schenkel hinunter und ergoss sich plätschernd auf den Linoleumboden. Verena starrte auf die Pfütze zu ihren Füßen. Und plötzlich hörte sie Schreie, die zu ihrer Überraschung aus ihrem eigenen Mund kamen. Der Schmerz, der mit einem Schlag ihren Unterleib zerriss, ließ sie zu Boden gehen. Auch die Frau im Bett erwachte aus ihrer Träumerei und stimmte lauthals in Verenas Klagen ein. Sie schrie in der Art wie die Frauen in der Zalando-Werbung, wenn der Bote mit dem Paket an der Haustür klingelte. Aber ihr Schreien klang entsetzt und nicht erfreut. Verenas Anblick war vermutlich alles andere als erbaulich: Auf allen Vieren in einer blutigen Lache vor dem Bett kniend; auf dem Rücken einen Reiserucksack, in ihrer Hand ein langes Messer – noch dazu die Schreie aus ihrem Mund – im Nu standen Miriam und Frau Dr. Wagenbart im Zimmer.

»Sie hat sich den Bauch aufgeschlitzt!«, rief Miriam und schlug die Hände überm Kopf zusammen.

»Ach was«, sagte Frau Dr. Wagenbart und kniete sich zu Verena auf den Boden. Sie nahm ihr sanft das Messer aus der Hand. »Wir brauchen einen Rollstuhl, Miriam. Ruf bei Professor Schmidt auf der Entbindungsstation an. Und danach Frau Anders' Ehemann. Es geht los.«

Verena warf den Kopf herum: »Es geht los? Was passiert mit mir? Sterbe ich?« Ausgerechnet jetzt! Wo sie so nah am Ziel gewesen war!

»Frau Anders«, sagte Frau Dr. Wagenbart, »Sie bekommen ein Kind.«

Diese Nachricht ließ nicht nur Verena, sondern auch die brüllende Frau in ihrem Bett verstummen. »Bekommt ein Kind?«, wiederholte die, und Verena biss die Zähne zusammen. Sie musste aufs Klo. Etwas presste sich seinen Weg aus ihr heraus, wie noch nie.

»Meins«, flüsterte die Frau mit dem Pinselhaarschnitt und kletterte aus dem Bett. Verena sah mit Schrecken das Kissen aus ihrem Arm zu Boden gleiten und erwartete einen Aufschlag. Doch sie vernahm nur ein Rascheln.

»Meins«, sagte die andere noch einmal, und Verena schüttelte den Kopf.

»Wehe dir«, flüsterte sie.

Verenas Welt: Wahn oder Wirklichkeit?

von Ulrike Blatter

Wahnerlebnisse sind ein beliebtes Thema in der Literatur. Die Verunsicherung des Lesers macht die Lektüre spannend. Zumindest ist sich jedoch der Protagonist seiner Sache hundertprozentig sicher. Selbstverständlich ist auch Verena vollkommen zu Unrecht in der Psychiatrie gelandet, und deshalb ist sie auch die Einzige, die den totalen Durchblick hat. Alle anderen irren sich. Ist Verena verrückt? Auf jeden Fall ist ihre Sicht auf die Realität verrückt. Sie fühlt sich in ihrem bisherigen Leben etwa so, wie wir uns fühlen, wenn wir nach einem dreiwöchigen Urlaub in unsere Wohnung zurückkehren und in der Zwischenzeit wurde dort renoviert, und es wurden alle Möbel verrückt. Irgendetwas stimmt nicht. Man muss sich wieder neu einrichten. Genau das tut Verena: Sie richtet sich ein, in einem geschlossenen Wahnsystem, das in sich stimmig und logisch ist. Man kann nur darüber spekulieren, was passieren wird, wenn sie ihr Kind geboren hat. Wird sich alles in »Wohlgefallen« auflösen? Oder wird Verena auch zu einer Gefahr für ihr Kind werden? Und was geschieht mit der Frau mit den Pinselhaaren? Auch das Ende dieser Geschichte wird wohl spannend.

Übrigens ist nicht jede Wahnerkrankung mit einer Schizophrenie gleichzusetzen. Wahn kann auch durch ein Trauma, durch religiösen Übereifer, durch Drogenkonsum oder im Rahmen einer Depression entstehen. Der hier beschriebene Schwangerschaftswahn ist ziemlich selten.

Quer durch alle Kulturen gibt es einen stabilen Anteil schizophrener Erkrankungen. Neuere Untersuchungen gehen davon aus, dass von 1.000 Personen sieben mindestens einmal im Leben eine wahnhafte Episode erleben. Aber die Zahlen stimmen vorsichtig optimistisch: Ein Viertel der Patienten kann geheilt werden, das heißt, dass es bei entsprechender Lebensführung bei einer einmaligen Episode mit wahnhaftem Erleben bleibt. Aber eine gewisse Anfälligkeit für »die andere Seite der Wirklichkeit« bleibt oft erhalten. Deshalb sind zentrale Aspekte der Behandlung ein regelmäßiger Lebensrhythmus, ein gewisses Maß an Wohlbefinden und – ganz wichtig! – eine möglichst stressfreie Umgebung. Ob Verenas neugeborenes Kind ihr ein stressfreies Leben ermöglichen wird? Leo sollte sich die Sache mit der Dauer seines Vaterschaftsurlaubes noch einmal sehr gut überlegen!

MONIKA KÜBLE

Die Domino-Leiche

Als Jan Dobry an die Haustür kam, begrüßte ihn ein älterer, etwas behäbiger Polizeibeamter: »Es ist im dritten Stock. Machen Sie sich auf was gefasst, Herr Doktor. Er wurde im Dezember zum letzten Mal gesehen.«

Jan rechnete schnell nach: Dezember, Januar, Februar, März ... vier Monate. Also gut, er machte sich auf was gefasst.

Was ihn dann in der winzigen Einzimmerwohnung von Ernst Dopfer erwartete, lag jedoch jenseits seiner Vorstellungskraft.

Eine junge Polizistin stand vor der Wohnungstür. Sie war sehr bleich und kämpfte augenscheinlich mit den Tränen. Als sie die Tür öffnete, schlug ihm Leichengeruch entgegen. Jan ging durch den kleinen Flur, wo sein Blick auf einen kitschigen Farbdruck fiel: Einem Kind im schwarz-weißen Dominogewand kullerte eine dicke Träne über die Wange.

Als er das Zimmer betrat, brach ihm der Schweiß aus, dabei war neben dem Bett das Fenster gekippt. Offenbar lief die Heizung seit drei Monaten auf höchster Stufe. Jan hielt sich ein Taschentuch vor die Nase und bahnte sich durch Berge von leeren Schnapsflaschen, Zigarettenschachteln, Plastiktüten und vergammelten Essensresten seinen Weg zu dem Bett, auf dem der Tote lag.

Eine solche Leiche hatte er noch nie zu beschauen gehabt, und dabei hatte er schon einige Jahre Erfahrung mit Leichenschauen. Der Mann lag auf der linken Seite, mit dem Gesicht zur Wand. Er war offensichtlich vom Tod überrascht worden, während er eine Zigarette geraucht hatte. Der Filter steckte noch zwischen den starren Fingern seiner angewinkelten rechten Hand, die wie der sichtbare Rest des Körpers vollkommen schwarz und mumifiziert war. Heizungs- und Zugluft hatten ihre Wirkung getan. Auf der Bettdecke lag Zigarettenasche. So plötzlich war der Tod gekommen, dass seine Finger die letzte Zigarette krampfhaft festgehalten hatten, was das Haus vermutlich vor einem Brand bewahrt hatte.

Dass der Mann tot war, konnte leicht bescheinigt werden. Dennoch schrieb das Gesetz vor, dass der Arzt den Leichnam von seinen Kleidern befreien und auf Spuren einer Gewalttat untersuchen musste.

»Ich beneide Sie nicht um Ihren Job, Herr Doktor!«, meinte der Polizeibeamte, der Jan gefolgt war. Seine junge Kollegin stand neben ihm, mit einer Kamera in der Hand, um die ebenfalls vorgeschriebenen Beweisfotos zu schießen.

Jan zog sich Handschuhe an, schlug die Bettdecke zurück und begann, dem Toten das Hemd auszuziehen. Als er ihn dabei auf den Rücken drehte, zerfiel vor seinen Augen die linke Gesichtshälfte, die unten gelegen hatte. Fleisch und Haut rutschten einfach weg, die Schädelknochen wurden sichtbar. Der untere Teil der Leiche war am Verfaulen.

Ein Blitz zuckte auf, die Polizistin hatte hastig auf den Auslöser der Kamera gedrückt, dann rannte sie hinaus, und Jan hörte, wie sie sich im Treppenhaus übergab.

Obwohl er einiges gewöhnt war, wurde auch ihm flau im Magen: Vor ihm lagen die Überreste eines Menschen, dessen Gesicht und Körper zur Hälfte mit dem schwarzen Leder einer Mumie überzogen war, während die andere Hälfte aus stinkendem Fleischmatsch bestand. So schnell er konnte, drehte er den Mann um und konnte nun zumindest bestätigen, dass nirgendwo ein Messer aus seinem Körper ragte.

Dann überließ er das Feld den Polizisten und den Männern vom Bestattungsinstitut. Er stellte sich lieber nicht vor, wie sie diesen Leichnam in den Transportsack bugsieren würden. Auf dem Totenschein kreuzte er nach kurzem Zögern an: »Todesart ungeklärt«. Aber im Grunde war er überzeugt, dass Ernst Dopfer an plötzlichem Herztod gestorben war.

†

»Dieser Herztod kam aber wirklich plötzlich!«, kommentierte Jans Freund Matthias Brömmel, Internist am Städtischen Klinikum, als der ihm am nächsten Tag in der Cafeteria von seinem nächtlichen Einsatz erzählte.

»Ja, aber gewundert hat mich das nicht, bei dem Lebenswandel! Es sah furchtbar aus in der Wohnung, völlig verwahrlost, überall leere Schnapsflaschen und Müll, das einzige, was neu zu sein schien, war die Stereoanlage. Die war dafür richtig gut, eigentlich erstaunlich.«

»Armer Teufel, so möchte man nicht sterben, ganz allein, und keiner vermisst dich! Das ist schon der vierte in diesem Jahr.«

»Der vierte was?«

»Na, der vierte tote Penner.«

»Man sagt nicht mehr Penner, es heißt jetzt ›Wohnungslose‹.«

Jan arbeitete hin und wieder in der medizinischen Ambulanz der Tagesstätte für Wohnungslose, er war auf dem neuesten Stand hinsichtlich der politisch korrekten Ausdrucksweise. »Außerdem hatte mein Toter eine Wohnung.«

»Nach deiner Beschreibung hat er aber nicht viel anders gelebt als einer, der unter der Brücke schläft, keine Arbeit, kein Geld, keine Familie oder Freunde, nur Schnaps und Zigaretten.«

»Woran sind denn die anderen gestorben?«

»Keine Ahnung, an Unterkühlung wahrscheinlich. Wenn sie nicht wie ›dein‹ Toter eine Unterkunft haben, sind die armen Schweine ja die ganze Zeit draußen, auch wenn es saukalt ist.«

†

Die »Domino-Leiche« spukte noch tagelang in Jans Kopf herum. Er hatte sie für sich so getauft, nach dem Kitschbild mit dem Kind, dessen Gewand auf der einen Seite weiß, auf der anderen schwarz gewesen war. Immer wieder kehrten seine Gedanken zu dem einsamen Toten in der winzigen Wohnung zurück, dann zu den drei toten Wohnungslosen, und schließlich rief er die Kollegen an, die die Leichenschau bei den anderen gemacht hatten. Wie sich herausstellte, waren die drei Männer nicht an Unterkühlung gestorben, sondern an Herzstillstand. Seine Kollegen hatten offenbar nicht solche Skrupel gehabt wie er selbst und daher ›ihren‹ Toten eine natürliche Todesursache bescheinigt.

Nun ist »Herzstillstand« eine recht gängige Diagnose, sie bietet sich geradezu an, wenn einem nichts Besseres ein- oder auffällt, denn letztendlich stirbt jeder Mensch daran, dass sein Herz still steht. Bei manchen steht es eben plötzlicher still als bei anderen, dann spricht man vom plötzlichen Herztod, manchmal auch vom Sekundentod.

Dass genau diese Diagnose auf seine Domino-Leiche zutraf, wusste Jan inzwischen, ein Anruf bei einem befreundeten Kollegen in der Rechtsmedizin hatte seine Vermutung bestätigt – auch wenn der Zigarettenstummel zwischen den schwarzen Mumienfingern ihm eigentlich schon als Beweis genügt hätte. Aber die anderen drei Toten? War es nicht eigenartig, dass in einer nicht allzu großen Stadt wie Konstanz innerhalb von drei Monaten vier Menschen aus demselben Milieu an Herzversagen starben?

Die Sache ließ Jan keine Ruhe, und an seinem nächsten freien Tag ging er zur Tagesstätte am Lutherplatz. Das lachsfarbene Haus aus den 1920er Jahren machte einen freundlichen Eindruck, die efeubewachsenen Wände hätten irgendeine Bilderbuchfamilie beherbergen können. Dass sie das nicht taten, erkannte man jedoch schon von Weitem an einem großen Plakat, das wie eine Fahne vor dem Giebel hing. Ein Wohnungsloser war darauf abgebildet, darunter stand: »Auch ich freue mich über ein Lächeln.«

Auf der Treppe vor dem Haus saßen zwei Männer und rauchten, ein junger mit langen Haaren, Bart und einer Baseballkappe mit nach hinten gedrehtem Schild auf dem Kopf, daneben ein älterer mit Zahnlücke und schreiend roter Wollmütze über den grauen Haaren. Beide trugen dicke Schichten von Pullovern, der jüngere eine Lederweste darüber, der ältere einen Parka, dazu Armeehosen. Zwei große Rucksäcke standen neben der Treppe, jeder mit einem Schlafsack und Geschirr bestückt, daneben wachten die Hunde der beiden. Aufmerksam musterten die Vierbeiner und ihre Herrchen Jan, als der sich vorsichtig näherte. Einer der Hunde war ein schwarzer Labrador. Er stellte nur die Ohren auf, blieb aber liegen, den Kopf auf den Vorderpfoten, und schaute traurig von tief unten zu Jan hoch. Der andere, ein mittelgroßer, schmutzig weißer

Mischling mit schwarz umrandetem Auge stand auf und wedelte freundlich mit dem Schwanz. Jan musste an seine Kindheit denken und an die »Kleinen Strolche«, die im Fernsehen der Sechzigerjahre mit einem ganz ähnlichen Hund durch seine Sonntagnachmittage getobt waren. Er grüßte die beiden Männer mit einem Lächeln, wie es auf dem Plakat gewünscht wurde, strich dem »Strolchhund« kurz über den Kopf und ging die Treppe hoch ins Haus.

Im Büro des Sozialdienstes saß Carola Bartels hinter ihrem Schreibtisch, der übersät war mit allerlei Schriftstücken und Krimskrams. Hinter ihr an der holzgetäfelten Wand hingen wild durcheinander gepinnt Postkarten, Merkzettel und Fotos. Carola war seit vielen Jahren die gute Seele der Tagesstätte. Mit ihren 90 Kilo ließ sie sich nicht so leicht umwerfen, und die Männer, die hierher kamen, respektierten und verehrten sie. Sie sorgte dafür, dass die Hungernden gespeist und die Bedürftigen gekleidet wurden, sie war die Herrin über Postfächer und Computer, half bei Bewerbungen und telefonierte mit dem Sozialamt, sie organisierte Flohmärkte, Aktionstage und Infoveranstaltungen, und an Weihnachten besorgte sie einen Baum. Jan bewunderte sie, weil sie so souverän mit all den Problemen umging, die die Männer bergeweise mit sich herumschleppten und bei ihr abluden.

Nachdem sie sich mit Küsschen begrüßt hatten, erklärte Jan, dass er die anwesenden Männer gern nach den drei Toten befragt hätte. Überrascht fragte sie: »Was willst du denn über die wissen? Die Akten sind beim Sozialamt!«

Jan wusste nicht recht, wie er ihr sein Unbehagen über die Häufung von Herzstillständen bei ihren Klienten verständlich machen sollte. Ihm fiel nichts Besseres ein, als etwas von »medizinischen Präventionsmaßnahmen« zu murmeln.

Da zuckte sie die Schultern und ging ihm voraus in den Aufenthaltsraum. Etwa zehn Männer saßen in kleinen

Grüppchen um ein paar Tische. Draußen war es kalt, aber hier drin konnte man sich im Warmen auf- und unterhalten. Inzwischen hatten auch die beiden Hundebesitzer ihre Rauchpause beendet und saßen hier.

»Weiß einer von euch etwas über die drei Männer, die in den letzten Wochen gestorben sind? Ihr wisst schon, Erich Stock, Karl Brandmüller und der rote Rolf?«

Die Männer waren bei Jans Eintritt verstummt. Sie sahen einander an, aber keiner antwortete auf die Frage der Sozialarbeiterin.

»Wie sieht's aus, Männer?«, fragte Carola noch einmal. »Hat jemand die drei näher gekannt?«

»Es geht um medizinische Präventionsmaßnahmen!«, wiederholte Jan seinen Vorwand.

Da fing der alte Mann mit dem Labrador an, zu weinen.

»Den Erich Stock«, schluchzte er, »den hab ich gekannt. Das hier ist sein Hund. Ich hab ihn übernommen, aber schaut nur, wie traurig er ist! Ich hab dem Erich immer gesagt, pass auf! Er hatte doch ein schwaches Herz, aber er hat gemeint, ihm geht's jetzt viel besser, er wollte nicht hören, und sie haben ihm nicht gesagt …«

»Halts Maul, Polke!«, fiel ihm der jüngere Hundebesitzer mit drohender Stimme ins Wort. »Was redest du denn besoffen daher? Sag bloß nichts gegen den Erich!«

Der Alte zuckte ob der Grobheit des anderen zusammen und verstummte.

»Lass den Polke in Ruhe, Fritz!«, wies Carola den Jüngeren zurecht. Da packte der seinen Rucksack, blickte die Sozialarbeiterin böse an und verschwand. Der weißschwarze Hund folgte ihm.

Polke sagte kein Wort mehr.

†

»Schon wieder einer!«

Zwei Tage nach Jans Besuch am Lutherplatz saß er mit seinem Freund Matthias Brömmel in der Klinik-Cafeteria.

»Und es war wieder Herzversagen. Diesmal hatte *ich* Bereitschaft.«

Ausführlich schilderte Matthias, wie der junge Wohnungslose – nun benutzte er auch das korrekte Wort – am frühen Morgen in der Unterführung an der Marktstätte von einem Polizisten gefunden worden war. Der Uniformierte hatte seinen Angaben nach zunächst gedacht, der Mann schliefe, aber weil dessen Hund nicht aufgehört hatte, zu winseln, hatte er genauer nachgeschaut, und ihm war klar geworden, dass der Mann im Schlafsack tot sein musste.

»Was war das für ein Hund?«

»Halbgroß, weiß.«

»Mit einem schwarzen Auge?«

»Woher weißt du das?«

»Und du bist dir wegen der Todesursache ganz sicher?«

»Ja klar, plötzlicher Herztod.«

»Aber der Mann war noch jung, hast du gesagt!«

»Naja, bei dem Lebenswandel, den die haben! Deine Worte!«

»Aber jetzt sind es schon fünf. In so kurzer Zeit! Kommt dir das nicht auch komisch vor?«

»Woran denkst du? Dass sie vergiftet wurden? Ein ›Wohnsitzlosenkiller‹ in Konstanz unterwegs?«

»Das ist nicht lustig.«

Matthias sah eine Weile in seine Kaffeetasse. Dann seufzte er. »Gut, er ist sicher noch nicht eingeäschert worden. Ich werde eine Obduktion beantragen.«

»Übrigens, was ist aus dem Hund geworden?«

»Keine Ahnung.«

Die Obduktion von Fritz Weinert ergab, dass er eine dilatative Kardiomyopathie gehabt hatte, eine krankhafte Erweiterung des Herzmuskels. Kein Wunder also, dass sein wichtigstes Organ trotz des jungen Alters den Dienst verweigert hatte.

Die Überraschung kam jedoch nach sechs Tagen. Trotz der klaren Diagnose hatte Matthias Brömmel seinem Freund zuliebe auch eine toxikologische Untersuchung beantragt. Als die Ergebnisse vorlagen, rief er Jan sofort an.

»Fritz Weinert hat monatelang ein wahnsinnig teures Medikament genommen. Einen ACE-Hemmer. Das konnte man bei der Haaranalyse nachweisen. Aber kurz vor Weihnachten war plötzlich Schluss damit.«

†

Jan war noch einmal zur Tagesstätte gegangen. Hier wurde zweimal in der Woche eine medizinische Ambulanz angeboten, und er hoffte, dass Carola ihm vielleicht sagen konnte, welcher Arzt den Toten zu Lebzeiten behandelt hatte.

»Was ist ein ACE-Hemmer?«, wollte sie wissen.

»Der blockiert die Bildung des Hormons Angiotensin II. Dadurch weiten sich die Gefäße, der Blutdruck sinkt, das Herz wird entlastet. Eine Art Wundermittel für Herzkranke, mit nur geringen Nebenwirkungen. Aber solche Medikamente bezahlt das Sozialamt hier nicht. Wer war Fritz Weinerts Arzt?«

»Das weiß ich nicht.« Carola überlegte. »Die Krankenschwester, die normalerweise die Ambulanz macht, könnte dir das vielleicht sagen, aber die ist zurzeit im Urlaub. War es denn nicht gut, dass er das Medikament bekommen hat?«

»So lange er es bekam, schon. Aber als er es abgesetzt hat, wurden die Symptome schlimmer als zuvor. Wahrscheinlich hat das seinen Tod ausgelöst. Und deshalb würde ich gern wissen, welcher Arzt ihm das Medikament verschrieben hat und warum er es plötzlich nicht mehr bekam.«

Carola zuckte mit den Schultern. »Da kann ich dir auch nicht helfen.«

Als er wieder auf der Straße stand, dachte Jan: *Dann muss mir jemand anderes helfen.* Er klapperte alle Orte in Konstanz ab, an denen er jemals einem Bettler etwas in den Joghurtbecher geworfen hatte: die Treppen der Lutherkirche, den Obermarkt, die Marktstätte und die Unterführung zum See, die Rosgartenstraße und den Platz bei der Dreifaltigkeitskirche. Er glaubte schon fast der Gesuchte hätte Konstanz vielleicht verlassen, angesichts der immer größer werdenden Konkurrenz von rumänischen Profibettlern, als er endlich die schreiend rote Wollmütze und den traurigen Labrador im Torbogen des mittelalterlichen Schnetztors entdeckte.

»Hallo, Herr Polke!«

Der Angesprochene sah auf. »Ach, Sie sind's.«

»Hören Sie, neulich, da haben Sie doch was gesagt über Ihren Freund, Erich Stock, dass der Herzprobleme gehabt hatte und dass es ihm plötzlich besser gegangen war. Wissen Sie, ob er damals ein teures Medikament genommen hat?«

»Der Erich? Ein teures Medikament? Sehen wir so aus, als ob wir uns teure Medikamente leisten könnten?«

»Vielleicht gab es ja einen netten Arzt, der es ihm verschrieben hat.«

»Erich ist manchmal zu Schwester Gabi von der Ambulanz gegangen, und er war mal im Krankenhaus, wegen seinem Raucherbein, aber das ist schon ein paar Jahre her.«

»Aber er hatte Herzprobleme?«

Polke nickte. »Daran ist er ja wohl auch gestorben.«

Mehr war nicht aus dem Mann herauszuholen. Er streichelte seinen Hund, der einen tiefen Seufzer ausstieß. Jan warf zwei Euro in den Becher, und weil der Hund so traurig zu ihm hochsah, besann er sich und holte noch einen Fünferschein aus der Geldbörse. »Schönen Tag noch!«

»Warten Sie!« Polke kramte in einer seiner vielen Parkataschen und zog eine schmuddelige Visitenkarte heraus. *Perindo-Pharma* stand darauf und eine Adresse in Kreuzlingen.

»Woher haben Sie die?«

Die Antwort war ein Schulterzucken, dann sank Polke wieder unter seiner roten Mütze zusammen.

»Perindo-Pharma, was kann ich für Sie tun?« Die Stimme klang freundlich-professionell.

»Doktor Jan Dobry hier, aus Konstanz. Ich habe zurzeit einen Patienten mit akuter Herzinsuffizienz. Sie stellen doch ACE-Hemmer her?«

»Ja, natürlich, wir haben verschiedene Arten im Sortiment.« Die Stimme flötete.

»Es gibt ja schon einige auf dem Markt, aber man muss doch auch immer wieder neue entwickeln, nicht wahr?«

»Natürlich, es stellen sich schließlich manchmal Unverträglichkeiten heraus.«

»Und wie werden die neuen Medikamente getestet?«

Das Flöten wurde etwas schriller. »Zuerst gibt es lange Tierversuchsreihen, danach testen wir an freiwilligen Probanden. Aber Sie als Arzt müssten das doch wissen!«

»Und wie hoch sind die Risiken bei diesen Tests?«

»Wie war noch mal Ihr Name? Sagen Sie, sind Sie von der Zeitung?« Die Flötentöne klangen nun ziemlich dissonant.

Jan legte auf.

Die nächste Nummer hatte er auf der Homepage von *Perindo-Pharma* unter dem Menüpunkt »Probandensekretariat« gefunden. Auch hier meldete sich eine Frauenstimme, nicht ganz so freundlich, aber ähnlich professionell wie die vorige zumindest am Anfang gewesen war. Jan behauptete, er wolle gern Testperson werden, weil er dringend Geld brauche.

»Kommen Sie aus Konstanz? Schickt Sie Frau Bartels?«

Verblüfft überlegte Jan einen Moment lang, wer Frau Bartels war, aber es fiel ihm nicht ein. Er verfluchte sein schlechtes Namensgedächtnis, aber irgendetwas ließ ihn »Nein« sagen. Daraufhin bekam er für den folgenden Morgen einen Termin.

†

Das Gebäude von *Perindo-Pharma* lag gleich neben der Herzklinik in Kreuzlingen, auf der anderen Seite der Schweizer Grenze. Neben der verschachtelten Villa, in der die Klinik residierte, nahm sich der Pharmabau eher unscheinbar aus. Die blonde Dame in dem gläsernen Empfangsraum sah ihn überrascht an, als er sich mit dem Namen Kurt Berggrün vorstellte. Ob sie die Flöte vom Tag zuvor war, die sich an seine Stimme erinnerte?

Jan erklärte, dass er einen Termin im Probandensekretariat habe, worauf sie kurz telefonierte und ihn dann bat, einen Augenblick zu warten. Es dauerte nicht lange, dann kam eine ebenso blonde Dame. Auch diese sah ihn erstaunt an.

»Sie wollen Proband bei uns werden?«

»Ja, das würde ich gern.«

»Na, dann kommen Sie mal mit.«

Sie führte ihn in ein edel ausgestattetes Büro und zeigte auf einen weißen Ledersessel. Dann setzte sie sich ihm gegenüber, schlug die Beine übereinander, nahm einen großen Schreibblock mit Lederhülle zur Hand und begann, Fragen zu stellen: über sein Alter, die Familie, den Werdegang, Vorerkrankungen, und so weiter und so weiter.

Jan log, so gut er konnte. Die wichtigsten Punkte in seiner Geschichte waren, dass er mittellos und allein stehend sei, aus Stuttgart komme und unter einer Herzmuskelerweiterung leide.

Nachdem sie anfangs eher skeptisch gewirkt hatte, schien die Frau nun begeistert zu sein und strahlte ihn an.

»Genau solche Probanden brauchen wir! Sie werden sehen, mit unserem Medikament geht es Ihnen gleich viel besser!«

»Und es gibt kein Risiko?«

»Keine Angst, wir haben alles im Griff. Das Medikament ist durch lange Versuchsreihen gelaufen, mit Tieren und mit Menschen. Wir sind jetzt in Testphase II.«

»Und was ist mit Nebenwirkungen?«

»Die gibt es, aber sie sind äußerst selten. Natürlich werden Sie noch genau aufgeklärt! Unsere Ärzte werden Sie gründlich untersuchen, und während der Testphase finden jede Woche ärztliche Kontrollen statt.«

»Wieviel bezahlen Sie dafür?«

»Sie bekommen 2.500 Euro für fünf Monate Test. Nun, was sagen Sie?«

Jan musste an die Stereoanlage in der Wohnung des Domino-Toten denken. »Ich muss es mir noch überlegen.«

Ihr strahlendes Lächeln schien sie zunehmend anzustrengen, und sie wirkte plötzlich misstrauisch. »Sie sehen eigentlich gar nicht aus, als ob Sie mittellos wären. Und Sie hören sich auch nicht an wie ein Stuttgarter Schwabe, eher wie ein Konstanzer. Kommen Sie wirklich nicht von Frau Bartels?«

Da wusste Jan plötzlich, wer Frau Bartels war. Er stand auf. »Sie hören von mir.«

Als er *Perindo-Pharma* verließ, hatte er das Gefühl, nicht nur die Blicke der beiden blonden Damen im Rücken zu spüren.

†

»Die Wohnungslosen sind die idealen Probanden für das Herzmittel, verstehen Sie?« Jan versuchte, Kriminalhauptkommissar Schneider klarzumachen, was seiner Meinung nach passiert war. Er war nach dem Besuch bei *Perindo-Pharma* direkt zur Polizeidirektion gefahren, um Anzeige wegen fahrlässiger Tötung zu erstatten.

»Die leiden fast alle unter Herzproblemen, weil sie so viel rauchen und überhaupt eine ungesunde Lebensweise haben. Das schädigt die inneren Organe. Und manche, wie der junge Fritz Weinert, haben tatsächlich angeborene Herzprobleme. Aber sie können sich keine teuren Medikamente leisten. Wenn ihnen dann jemand das Angebot macht, dass sie Medikamente und noch dazu Geld bekommen, lehnen sie natürlich nicht ab. Und während der Versuchsreihe ist ja auch alles in Ordnung: ihnen geht es besser, und sie sind unter regelmäßiger ärztlicher Kontrolle. Aber die Tests laufen nur ein paar Monate. Danach ist Schluss mit Medikamenten und Arztbesuchen. Und dann wird es richtig gefährlich. Fünf Tote durch Herzstillstand in einem Vierteljahr! Und wenn noch mehr Leute an den Medikamententests beteiligt waren, können Sie bald weitere Tote erwarten.«

»Wir kümmern uns darum.«

»Aber beeilen Sie sich, bevor die bei *Perindo-Pharma* alle Unterlagen verschwinden lassen.«

»Wie kamen diese Pharma-Leute eigentlich zu den Probanden?«

Jan überlegte einen Moment.

Dann sagte er: »Das weiß ich auch nicht. Vielleicht haben sie die Leute einfach angesprochen.«

Er stellte sich einen Augenblick lang die blonde Flöte vor, wie sie auf hohen Absätzen durch Konstanz stakte und die Männer in der Unterführung oder am Schnetztor anlächelte und nach ihrem Gesundheitszustand fragte.

Er wusste es besser.

†

»Wie viel haben sie dir dafür bezahlt, Carola?« Jan hatte ihr soeben dasselbe erzählt wie dem Kommissar.

»Ich habe keine Ahnung, wovon du redest.«

»Die Dame bei *Perindo-Pharma* wollte wissen, ob Frau Bartels mich schickt.«

Eine Zeit lang sagte Carola Bartels nichts. Dann fing sie an zu weinen. »Du musst mir glauben, Jan, ich hab nichts dafür bekommen. Sie haben mir gesagt, dass es den Leuten besser gehen wird, dass sie teure Medizin und Geld bekommen, und da hab ich gedacht, das ist doch toll! Wenn du hier jeden Tag mitkriegst, wie diese armen Kerle vor die Hunde gehen, krank und kaputt sind, aber die guten Medikamente stehen nicht auf der Liste vom Sozialamt, und dann kommt so ein Typ daher und sagt dir: ›Ich hab die Lösung, aber es sollte unter uns bleiben‹, da hättest du doch auch nicht nein gesagt, oder?«

»Du bist keine Medizinerin, Carola, du hättest so etwas niemals akzeptieren dürfen, ohne mit einem Arzt zu sprechen!«

»Als der Erich Stock gestorben ist – der war der erste –, hab ich gleich bei denen angerufen und gefragt, was da los ist. Aber sie haben nur gesagt: ›Die dürfen halt keinen Alkohol mehr trinken, das haben wir ihnen gesagt, das haben sie unterschrieben.‹ Aber so etwas halten die Männer doch niemals durch, Jan!«

»Fünf von ihnen sind schon gestorben. An wen hast du noch alles Visitenkarten verteilt?«

»Nach diesem Telefonat natürlich an keinen mehr.«

»Und vorher?«

Sie zögerte. Dann sagte sie leise: »An alle.«

Jan nahm sein Handy und rief Kommissar Schneider an. »Wir müssen alle Wohnungslosen aus Konstanz ins Krankenhaus bringen und untersuchen lassen.«

»Die von *Perindo-Pharma* haben mir nach dem Tod von Erich Stock versprochen, dass sie das Programm einstellen werden«, sagte Carola verzweifelt, bevor Jan die Tagesstätte verließ. »Ich konnte doch nicht ahnen, dass schon so viele daran teilgenommen hatten …«

†

Als Jan die Treppe hinabging, kam ihm Polke mit seinem Hund entgegen. Jan nickte grüßend. Da fiel ihm etwas ein. »Herr Polke, wissen Sie, was aus dem Hund von Fritz Weinert geworden ist?«

»Der ist im Tierheim.«

Am gleichen Nachmittag fuhr Jan zum Tierheim. Der weiß-schwarze Hund saß in einem Einzelkäfig.

»Domino!«

Schwanzwedelnd kam das Tier auf ihn zu und leckte durch das Gitter die Hand, die Jan ihm hinhielt.

»Komm mit nach Hause.«

Von Menschen und Mäusen

von Ulrike Blatter

Im März 2013 trat ein EU-Gesetz in Kraft, das Tierversuche für Kosmetika verbietet. Aber schon im Mai 2013 war zu lesen: In den Ländern der Europäischen Union (EU) sollen von 2016 an Medikamente einfacher an Menschen getestet werden können als bisher. *(www.general-anzeiger-bonn.de/news/politik/EU-will-die-Erprobung-von-Medikamenten-erleichtern-article985296.html)*

Ebenfalls im Mai flog ein deutsch-deutscher Deal über Pharma-Tests in der ehemaligen DDR auf. Der Bundesbeauftragte für Stasi-Unterlagen, Jahn, sagte in der ZEIT: » Es sieht so aus, als habe die Medizin dabei bleibende Schäden angerichtet und sogar einzelne Menschen getötet.« *(Die Zeit, Nr. 21, 16.05.2013, S. 24)* Auf der gleichen Zeitungsseite findet sich eine ebenso erschütternde wie unvollständige Auflistung von Menschenversuchen aus aller Herren Länder, bis einschließlich April 2013. Eine Auflistung, die zeigt, dass dieses Thema weder an Weltanschauungen noch an politische Machtblöcke gebunden ist.

Und dennoch lässt sich bei diesen Machenschaften durchaus ein roter Faden finden: Sehr oft sind die Opfer ungebildet und arm. Menschen, die entweder im Unklaren darüber gelassen werden, welche Risiken sie eingehen, oder denen nichts anderes übrig bleibt, als ihre »Haut zu verkaufen«. Ist es ein Wunder, dass von großangelegten Medikamententests aus Afrika und Indien berichtet wird?

Günther Wallraff schlüpfte vor Jahren für eine Reportage in die Haut eines solchen Versuchskaninchens, und auch Monika Küble holt in ihrem Krimi das Problem zurück nach Deutschland, indem sie den Blick auf eine diskriminierte Bevölkerungsgruppe lenkt: Obdachlose, Penner, Wohnungslose oder Berber – ganz egal, wie man sie nennt. Sie stehen am Rand der Gesellschaft und scheinen als wohlfeile Opfer für obskure Machenschaften geradezu prädestiniert, denn allzu oft sind sie in der öffentlichen Wahrnehmung unsichtbar.

Aber muss man solche Medikamentenversuche nicht differenzierter sehen? Bekommen die Teilnehmer an solchen Studien nicht Therapien, die sie sich ansonsten nicht leisten könnten? Ist es nicht so, dass Patienten, die sich in einer aussichtslosen Situation befinden, nur zu gern an Studien mit bislang unerprobten Medikamenten teilnehmen, weil dies für sie das letzte Zipfelchen Hoffnung bietet?

Ja und Nein. In Monika Kübles Krimi spielt die Herzerweiterung eine große Rolle. Und dies nicht nur im medizinischen Sinne, sondern durchaus auch symbolisch: Betreuerin Carola Bartels will für ihre Schützlinge stets nur das Beste. Auch sie hat ein großes Herz, als sie den kranken und zumeist nikotin- und alkoholabhängigen Männern Zugang zu einem neuen, teuren Medikament verschafft. Alle wollten nur das Beste. Und dann geht es so gründlich daneben, dass zum Schluss nur noch Wegschauen hilft – etwa so, wie sich ein Kind die Augen zuhält und hofft, dadurch unsichtbar zu werden.

Aber Wegschauen hilft nicht. Wenn die Gewichte in einer Gesellschaft – und dazu zählt unser ganzes globalisiertes Dorf – so unterschiedlich verteilt sind, dann gehören zu solchen Tests größtmögliche Transparenz, eine bessere Information der Öffentlichkeit und eine breite Diskussion über das, was notwendig und erlaubt ist. Zum Beispiel Gewinnspannen, Lobbyarbeit, Patentschutz, Investitionen in die Erforschung sinnloser Life-Style-Therapien von Pseudo-Erkrankungen bzw. bezahlbare Therapien für alle. Und da im Zweifelsfall noch immer die Geldgier über die Menschlichkeit gesiegt hat, werden wir in absehbarer Zeit nicht um entsprechende Gesetze herumkommen. Da klingt es doch beruhigend, dass die oben erwähnte EU-Gesetzesinitiative auf breiten Widerspruch stößt – noch. Mal sehen, was den Pharma-Lobbyisten noch so alles einfällt.

INA HALLER

Mirella

»Wenn dir das Leben deiner Tochter lieb ist, zahlst du eine Million Schweizer Franken«, las Kreuzer vor. Er hob den Kopf und musterte den dunkelhaarigen Mann und die blonde Frau, die ihm gegenüber auf dem Sofa saßen. »Ist Ihre Tochter wirklich nicht nach Hause gekommen?«

»Nein.« Samuel Meierhofer legte den Arm um seine Frau. Sie knetete ein Papiertaschentuch in den Händen. Ihre Augen waren rot gerädert. »Laura hätte um kurz nach zwölf Uhr zu Hause sein müssen.«

»In welche Klasse geht sie?«

»In die Zweite.«

»Könnte sie zu Freunden gegangen sein, anstatt direkt nach Hause zu kommen?« Kreuzer verwünschte sich, heute zur Arbeit gegangen zu sein. Ausgerechnet ihm hatte man diesen Fall zugeteilt. Entführungen waren meist alles andere als schnell abgehakt. Im Gegenteil – sie bedeuteten eine Menge Überstunden.

»Nein. Das tut sie nie. Wir haben vereinbart, dass Laura zuerst immer Bescheid geben soll.«

»Das hat bisher funktioniert?« Kreuzer warf seinem Kollegen einen Blick zu. Doch Häusermann hatte seine

Augen starr auf sein Notizheft gerichtet und schrieb jedes Wort mit, das gesprochen wurde.

»Ja. Als meine Frau Laura entgegen gehen wollte, lag dieser Brief auf der Fußmatte vor der Haustür.«

Kreuzer fuhr sich mit der Hand über das Kinn. Er sehnte sich nach einer Zigarette und verfluchte sich, ausgerechnet jetzt aufgehört zu haben. »Gibt es jemanden, der ein Interesse haben könnte, Ihnen zu schaden?«

Die Meierhofers wechselten einen Blick und schüttelten beide den Kopf.

»Bekannte?«

Erneutes Kopfschütteln.

»Jemand von der Arbeit?« Kreuzer musste sich beherrschen, um nicht die Geduld zu verlieren. Warum musste man den Eltern jede einzelne Information aus der Nase ziehen? Er schnaubte und fing sich einen tadelnden Blick von Häusermann ein.

»Nein«, sagte Meierhofers Frau. »Ich arbeite in der Praxis meines Mannes als Arztsekretärin. Weitere Mitarbeiter haben wir nicht.«

»Vielleicht einer der Patienten?« Warum waren sie so schwerfällig und machten ihnen das Leben schwerer, als es ohnehin schon war?

Meierhofer stieß ein heiseres Lachen aus. »Ich bin Frauenarzt. Welche meiner Patientinnen sollte meine Tochter entführen? Über mein Privatleben spreche ich nicht mit ihnen.« Plötzlich riss er die Augen auf. »Nein, das ist unmöglich.«

»Was ist unmöglich?«, hakte Kreuzer ungeduldig nach.

»Die Tochter von Herrn Graber, das ist Lauras Lehrer, erlitt eine Thrombose, nachdem ich ihr die Pille verschrieben hatte.«

»Fahren Sie bitte fort.« Endlich kam etwas Brauchbares.

»Sie ist sechzehn und hatte ihren ersten Freund. Die Mutter brachte sie in meine Praxis.« Meierhofer legte eine Pause ein, die sich in die Länge zog.

»Sie verschrieben ihr die Pille?«

»Ja, die *Mirella 2000*. Allgemein sind Antibabypillen in letzter Zeit etwas in Verruf geraten, aber *Mirella 2000* wurde als sehr verträglich angepriesen. Besonders sei diese Pille für Jugendliche geeignet, hieß es. Das Thromboserisiko sei ebenfalls verschwindend gering.«

»Aber bei Grabers Tochter gab es Komplikationen?«

Meierhofer nickte. »Nachdem sie die Pille etwas mehr als eine Woche lang eingenommen hatte, kam es zu einer Thrombose. Vermutlich im Bein. Ein Stück des Blutgerinnsels wurde losgerissen und ist durch die Blutbahn ins Gehirn gelangt, wo es einen Schlaganfall auslöste. Das Hirn wurde dadurch stark geschädigt. Das Mädchen ist seitdem geistig und körperlich behindert.«

»Wann war das?«

»Vor ungefähr einem Jahr.«

»Haben die Eltern je Vorwürfe gegen Sie erhoben?«

»Nein. Sie gaben dem Hersteller von *Mirella 2000* die Schuld und gingen gerichtlich gegen das Pharmaunternehmen vor.«

»Hatten sie Erfolg?«

»Die Klage wurde abgewiesen, weil im Beipackzettel auf mögliche Thromboserisiken hingewiesen wird.« Meierhofer rieb mit dem Zeigefinger über die Augenbrauen. »Clarissa ist ihr einziges Kind …«

Kreuzer und Häusermann wechselten einen Blick. »Der Vater ist der Lehrer Ihrer Tochter?«

»Der Klassenlehrer.«

»Mit anderen Worten, Ihre Tochter kennt ihn und hat Vertrauen zu ihm.« Vielleicht hatte Kreuzer doch Glück, und der Fall war bis zum Abend abgeschlossen.

»Bei den Kindern ist er sehr beliebt.«

»Es ist also durchaus möglich, dass Ihre Tochter mit ihm mitgehen würde?«

Meierhofer nickte.

Kreuzer parkte in einem ruhigen Stadtteil von Aarau und starrte auf das Reihenhaus, in dem die Grabers wohnten. Es begann zu schneien. Große Flocken schwebten vom Himmel und blieben auf der Straße liegen.

Nachdem Kreuzer den Motor ausgeschaltet hatte, kramte er in seiner Jackentasche und holte ein Zigarettenpäckchen hervor. Er klaubte eine Zigarette heraus und steckte sie zwischen die Lippen.

»Ich denke, du hast aufgehört.«

»Habe ich auch«, knurrte Kreuzer.

»Das sieht mir aber nicht danach aus.«

»Halt die Klappe«, schnauzte Kreuzer. Häusermann zuckte zusammen. »Ich zünde sie ja nicht an.«

»Manchmal frage ich mich, ob es nicht besser war, die dauernd um dich herumwabernde blaue Wolke zu ertragen. Deine Laune ist seit zwei Wochen kaum zum Aushalten.« Häusermann öffnete die Wagentür und stieg aus.

»Um deinen Kommentar habe ich dich nicht gebeten!« Kreuzer sprang aus dem Wagen und schlug die Tür zu. Kräftig zog er an der Zigarette, was seine Laune weiter verschlechterte, da kein Rauch in seine Lungen strömte. Mit beiden Händen klopfte er die Hosentaschen nach einem Feuerzeug ab, fand aber keins.

»Scheißtag!« Er schleuderte die Zigarette auf den Boden. Missmutig stapfte er über die Straße auf Grabers Haus zu.

Kurz nachdem Kreuzer geklingelt hatte, öffnete eine zierliche, dunkelblonde Frau die Tür. Sie hatte Ringe unter den Augen und sah abgekämpft aus. Als Häusermann sich und Kreuzer vorstellte, huschten eine Vielzahl an Ausdrücken über das Gesicht der Frau: Angst, Unglaube, Unsicherheit und dann wieder Furcht.

»Es ist doch nichts mit meinem Mann?«

»Nein, Frau Graber. Wir würden allerdings gern mit ihm sprechen.«

Gehetzt sah sie an ihnen vorbei auf die Straße. »Er sollte eigentlich jeden Moment nach Hause kommen.«

»Dürfen wir reinkommen und auf ihn warten?«

»Natürlich. Entschuldigen Sie bitte.«

Die Beamten folgten ihr ins Wohnzimmer. Der Holzboden und das beigefarbene Sofa vermittelten Wärme. An den Wänden hingen Fotos, und auf dem Tisch stapelten sich Zeitungen und Zeitschriften.

»Darf ich fragen, was Sie von meinem Mann wollen?«

»Darüber möchte ich lieber mit ihm selbst sprechen.« Kreuzer lächelte.

Dann erstarb sein Lächeln jedoch. Vor dem Fenster stand ein Rollstuhl. Darin saß ein Mädchen, ihr Körper war aufgedunsen und das Gesicht schwammig. Der Kopf, der an einer hohe Nackenstütze lehnte, war den Besuchern zugewandt, der Mund stand offen. Ein Laut, der an das Bellen einer Hyäne erinnerte, drang über die Lippen des Mädchens. Ein Speichelfaden zog sich vom rechten Mundwinkel über das Kinn und tropfte von dort auf die Schulter. Das Schlimmste an ihr waren jedoch die Augen, deren Blick sich direkt in Kreuzers bohrte. Solch einen starren und gleichzeitig leblosen Ausdruck hatte er noch nie gesehen. Erst als das Mädchen die Augen schloss und zu schnarchen begann, konnte Kreuzer sich abwenden. Bevor er sich umdrehte, bemerkte er einen Beutel, der unterhalb der Armlehne hing und zur Hälfte mit einer gelben Flüssigkeit gefüllt war.

Seine Augen begegneten denen Häusermanns. In dessen Gesicht stand das gleiche Entsetzen geschrieben, das Kreuzer gerade empfand.

»Meine Tochter Clarissa«, sagte Frau Graber.

Kreuzer schluckte. Sein Blick fiel auf ein Bild auf einem Schränkchen. Es war an einem Strand aufgenommen und zeigte ein Mädchen, dessen dunkle lange Haare im Wind wehten. Ausgelassen lachte es in die Kamera. Nur entfernt konnte Kreuzer eine Ähnlichkeit zu der Gestalt im Rollstuhl erkennen. Ein schaler Geschmack breitete sich in seinem Mund aus. Mit der Hand tastete er seine Tasche ab und holte die Zigarettenpackung hervor.

»Ich bitte Sie, in unserem Haus nicht zu rauchen«, sagte die Frau mit scharfer Stimme und wies mit dem Kopf auf Clarissa.

»Natürlich.« Unerklärlicherweise fühlte Kreuzer sich eingeschüchtert. »Entschuldigen Sie bitte.«

»Gibt es keine Aussicht auf Besserung?«, fragte Häusermann. Er schien sich inzwischen im Gegensatz zu Kreuzer gefasst zu haben.

»Nein, sie wird ihr gesamtes Leben lang ein Pflegefall bleiben.«

»Wer übernimmt die Kosten?«

»Einen Teil zahlt die Invalidenversicherung und etwas übernimmt die Krankenkasse. Allerdings sind wir nur für das Minimum versichert.«

»Das heißt?«, hakte Häusermann nach.

»Einen Großteil der Kosten müssen wir selbst tragen.« Resignation schwang in ihrer Stimme mit.

Kreuzer hob eine Augenbraue. Wieder fühlte er sich in seiner Meinung bestätigt, was er vom Schweizer Gesundheitssystem hielt.

»Wenn ich Sie das so sagen höre, klingt das nach einer ziemlichen finanziellen Belastung.«

»Ja. Wir wissen nicht, wie wir das Geld aufbringen sollen. Um Kosten zu sparen, erledige ich das meiste selbst.«

Kreuzer musterte die Frau genauer. Sie war ungefähr einen Meter sechzig groß und sehr schlank. Sie wirkte beinahe zerbrechlich.

»Aber zurück zu Ihrem Anliegen«, sagte Frau Graber und bat die Männer, Platz zu nehmen. »Warum möchten Sie mit meinem Mann sprechen?«

»Wir haben nur eine Frage zu Laura Meierhofer«, sagte Kreuzer, der stehen blieb.

Verwirrt schaute sie ihn an. »Wer ist das? Eine seiner Schülerinnen?«

Häusermann und Kreuzer wechselten einen Blick. »Ja«, meinte Kreuzer. Das Erstaunen der Frau schien echt zu sein.

»Was ist mit ihr?«

»Darüber möchten wir, wie bereits gesagt, lieber mit Ihrem Mann persönlich sprechen.«

»Gisela? Ich bin zurück.« Im Türrahmen erschien ein drahtig gebauter Mann. Erstaunt sah er die beiden Beamten an.

»Die Herren sind von der Polizei. Sie haben eine Frage wegen Laura Meierhofer.«

Graber erstarrte für einen Moment, dann machte er auf dem Absatz kehrt. Die Haustür fiel ins Schloss. Häusermann und Kreuzer stürzten aus dem Raum. Als sie die Tür aufrissen, sahen sie, wie Graber mit einem Toyota rückwärts aus der Einfahrt fuhr. Kreuzer rannte, gefolgt von Häusermann, über die Straße zu ihrem Volvo. Die Reifen des Toyotas drehten durch, dann vollführte der Wagen einen Satz nach vorn. Schlingernd raste Grabers Auto an ihnen vorbei.

Kreuzer sprang auf den Fahrersitz. Als er den Wagen startete, ließ Häusermann das Beifahrerfenster hinunter und befestigte ein mobiles Blaulicht auf dem Dach.

»Er ist rechts abgebogen«, rief Häusermann.

Kreuzer riss das Lenkrad herum. Der Volvo brach aus, und die Reifen drehten durch. »Fordere Verstärkung an.«

»Er ist nochmals abgebogen«, rief Häusermann und zeigte nach vorn, wo der Toyota die zweite Ausfahrt eines Kreisels nahm. Er presste das Handy ans Ohr. »Pass auf. Es ist sauglatt.«

»Das sehe ich selbst«, knurrte Kreuzer und umklammerte mit einer Hand das Lenkrad. Mit der anderen holte er die Zigarettenpackung aus der Jackentasche. Der Wagen schlingerte.

»He, was soll das?«, schrie Häusermann. »Pass doch auf!«

»Schnauze!« Kreuzer klemmte eine Zigarette zischen die Lippen und tastete nach dem Zigarettenanzünder.

Weiter vorn überholte der Toyota gerade einen Golf. Ein Wagen kam ihnen lichthupend entgegen. Im Rückspiegel sah Kreuzer, wie der Golf am Straßenrand zum Halten kam, und atmete auf. Vor ihm beschleunigte der Toyota weiter.

»Willst du uns umbringen?!«, rief Häusermann und stützte sich mit einer Hand am Armaturenbrett ab.

»Du kannst ja aussteigen.« Endlich bekam Kreuzer den Anzünder zu fassen und hielt ihn gegen die Zigarette. Kräftig zog er daran. Rauch füllte seine Lungen. Kreuzer hielt Häusermann den Anzünder hin.

»Da. Halt mal.«

Mit einer Hand versuchte er, den Wagen die lang gestreckte Kurve entlang zu steuern, musste aber das Lenkrad kurz loslassen, um nachzufassen.

»Verdammt, nimm endlich!«, blaffte er. Kräftig zog er an der Zigarette und stieß eine Rauchwolke aus.

Häusermann hustete und nahm ihm den Anzünder ab. Er schob ihn in den Stecker zurück.

Kreuzer zog erneut an der Zigarette. Asche rieselte auf seine Hände. Er drückte das Gaspedal weiter nach unten. Der Abstand zum Toyota verringerte sich.

»Nein!«, schrie Häusermann auf.

Graber verlor die Gewalt über seinen Wagen. Der Toyota drehte sich mehrmals um seine eigene Achse, bevor er den Abhang herunterstürzte. Er überschlug sich einige Male, bis er am Fuß des Abhangs liegen blieb.

Mit aller Kraft trat Kreuzer auf die Bremse. Der Volvo stellte sich quer und rutschte seitwärts weiter. Kreuzer trat fester auf die Bremse und spürte das Rucken des ABS unter seinem Fuß. Endlich kam der Wagen zum Stehen. Gleichzeitig sprangen Häusermann und Kreuzer aus dem Wagen. Beide rannten über die Straße und rutschten den Abhang zum Toyota hinunter.

Kreuzer war als erster dort. Keuchend riss er die Fahrertür auf und beugte sich über den blutüberströmten Graber. Mit dem Zeigefinger tastete er nach der Halsschlagader.

»Scheiße, er ist tot.«

Kreuzer richtete sich auf und starrte in den Himmel. Große Flocken schwebten noch immer zur Erde. Sie schmolzen auf seinem Gesicht, auf dem Toyota jedoch blieben sie bereits liegen. Es herrschte Totenstille. Dann hörte er, nur von ganz weit entfernt, wie Häusermann einen Notarztwagen anforderte.

Am nächsten Tag stapfte Kreuzer neben Häusermann durch die Straßen. Kräftig zog er an der Zigarette und ließ den Rauch durch die Nase in die eisige Winterluft entweichen. Nach einer kurzen Pause in der Nacht hatte es wieder zu schneien begonnen, und der kräftige Wind trieb ihm Tränen in die Augen.

»Was tun wir hier überhaupt?«, knurrte er. »Uns rennt die Zeit davon. Wie lange kann ein Kind eigentlich ohne Essen und Trinken auskommen?«

Die Ermittlungen liefen auf Hochtouren. Sie machten jedoch keine Fortschritte, und von Laura Meierhofer fehlte nach wie vor jede Spur. Die Kripo hatte daher die Bevölkerung zur Mithilfe aufgerufen. Nun gingen sie in Teams den vielen Hinweisen nach, die einigermassen glaubwürdig waren.

»Auch dieser Hinweis ist wahrscheinlich, wie alle anderen, eine Niete. Was ist, wenn das Kind irgendwo im Wald versteckt wurde?«

»Du und deine fixe Idee vom Wald. Wo soll er sie da mitten im Winter versteckt haben?«

»Was weiß ich. In einer Hütte oder in einem Wohnwagen. Woher soll ich wissen, was in Grabers krankem Kopf vor sich gegangen ist? Vielleicht ist sie schon längst erfroren.«

Die Spurensicherung hatte im Kofferraum des Toyotas einen Handschuh und den Schal von Laura Meierhofer gefunden. Somit stand für die Kripo fest, dass Graber tatsächlich das Mädchen entführt hatte.

Häusermann blieb stehen. »Graber ist von einem Mann gesehen worden, der mit seinem Hund spazieren gegangen war. Das war eine halbe Stunde, bevor er gestern nach Hause gekommen ist.«

Kreuzer schnaubte. »Er wurde auf dem Parkplatz der reformierten Kirche gesehen. Von dort aus kann er locker in den Wald gegangen sein.« Er zog nochmals an der Zigarette und schleuderte sie in den Schnee. »Das, was wir machen, ist für die Katz. Wie sollen wir hier das Mädchen finden? Das ist nur Stochern im Trüben. «

»Hast du eine bessere Idee?«

»Ja, Verstärkung und vor allem die Hundestaffel anfordern.«

»Die sind doch schon im Einsatz«, sagte Häusermann ungeduldig. »Hast du bei unserer Besprechung nicht aufgepasst?«

Kreuzer gab ein undefinierbares Brummen von sich.

»Schau dir mal das Haus da hinten an. Da sollten wir noch nachsehen.« Häusermann deutete auf ein halb verfallenes Haus am Waldrand und holte sein Handy aus der Jackentasche. »Vorher sollten wir es aber sichern lassen.«

»Sichern?«

»Das Gemäuer sieht aus, als falle es jeden Augenblick zusammen.«

»Falls Laura da drin ist, zählt jede Minute.« Kreuzer straffte die Schultern und marschierte auf das Haus zu.

Häusermann hielt ihn am Arm fest. »Du willst allen Ernstes da rein? Du, mit deiner Klaustrophobie?«

»Du kannst ja draußen warten und Hilfe holen, falls das Gebäude zusammenkracht.« Kreuzer stieß gegen die Tür, die mit einem Quietschen aufschwang.

Im Haus war es dunkel und kalt. Das Licht, das durch die Haustür fiel, erhellte nur ein kleines Stück des Ganges. Entschlossen ging Kreuzer weiter und blieb nach einigen Metern stehen. Er konnte nichts erkennen. Beklemmung stieg in ihm auf. Am liebsten hätte er den Rückzug angetreten. Wieder sah er sich als sechsjährigen Jungen, der in einem Keller eines alten Bauernhauses ohne Licht eingesperrt worden war. Dafür hatte es eine Menge Ratten gegeben. Kreuzer hörte immer noch das Getrappel der kleinen Füße über dem Betonboden und spürte die Krallen, wie sie über seine nackten Beine gehuscht waren. Zwar hatte er die Mutprobe bestanden, traute sich aber seitdem in keine engen, dunklen Räume mehr.

Er atmete mehrmals durch die Nase ein und stieß die Luft durch den Mund aus. Irgendwo musste hier Licht sein. Mit der Hand tastete er die Wand ab und fand einen Schalter. Als er darauf drückte, passierte nichts. Sein Atem ging stoßweise.

Reiß dich zusammen und blamiere dich nicht, dachte er. Er kramte seine Zigarettenpackung hervor und steckte sich eine an. Das half ein wenig, aber nicht viel. Er hielt das Feuerzeug hoch. Aber auch in der Flamme konnte er nur Umrisse erkennen.

»Ich sehe nichts«, rief er Häusermann zu, der an der Haustür geblieben war. Kalter Schweiß sammelte sich zwischen seinen Schulterblättern. Er fror. Hektisch sog er an der Zigarette.

»Nimm dein Handy. Das hat eine Taschenlampe.«

Daran hatte er nicht gedacht. Kreuzer holte das Handy heraus, aber es rutschte aus seinen schweißnassen Händen. Er fluchte. Auf Händen und Knien tastete er den Boden ab. Dann stieß er gegen das Mobiltelefon. Erleichtert hob er es hoch und stand auf. Mit zitternden Fingern drückte er auf dem Touchscreen herum und fand nach einigen Versuchen die Taschenlampenfunktion.

»Alles in Ordnung?«, rief Häusermann. Die Stimme hallte von den Wänden wider und schien aus einer anderen Welt zu kommen.

»Ja, ja«, knurrte Kreuzer und tappte zu einer Tür.

Er öffnete sie und blickte auf Stufen, die nach unten führten und in der Dunkelheit verschwanden. Sein Herz begann zu rasen. Kräftig zog er an der Zigarette. Er hielt den Rauch in der Lunge fest und tastete sich Tritt für Tritt die Stufen hinunter. Die Enge hier unten legte sich wie eine Faust um sein Herz. Gierig zog Kreuzer wieder an der Zigarette, aber das enge Gefühl blieb. Der Lichtstrahl des Handys fiel auf eine geschlossene Tür.

Kreuzer beschloss, nachzuschauen und dann so schnell wie möglich wieder nach oben zu gehen. Er drückte die Türklinke herunter, aber die Tür war verschlossen. Er leuchtete die Tür ab und entdeckte einen Schlüssel. Dieser bewegte sich erstaunlich leicht im Schloss, und die Tür sprang fast lautlos auf.

In dem Raum war es stockdunkel. Kreuzer straffte die Schultern und trat ein. Der Strahl der Lampe fiel auf einen kleinen elektrischen Heizofen. Es war sehr kalt in dem Raum, wenn auch nicht so eisig wie im übrigen Haus. Kreuzer bückte sich und legte die Hand auf den Ofen, der jedoch keinerlei Wärme abgab. Als er sich umdrehte, erblickte er eine leblose Gestalt am Boden.

»Scheiße!«

Kreuzer ließ die Zigarette fallen und stürzte auf das Mädchen zu. Er kniete sich auf den Boden und tastete nach einem Puls, fand aber keinen. Die Haut fühlte sich kalt an. Vorsichtig drehte er das Mädchen auf den Rücken. Ihr Kopf fiel zur Seite, die Augen waren geschlossen. In dem Schein der Lampe wirkte ihre Haut so weiß wie Schnee. Behutsam hob Kreuzer die Kleine hoch, wobei ihre Arme herabfielen und seitlich am Körper baumelten. Vorsichtig stützte er den Kopf ab. Kreuzer hielt seine Wange vor Mund und Nase des Kindes und meinte, einen leichten, warmen Hauch zu spüren.

»Puh«, machte Häusermann, als er das Telefon auflegte. »Laura ist außer Lebensgefahr und bei Bewusstsein.«

»Wird sie bleibende Schäden davontragen?«, wollte Kreuzer wissen.

»Wie es aussieht, nicht. Der Arzt meinte, Kinder überstehen eine Unterkühlung eher als Erwachsene. Sie hat trotzdem sehr viel Glück gehabt.«

Sie schwiegen. Jeder hing seinen Gedanken nach.

»Möchtest du einen Kaffee?«, fragte Kreuzer nach einer Weile.

»Gern.«

»Was geschieht jetzt mit Gisela Graber?«, fragte Häusermann, als Kreuzer ins Büro zurückkehrte und zwei Tassen auf seinen Schreibtisch stellte. Kreuzer setzte sich auf seinen

Stuhl und holte eine Zigarette hervor. Er inhalierte tief und schloss für einen Moment genussvoll die Augen. Langsam ließ er den Rauch durch seinen Mund entweichen.

»Sie hat nichts von den Plänen ihres Mannes gewusst«, sagte Häusermann. »Gewissermaßen hat das Schicksal sie doppelt gestraft.«

Kreuzer trank einen Schluck. »Meierhofer hat ihr Unterstützung angeboten.«

»Außerdem habe ich gehört, dass im Radio eine Sammelaktion gestartet worden ist«, warf Häusermann ein.

»Stimmt. Wenigstens wird ihr so die finanzielle Last gemildert.«

Beide Männer schwiegen. Kreuzer drückte die Zigarette aus und holte erneut seine Zigarettenpackung aus der Brusttasche seines Hemdes. Unschlüssig drehte er sie hin und her.

»Möchtest du noch einen Kaffee?«, fragte er nach einer Weile.

»Gern.« Häusermann hielt ihm die Tasse hin.

Bevor Kreuzer den Raum verließ, warf er die Zigarettenpackung im hohen Bogen zum Mülleimer.

Häusermann streckte den Daumen in die Luft. »Treffer. Mitten ins Schwarze.«

Ansichtssache

von Ulrike Blatter

Ohne die Antibabypille würden wir vermutlich nicht über Frauenquoten der im DAX notierten Unternehmen diskutieren, sondern lediglich über die Höhe der Herdprämie verhandeln.

Aber: Keine Wirkung ohne Nebenwirkung! Und so wartet die Pille mit einem Beipackzettel auf, der das Fürchten lehren kann. Schon länger ist bekannt, dass sie Thrombosen in Bein- und Beckenvenen auslösen kann. Als besonders gefährdet gelten übergewichtige Raucherinnen, die älter sind als 35 Jahre. Löst sich von diesen »Thromben« genannten Blutpfropfen ein kleines Stück ab, kann dieses mit dem Blutstrom in Lunge oder Hirn geschleppt werden. Bei einer schweren Embolie wird ein großes Blutgefäß verstopft, und das dahinterliegende Gewebe bekommt keinen Sauerstoff mehr. Ist die Lunge betroffen, kommt meist jede Hilfe zu spät, und ein Schlaganfall führt oft zu schwersten Behinderungen. Ina Haller beschreibt in ihrem Krimi plastisch die Folgen einer solchen Tragödie. In Frankreich wurden aus diesem Grund kürzlich Pillen-Präparate der 3. und 4. Generation vom Markt genommen.

Es stellen sich viele Fragen. Die erste lautet: Warum tun sich Frauen das an? Gegenfrage: Was geh'n den Bock die Lämmer an? *(... sagt der Bauer, als er das Kind wiegen soll (Quelle: Wander; Deutsches-Sprichwörter-Lexikon))* Trotz Vaterschaftsurlaub scheint eine Schwangerschaft immer noch vor allem eine Sache der betroffenen Frauen zu sein. Zumindest ist es eine so existenzielle Angelegenheit, dass die Frauen die Kontrolle über diesen Punkt ihrer Lebensplanung unbedingt behalten wollen.

Natürlich kann eine Schwangerschaft auch heutzutage noch tödlich enden. 1960, als die Pille auf den Markt kam, lag die Müttersterblichkeit noch bei ca. 100 Fällen pro 1.000.000 Lebendgeburten. Seit über zwei Jahrzehnten pendelt diese Rate bei lediglich ca. 5 Todesfällen. *(Pro 100.000 Lebendgeburten. Das bedeutet, dass pro Jahr in Deutschland ca. 37 Frauen durch Schwangerschafts- oder Geburtskomplikationen sterben.)* Umso schlimmer, wenn Frauen an der Verhütung sterben.

Da drängt sich die zweite Frage auf: Wann kommt eigentlich die Pille für den Mann? Die verblüffende Antwort ist: Es gibt sie schon längst. Und Studien belegen, dass diese Pille zuverlässig wirkt. Aber sie wird wahrscheinlich nie den Weg in die Apotheken finden. Warum? Ganz einfach: In einer Studie, die von 2009 bis 2011 lief, klagten 10 % der Männer über Stimmungsschwankungen bis hin zu Depressionen. Dieses Ergebnis hat wohl dem Projekt »Männer-Pille« den endgültigen Todesstoß versetzt. Besagte Studie wurde übrigens bisher nicht veröffentlicht. Man vermutet, dass auch die Probanden, die lediglich ein Scheinmedikament erhielten, über psychische Probleme klagten. Wie gesagt, das sind nur Vermutungen. Aber man wird ja mal fragen dürfen … Stimmungsschwankungen gehören übrigens auch zum Nebenwirkungsprofil der Pille für die Frau.

Die dritte Frage lautet: Leben Männer gesundheitsbewusster und sind generell vorsichtiger bei der Einnahme von chemischen Substanzen? Alle bisher hierzu durchgeführten Studien verneinen dies eher. Ganz besonders gilt dies für ein Medikament, das in den letzten Jahren einen unglaublichen Boom erlebte. Es wird häufig von Männern mit Vorerkrankungen wie Diabetes und Angina pectoris eingenommen und hat eine lange Liste mit schwersten Nebenwirkungen: Muskelschmerzen, Sehstörungen, Kopfschmerzen, Schwindel, Herzrhythmusstörungen und Bluthochdruck mit Gefahr von Herzinfarkt oder Schlaganfall.

Die Rede ist von dem Potenzmittel Viagra.

NESSA ALTURA

Mutter Metzgers Sohn

»Anton? Aaaanton!«

Er summte seinen Namen, während er sich die Handschuhe überstreifte. Das lange »A«, mit dem seine Mutter seinen Namen zu einer Eigenmarke gemacht hatte, brummte erst in seiner Kehle und zischte dann durch die nach Desinfektionsmitteln riechende Luft. Er tat das manchmal, oft dann, wenn er nervös war. Versuchte das Unerreichbare: so zu klingen wie sie. Er wusste nicht, wie sie das machte – erst den langen schwingenden Anlauf auf dem dunklen Vokal, der so etwas wie Hoffnung und Zukunft ins Ohr zauberte. Und dann den abrupten Fall auf das noch dunklere, knappe »O«. Wenn sie böse auf ihn war, konnte das »N« am Schluss wie ein Schuss klingen.

Mutter Metzger. Und Mutter Metzgers Sohn. Er war ihr Augenstern, ihr Ein und Alles. Aber auch sie war für ihn unersetzlich, eine Mutter eben. Eine Mutter hatte man nur einmal im Leben. Es gab und gibt nach der Mutter niemals wieder jemanden, der einen so bedingungslos liebte, wer wusste das nicht? Und niemand, der sich so auf Leibgerichte verstand.

Essen – das war nun einmal wichtig für ihn.
Für sie? Ordnung. Sitte. Recht. Korrektes Leben eben.

Kurz streiften seine Gedanken den verstorbenen Vater, der nicht nur den Familiennamen Metzger getragen hatte, sondern auch tatsächlich Metzger gewesen war.

Anton und seine Mutter hatten den Mann nie richtig verstanden. Er war und blieb ihnen fremd mit seiner robusten, polternden Art, seinen groben, stets geröteten Händen, seinem sonnig-derben Naturell. Anton dachte an die blutige weiße Schürze, die der Vater immer getragen hatte. Nein, er hatte nichts von ihm geerbt … oder doch? Er blickte schuldbewusst auf die noch saubere Gummischürze, die seinen Bauch bedeckte: vielleicht das Handwerk und die Lust auf Fleischgerichte. Aber – und das unterschied ihn von seinem Erzeuger – seine Hände waren fein, die Fingernägel sauber und sein Handwerk filigran.

Er war Rechtsmediziner und kein Metzger. Und er mochte Hausmannskost, aber auf die feine, die raffinierte Art. So eben, wie seine Mutter sie zubereitete, ihrem einzigen Sohn zuliebe. Billig und viel, das konnten alle, und wenig und teuer auch. Aber die Mischung, die Kunst, aus einfachen Zutaten etwas Köstliches zu zaubern, das konnte nur sie.

In letzter Zeit jedoch hatte er sich häufiger mit dem Gedanken zu beschäftigen, wie es werden sollte, wenn sie einmal nicht mehr war … Sie hatte ihren Vierundachtzigsten gefeiert – er war Mediziner und Naturwissenschaftler und konnte die demografischen Statistiken lesen. Die Luft wurde dünn.

Wie zum Beweis ließ er den süßlichen Hauch prüfend durch seine Nüstern streichen.

Ach, wie er diesen Geruch liebte! Wo der herrschte, war er kompetent, unabhängig und stark. Nicht Sohn, sondern Mann. Er strich sich die Schürze glatt und griff nach dem Skalpell, um den ersten Schnitt zu ziehen, von Schlüsselbein zu Schlüsselbein.

Kollege Kargus trat an den Tisch und musterte die nackte weibliche Leiche, die dort lag.

»Ist das nicht die Mürren?«, fragte er. »Die, die früher den Schreibwarenladen in der Hauptstraße hatte? Bei der hab ich als Bub immer meine Schulhefte gekauft.«

»Ja, genau die.«

»Der Name war Programm«, sagte Kargus achselzuckend. »Ein mürrisches Weib, wohl wahr. Und jetzt hat es sie erwischt.« Er trat unruhig von einem Bein auf das andere.

»Nun geh schon«, sagte Anton gutmütig. »Du brauchst einen, das seh' ich doch.«

Kargus zog die Schultern hoch, grinste und warf einen Blick auf die Leiche: »Wieso ist die überhaupt hier?« Seine Hand war in die Seitentasche des weißen Kittels gefahren und fingerte dort nach der Tüte mit dem Joint. Seine Augen suchten den Türknauf. Die Antwort interessierte ihn schon nicht mehr.

»Sag ich dir, wenn du wiederkommst«, antwortete der Rechtsmediziner Dr. Anton Metzger. Gespielt gleichmütig, obwohl er das Verhalten seines Kollegen ganz und gar nicht billigte. Heute kam es ihm jedoch gelegen.

Als sich die Tür hinter Kargus schloss, drehte Anton Metzger den Kopf der Leiche zur Seite und fuhr mit dem Zeigefinger unter die eisgrauen Löckchen am Hinterkopf der Frau. Tastete nach einem kreisrunden Stanzloch. Suchte vorsichtig nach einem runden Etwas, fand es und nickte.

Sägte. Öffnete. Entnahm das Gehirn. Barg etwas in der Höhlung seiner Hand und ließ es in die Hosentasche gleiten. Dann begann er wieder zu summen. Routiniert arbeitete er sich vom Kopf bis zu den Füßen voran, schnitt, entnahm, wog, legte ab, notierte. Nahm auf, legte ein, klappte zu, nähte zu. Griff dann nach dem Diktiergerät und sagte in wohlakzentuierten Worten: » Herta Mürren, Geschäftsinhaberin, geboren 1939. Natürlicher Tod, Ursache: eitriger Blinddarmdurchbruch. Blinddarm stark angeschwollen und linksseitig perforiert, stark riechende Gewebeflüssigkeit, und so weiter und so weiter.«

Die Sekretärin würde wissen, wie die Diagnose im endgültigen Bericht zu vervollständigen war.

Als Kargus, der sich mit seinem Laster wie immer viel Zeit gelassen hatte, zurückkam, war Anton bereits mit dem Aufsägen der Schädeldecke einer weiteren Leiche beschäftigt.

»Na«, sagte Kargus , »schon fertig? Das ging aber schnell. Hat sie einer umgebracht, die alte Mürren? Wundern würd's mich nicht.«

»Natürlich nicht«, sagte Anton kühl. Er mochte es nicht, wenn Witze über Tote gemacht wurden. »Klassischer Blinddarmdurchbruch. Konnte sich vor Schmerzen nicht mehr rühren, das arme Weib.«

Und dabei lächelte er ganz leicht.

†

»Aaaanton!«, rief seine Mutter, als sie den Schlüssel im Türschloss hörte. »Du kommst spät!«

»Ja, Mutter«, sagte Anton und beugte sich über sie, um sie auf die Wange zu küssen. »Viel zu tun, wie immer.«

Er warf den Mantel über den Sessel, rückte an seiner Krawatte, zog die mittlere Schreibtischschublade auf, verstaute etwas darin und wandte sich wieder seiner Mutter zu. Ihre kleinen, in Hautfalten versteckte Äuglein waren noch immer durchdringend wasserblau und scharf. »Aaaanton? Alles gut?«

»Die Mürren«, sagt er.

»Gottseidank«, antwortete sie. »Die war ja absolut unerträglich mit ihrem Müll. Von ordnungsgemäßer Trennung keine Spur, das habe ich mehr als einmal beobachtet. Setz dich, du bist ein guter Sohn, Anton, ich habe dir auch dein Lieblingsgulasch gemacht. Mit Paprika und Nelken.«

Sie aßen zusammen, weder langsam noch schnell, wechselten hin und wieder einen Satz, lächelten sich zu.

»Und jetzt der Peppino von der Pizzeria«, sagte sie streng, als sie ihm einen letzten Nachschlag auf den Teller häufelte. »Der tritt seinen Hund. Bello heißt der, glaube ich. Ich hasse Tierquälerei. Und außerdem ist das verboten. Steht neuerdings im Grundgesetz, Anton.«

Er seufzte: »Du bist ungemütlich, Mutter. Lass uns erst zu Ende essen, bitte.«

Sie klapperten mit den Löffeln. Die Sauce war wieder hervorragend gelungen: sahnig, würzig, nicht zu mild und nicht zu scharf. Als Anton den Teller zum Mund heben wollte, korrigierte seine Mutter ihn scharf: »Anton, pfui! Das gehört sich nicht!«

Schuldbewusst zog sich seine Zunge in die Mundhöhle zurück. Er stellte den Teller auf den Tisch, legte Messer, Löffel und Gabel in Position. Natürlich gehörte sich so etwas nicht, das wusste er doch. Es war nur geschehen, weil er in Gedanken mit seiner Sammlung in der Schublade beschäftigt gewesen war.

Da lagen sie in flachen formalingefüllten Kapernglasern, die ausgestanzten Knochenstücke, mit Haut und Haaren.

Es lockte ihn ganz ungeheuerlich, das neue Imprimat hinzuzufügen.

An Gewicht und Fasson konnte er, wenn er sich konzentrierte, das Kaliber der verwendeten Patrone bestimmen – Projektile, wie sie Metzger in ihren Bolzenschussgeräten verwendeten. Wie sein Vater sie benutzt hatte, in verschiedenen Farben. An der richtigen Stelle aufgesetzt, wirkten die Schussapparate absolut tödlich. Hinterließen nur ein sauberes Stanzloch, keine Schmauchspuren, kein Blutgespritze, kein Austrittsloch. Und kein Projektil in der Wunde, da der Schussapparat den Bolzen zurückzog, sobald er seine Aufgabe erfüllt hatte. Eine simple Waffe mit ihrer Munition, wie sie zu seiner Mutter passte: klar und unwiderruflich. Sauber und korrekt.

Auf einmal regte sich Widerspruchsgeist in ihm. Er legte den Kopf schief und sagte halb vorwurfsvoll, halb schelmisch, indem er mit dem Zeigefinger in ihre Richtung wackelte: »Aber dass du nicht wieder dazwischenkommst, Mutter, und unnötig Aufmerksamkeit erregst. Eine Obduktion herausforderst. Und ich muss es dann auf dem Seziertisch wieder in Ordnung bringen. Das wird mit der Zeit zu riskant.«

Anton dachte mit einer gewissen Wehmut an Bauer Frischmut, dessen Jauchegrube drei Häuser weiter oft entsetzlich gestunken hatte. So, wie die zwei Schweinejoppen, die er immer abwechselnd getragen hatte, eine in speckigem Blau und die andere in schmutzigem Braun. Und die Stinkstiefel, die er nie gelüftet hatte. Das war einfach gewesen.

Hinter dem fettleibigen Frischmut den Stall, in dem die Jungschweine aufgeregt und ohrenbetäubend quiekten, betreten. Auflage des Apparats zwischen den Schulterblättern, leicht nach links geneigt. Bolzenschusspatrone Gelb, mittlere Ladung, ausreichend für Kühe und Pferde. Glatter Schuss, direkt ins Herz. Blaue perforierte Joppe aus, braune Joppe an. Herzversagen auf dem Totenschein, völlig korrekt. Darauf, dass der phlegmatische Landarzt den Toten nicht entkleiden würde, konnte man sich verlassen.

»Weiß ich doch, mein Junge. Tut mir auch leid. Kommt nicht wieder vor. Ich habe einfach nicht widerstehen können …«

»Schon gut.«

»Aber«, fuhr sie fort, » denk daran, wie dir der Schweinebraten mit Kruste neulich geschmeckt hat! Und letzten Monat die Hirschsteaks … du magst doch meine Küche so sehr, nicht? Wie wäre es mal mit mediterraner Kost? Soll gesund sein.«

»Und lebensverlängernd«, sagte Anton. »So sagt man jedenfalls. Ach, Mutter – wir sind schon ein gutes Team.«

»Der Karpfen war auch nicht schlecht«, fuhr sie fort, in Gedanken noch beim vorhergehenden Thema. »Ein bisschen zu ölig vielleicht … naja, polnische Wirtschaft eben, kein Wunder.«

»Oleg«. Er nickte. Oleg war auch nicht allzu schwer gewesen. Keine Frau, keine Verwandten, keine Nachfragen. Ziemlich mager. Deswegen Kaliber Grün, Schweine und Kälber. Das fleckige, nach Alkohol und Schweiß stinkende Stirnband hatte keiner entfernt; es war mit Oleg für immer im Sarg verschwunden.

»Die Welt ist wieder ein Stückchen besser geworden«, sagte sie. »Ohne die, wie hieß sie noch gleich, die … die Mürren. Gott hab sie selig.« Sie deutete ein Kreuzeszeichen an, Stirn, Schulter, Brust, und gab ihrem Sohn durch ein leichtes Nicken des Kopfes zu verstehen, dass er sich von der Tafel entfernen durfte.

Natürlichkeit ist Trumpf!

von Ulrike Blatter

Dies gilt nicht nur für Kosmetika und biologisch erzeugte Lebensmittel, sondern auch für Todesfälle. Wird auf dem amtlichen Meldeschein der Leichenschau das Kästchen »natürlicher Todesfall« angekreuzt, dann geht auch alles seinen natürlichen Gang: Der Tote darf bestattet werden.

Das Kästchen »nicht natürlicher Todesfall« impliziert für alle Beteiligten jedoch eine Reihe komplizierter und unerfreulicher Folgen: Die Polizei kommt und stellt lästige Fragen, eine eventuelle Obduktion fördert sorgfältig verborgene Hieb- und Stichwunden und Drosselmarken zutage oder gar Schusskanäle in Körperregionen, wo sie der Gesundheit nicht zuträglich sind. Angesichts solcher Befunde werden Ausreden schwierig, im Extremfall kommt es zu bösartigen Anschuldigungen, gar einem Gerichtsverfahren. Ehe und Freundschaften gehen den Bach runter, von der Karriere ganz zu schweigen. Und all diese hässlichen, gesellschaftlichen Kollateralschäden nur deswegen, weil irgendjemand ganz genau hingeschaut hat? Da bietet es sich doch an, ein oder mehrere Augen zuzudrücken, oder?

Das darf doch nicht sein, fragt sich der Leser erschüttert. So etwas gibt es doch nur im Film oder in schlechten Kurzkrimis. Oder kommt das etwa auch in der Realität vor?

Die Antwort ist ein entschiedenes: Jein.

Logischerweise liegt die Dunkelziffer bei nicht aufgeklärten Tötungsdelikten im Dunkeln. Seriöse Schätzungen gehen jedoch davon aus, dass es in Deutschland jährlich mehr als 1.200 nicht erkannter Tötungsdelikte gibt. Die Geschichte vom Bestatter, der beim Einsargen ein Messer im Rücken der Leiche entdeckt, ist leider kein Phantasieprodukt, sondern bittere Realität.

Länder mit einer hohen Obduktionsrate haben übrigens eine höhere Aufklärungsquote. Ich selbst habe einige solcher Fälle erlebt, bei denen ein Verbrechen erst am Obduktionstisch ruchbar wurde. Solche Erfahrungen führten bereits in den Dreißiger Jahren zur obligatorischen zweiten Leichenschau vor einer Feuerbestattung. Außerdem werden Ärzte mittlerweile in Deutschland besser geschult, was die korrekte Durchführung einer Leichenschau angeht. Auch tote Menschen sind Patienten. Sie haben Befunde und können viel erzählen. Man muss nur wissen, wie man sie zum Reden bringt.

In unserer Geschichte läuft allerdings fast alles schief. In der Rechtsmedizin gilt das Vier-Augen-Prinzip. Das heißt, man schaut sich gegenseitig auf die Finger. Aber sobald Menschen am Werk sind, menschelt es, und es passieren Fehler. Ganz besonders, wenn der Assistent lieber kifft, als seinem Chef auf die Finger zu schauen . .

So etwas, wie es in Nessa Alturas Geschichte passiert, ist mir noch nie untergekommen. Aber trotzdem. Denkbar wäre es. Ich höre jetzt auf darüber nachzudenken und beschließe, wieder vollstes Vertrauen in unsere Institutionen zu haben.

Aber: Gegen Charaktermängel ist kein Kraut gewachsen.

Jemand wie Anton dürfte nie Arzt werden. Und schon gar nicht Amtsarzt.

ULRIKE BLATTER

Korrekt getrennt

Typisch Frau: Sie dreht mit dem Küchenmesser Schrauben rein und ersticht den Gatten mit dem Schraubenzieher!
(Ein Professor der Rechtsmedizin zu einem Kreis junger Studentinnen)

»Weisch du eigentlich, wie ein Schwabe einen Teebeutel korrekt entsorgt?« Holger wollte wieder mal witzig sein. Wenn nötig, dann eben mit Gewalt.

Lea hob die sorgfältig gezupften Augenbrauen, rückte die Lesebrille zurecht und strich eine widerspenstig aufspringende Locke hinters rechte Ohr. Kleine, vollkommen sinnlose Gesten, die ihr halfen, eine allzu spitze Erwiderung hinunterzuschlucken.

»Nein, keine Ahnung«, antwortete sie.

Dabei hatte sie es sich selbst zuzuschreiben, dass sie, als gebürtige Stuttgarterin, ständigen Frotzeleien ausgesetzt war – es war ihre freie Entscheidung gewesen, einen Mann aus dem Badischen zu heiraten. Nicht ganz so frei war jedoch ihre spätere Entscheidung gewesen, diese Ehe über zwanzig Jahre hinweg aufrecht zu erhalten. Aber wer oder was hatte sie eigentlich gezwungen, auszuharren? Rückblickend verstand sie sich selbst nicht mehr. Sie hatten ja noch nicht mal Kinder. Es hatte einfach nie funktioniert. Wahrscheinlich wegen Leas zarter Konstitution, die sich einfach nicht zum Kinderkriegen eignete, wie Holger vermutete. »Ich kann daran unmöglich schuld sein«, erklärte er mit entwaffnender Unschuld. »Ich war nämlich noch nie im Leben krank.«

Holger köpfte schwungvoll sein Frühstücksei, und Lea sah angewidert, wie dottergelbe Pampe über den Rand der Eierschale tropfte, die winzige spitze Zähne zeigte. Eine vergebliche Drohung, denn nachdem Holger das Ei mit wenigen Happen verschlungen hatte, drehte er die leere Schale um, sodass der brüchige Rand keinen Biss mehr hatte und zerquetschte das Ganze mit einem gezielten Löffelhieb. Lea drehte sich der Magen um. In letzter Zeit war sie empfindsam geworden. Er nannte das »zimperlich«.

»Also, des geht so: Wenn ein Schwabe den Müll korrekt trennt, dann kommt der Teebeutel in den Komposcht, des Bäpperle ins Altpapier und der Faden in die Textilsammlung.«

»Ha. Ha. Ha.«, machte Lea pflichtgemäß und schob sich einen Löffel Müsli mit Sojajoghurt in den Mund. Lea ernährte sich seit einem Jahr strikt vegan. Nicht, dass es besser schmeckte, aber es war gesünder. Hieß es.

»Ich bin noch nicht fertig«, mümmelte Holger und klatschte zwei Scheiben Schlackwurst auf seine Brötchenhälfte. Ein Hauch von Metzgerei wehte über den liebevoll gedeckten Frühstückstisch.

»Des Klämmerle von dem Teebeutel – des kommt nämlich in den Schrott.«

Lea kniff die Lippen zusammen, während Holger in sein knackiges Brötchen biss und sie sonnig anlächelte. Eigentlich mochte sie ihn – aber an bestimmte Seiten seiner Persönlichkeit hatte sie sich nur widerwillig gewöhnt – etwa so, wie man sich an eine besonders hartnäckige Form von Hautausschlag gewöhnt.

»Nun komm doch, Schätzele«, brummte er. »Guck doch nicht so grätig.«

Holger guckte nie grätig. Er war überhaupt in allem das genaue Gegenteil von Lea: ein Bär von einem Mann, von beneidenswerter körperlicher und seelischer Stabilität, als Bauingenieur immer gut geerdet und auf das technisch Machbare fixiert, nüchtern bis auf die Knochen, stets geradeheraus, und wenn er Witze machte, konnte er ziemlich derb werden. Aber er hatte Qualitäten: er war grundehrlich, absolut verlässlich, und wenn es hart auf hart kam, bot er auch eine Schulter zum Anlehnen. Dumm war nur, dass Lea – in Holgers Augen – unerträglich zimperlich war und ein ständiges Getue veranstaltete, weswegen er nur selten Lust verspürte, ihr großmütig seine breiten Schultern zum Anlehnen anzubieten, sei es nun im direkten oder im übertragenen Sinn. Und was die Ehrlichkeit betraf: Aus seinen zahlreichen Liebschaften hatte er nie einen Hehl gemacht. Auch in weiblicher Hinsicht hatte Holger stets einige Baustellen offen.

Aus Leas Sicht gab es nur eine einzige Erklärung für ihre Ehemisere: Holgers Auslandsaufenthalte. Seit Anfang der achtziger Jahre war er ununterbrochen mit Großprojekten unterwegs gewesen. Staudämme, Hochhäuser, künstliche Insellandschaften. Alles schien damals in den Boom-Regionen des Nahen und Fernen Ostens möglich. Selbstverständlich hatte Leas Konstitution es nicht erlaubt, ihn zu begleiten. Vielleicht war die Erfüllung ihres Kinderwunsches auch schlicht an der räumlichen Entfernung gescheitert. Wenn man die meiste Zeit der Ehe über zehntausende von Kilometern getrennt ist, dann ergeben sich beim Sex auch ganz praktische Probleme. Irgendwann hatten sie das Projekt »eigenes Kind« still und leise aufgegeben – ohne großes Aufheben darum zu machen. Überhaupt machten sie mit den Jahren immer weniger:

kein Getue, aber auch keine sonstigen gemeinsamen Unternehmungen. Es wurde still in ihrer Ehe.

Mit dem Umzug nach Karlsruhe hatten Holgers »letzte Jahre« begonnen. Er selbst hatte diesen Ausdruck gewählt und fand das nicht im Geringsten zynisch. Wie sie denn nur darauf käme? Lea hatte die Augenbrauen hochgezogen, die Brille zurechtgerückt und an dem bunten Seidentuch genestelt, das neuerdings ihren Kopf bedeckte. Damals durchlitt sie gerade die dritte Chemotherapie, und das einzig Motivierende in ihrem Leben waren Fotos von Sylvie van der Vaart gewesen, die diesen Höllenritt bereits hinter sich hatte und ihn nicht nur überlebt hatte, sondern sogar weiterhin mit gut gefülltem Dekolletee aufwarten konnte – ein Attribut, auf das Holger bei »seinen« Frauen immer großen Wert legte.

Auch Angelina Jolie machte ihr Mut: Die eigentliche Sensation an ihrer Geschichte war, dass eine Frau ohne Brüste tatsächlich mit einem der »sexiest men alive«, dem göttlichen Brad Pit, liiert war.

Nach außen sah es so aus, als ob Holger mit dem Beginn von Leas Erkrankung alle beruflichen Ambitionen aufgegeben hatte, um seine Frau auf herzerwärmende Weise zu unterstützen. Wenn Lea jedoch schon Stunden vor der Chemotherapie mit würgendem Brechreiz kämpfte, tat er auch dies in gewohnter Manier als zimperliche Allüren ab. »Alles psychosomatisch«, wischte er jedes Mal ihre Beschwerden beiseite, bevor er ein Taxi rief. Kein einziges Mal hatte er sie ins Klinikum begleitet.

Während alle Welt in Holger den treusorgenden Ehemann sah, trieb er seine Karriere als Dozent am Karlsruher Institut für Technologie voran, betreute hingebungsvoll seine Doktorandinnen, publizierte wie wild und peilte parallel zur Universitätskarriere die Leitung des

Baudezernats an. Mindestens. In den letzten Jahren hatte Holger viel dafür getan, dass ihm die Stadtoberen nicht nur gewogen waren, sondern geradezu verpflichtet. Mit Augenmaß und Seelenruhe bereitete er seinen Einstieg in die Politik vor. Karlsruhe würde nur eine Zwischenstation sein. Eigentlich plante er bereits für Berlin. Seine strahlende Wiederauferstehung. Danach. Was auch immer das bedeutete. Leas Dahinsiechen verschaffte ihm einen Sympathiebonus, den er schamlos für sein Profil als »neuer Mann« nutzte. Frauen konnten Wahlen entscheiden – und Holger wusste wie man es anstellte, bei den Frauen gut anzukommen.

Während sie über die Ehe im Allgemeinen und über Holger im Besonderen grübelte, beobachtete Lea , wie pures Gift aus einer kopfüber hängenden Flasche in den Infusionsschlauch tropfte und in ihrem Arm versickerte. Dann geriet sie in einen merkwürdigen Dämmerzustand, ihre Gedanken gingen verschlungene Wege und lösten sich immer schneller vom Alltäglichen. Auf merkwürdige Weise fühlte sich Lea sogar befreit.

Sah sie sich jedoch im Spiegel, erschrak sie zutiefst: Sie hatte alle Haare verloren; restlos alle, auch Wimpern und Augenbrauen. Ihre Haut war bleich und spröde geworden und erinnerte an hauchdünnes, zerknittertes Japanpapier. Die Therapie schien alle Lebenskraft aus ihrem Körper zu saugen. Auf der Liste der Dinge, die sie am meisten vermisste, standen in dieser Zeit ihre Haare, ihr Appetit, ihr Schlaf – Dinge, die vor ihrer Erkrankung selbstverständlich gewesen waren. Ganz besonders stark spürte Lea in dieser Zeit die Sehnsucht nach liebevoller Zuwendung, nach einem Gegenüber, das sich ganz einfach Zeit zum Zuhören oder auch nur zum gemeinsamen Schweigen nahm. Es war ein deutliches Zeichen neu erwachter Lebenskräfte, als sie Sport auf die Liste setzte und wenig später mit einem Ausrufezeichen dahinter: meine Dienstags-Sauna! Dienstags war nämlich immer Damen-Sauna, aber niemals hätte Lea es gewagt, ihren jetzt entstellten Körper dort zu zeigen. Erst recht nicht konnte sie ihn den Blicken fremder Männer im gleißenden Neonlicht des Fitness-Centers aussetzen. Lea zog sich vollkommen zurück.

Erst in der Reha fasste sie allmählich wieder Zutrauen zu sich selbst, betrachtete sich im Spiegel, berührte zaghaft die strichförmige Narbe und gewöhnte sich an ihre knabenhaften Konturen. Neuerdings schminkte sie sich regelmäßig – auch das war neu, und sie genoss es. Ihr Teint hatte sich verändert. Auf einmal standen ihr ganz andere Farben. Und als die Haare zurückkehrten, waren sie nicht länger blond und glatt und fein, sondern nun wuchsen auf ihrem Puppenschädel störrisch aufspringende, schneeweiße Locken, von denen Lea anfangs gar nicht glauben konnte, dass sie in der Lage war, so etwas hervorzubringen. Und es kam der Morgen, an dem sie zum ersten Mal seit langem nicht mehr erschrak, als sie in den Spiegel schaute, sondern ihr Abbild mit einem Lächeln begrüßte.

Die Vokabel »Lebensqualität« gewann eine völlig neue Bedeutung: eine Tasse grünen Tees am Morgen, ein Sonnenstreif am Nachmittag, während gleichzeitig Vogelgezwitscher in ihr Bewusstsein drang, als wäre es das erste Mal. Wenn dann ein sanfter Windhauch ihr Gesicht streichelte, das nun wieder ein normales Gesicht war und kein zerknittertes Papierknäuel, wusste sie, dass sie es schaffen würde. Leas Sinne erwachten, und die ganze Welt wurde frisch und neu.

Holger hatte jedoch ein eigenes Verständnis von »Lebensqualität«. Während Lea die Talschle ihres Lebens durchschritt, definierte er in gewohnte nüchterner Weise seine Prioritäten: Erstens Karriere. Zweitens Mausi.

Lea vermutete in Mausi eine Studentin, die intellektuelle Defizite durch körperliche Vorzüge ausglich. Das Übliche eben.

»Soll er doch«, dachte Lea trotzig und beschloss, sich emotional nicht runterziehen zu lassen.

Aber dann war der Tag gekommen, der alles änderte. Es war der Tag gewesen, an dem sie zum ersten Mal konkret über einen Brustaufbau nachgedacht hatte. Der Tag, an dem sie in Holgers Badezimmerschrank das *Pentobarbital* fand.

Eigentlich hatte sie sich nur Holgers Nassrasierer ausleihen wollen. Neuerdings wuchsen ihre Haare nämlich auch wieder an Stellen, an denen sie störten. Lea wusste, dass ihr Vorhaben einem todeswürdigen Verbrechen gleichkam, denn Holger achtete penibel auf den Zustand seines Doppelklingenapparates. Holger schwor darauf, dass nur die Nassrasur eine schmeichelweiche Wange garantiere. Eine Haut, an die sich diverse Mausis gerne anschmiegten, wusste Lea und griff mit einem kleinen, fiesen Rachegefühl nach dem Gerät. Sollte er doch morgen mit blutgetränkten Toilettenpapierfetzen im Gesicht frühstücken! Aber dann sah sie das Medikamentenglas und begriff, dass alles, was ab jetzt geschah, unter den Begriff Notwehr fallen würde.

Siedend heiß erinnerte sich Lea an ein Gespräch, das Holger auf dem Tiefpunkt der Erkrankung mit ihr geführt hatte. Damals hatte er ihre Hand genommen und zärtlich gedrückt. »Schau mal, Schätzele«, hatte er gesagt, und Lea hatte die entzündeten Augenlider erstaunt aufgerissen, denn eine solch zärtliche Ansprache war sie nicht gewöhnt. »Schau mal, bevor es hart auf hart kommt«, fuhr Holger ungerührt fort, » müssen wir auch über die letzten Dinge sprechen.«

Grundsätzlich fand Lea es vernünftig, ein Testament zu machen. Aber war das in ihrem Fall nicht überflüssig? »Was mir gehört, gehört ja auch dir«, flüsterte sie damals mit rissigen Lippen, und ihre von zarter Haut überspannten Vogelknochen drückten schwach Holgers Riesenpranke. Aber Holger hatte gar nicht über ein Testament sprechen wollen, sondern über – Sterbehilfe.

Fürsorglich hatte er im Vorfeld bereits Kontakt mit einer einschlägigen schweizerischen Organisation aufgenommen und alle Papiere vorbereitet. Als er die schmale Mappe hervorzog, wurde Lea auf einmal sterbensübel. Verwirrt und tränenblind hatte sie damals wohl eine Unterschrift geleistet, an die sie sich beim besten Willen nicht mehr erinnern konnte. Denn wie hätte er sonst an das tödliche Medikament kommen können? Fünf Gramm *Pentobarbital* sind ausreichend, um einen 70 Kilo-Mann binnen fünf Minuten in einen Schlaf zu versetzen, aus dem es kein Erwachen gibt. In dem braunen Schraubglas, das Lea in der Hand hielt, befanden sich insgesamt 15 Gramm. Lea wog nur 45 Kilo.

»Letzte Jahre«, hatte Holger gesagt. In Wirklichkeit hatte er wohl gemeint: letzte Wochen – und zwar Leas letzte Wochen. Es machte sich gut in der Biographie eines Mannes, zuerst die eigene Frau bis zum Tod zu pflegen und dann ein zweites Leben und eine zweite Karriere zu starten, und das alles in Begleitung einer zweiten Frau – sozusagen mit einem verbesserten Nachfolgemodel: jung, attraktiv und gebildet.

Während Holgers Rasierer über ihre Schienbeine glitt, dachte Lea nach. Als sie die Rasur beendet hatte, war sie noch zu keinem Ergebnis gekommen. Auch die Achselhaare mussten nun dran glauben. Und erst als Lea sicher war, Holgers Doppelklinge vollständig ruiniert zu haben, tauchte sie aus ihrem tranceähnlichen Zustand auf und lächelte.

Er oder ich, dachte Lea und wiederholte diesen Satz wie ein Mantra, während sie die vertrauten Dinge im Haus mit vollkommen neuen Augen betrachtete: den Stockregenschirm in der Diele, den Hammer im Werkzeugkasten unter der Kellertreppe, die scharfgeschliffenen japanischen Messer, die in der Küche verführerisch blitzten und funkelten.

Er will mich entsorgen. Mit diesen Worten glitt Lea in eine neue Gedankenschleife. Dass sie Holger zuvorkommen würde, stand außer Frage. Es stellten sich lediglich Fragen zum Ablauf. Kurz erwog Lea, einen Auftragskiller anzuheuern, aber es gab gewichtige Gründe, die dagegen sprachen.

Der blöde Teebeutel-Witz fiel ihr ein. Wahrscheinlich war es deutlich einfacher Holger umzubringen, als seine Leiche korrekt zu entsorgen. Holger war kein Teebeutel. Er wog zwei Zentner. Aber seit sie die Chemotherapie durchgestanden hatte, verspürte Lea ungeahnte Kräfte und war bereit, auch das Projekt Gattenmord und die damit verbundenen praktischen Herausforderungen anzunehmen. Sie würde alle damit verbundenen Tätigkeiten mit der Gründlichkeit und Umsicht einer erfahrenen schwäbischen Hausfrau erledigen.

An diesem Abend schleppte Holger zwei schwere Tüten mit sich: eine mit Reformhaus-Aufdruck, die zweite mit dem Label eines stadtbekannten Sportgeschäftes. Er wuchtete die Waren auf den Küchentisch und begann auszupacken: Isofit- und Proteingetränkepulver und ein Hantelset wurden ergänzt durch ein halbes Pfund Detox-Tee und eine Sieben-Tage-Getreideflocken-Kur mit dem programmatischen Namen: *Locker! Flockig! Leicht!* Zuletzt zog er ein Büchlein aus der Tasche, dessen Titel behauptete: »Die Fastenkur – Start in ein neues Leben«.

Heidefetz!, dachte Lea und verkniff sich eine Bemerkung. Wenn er sie in den nächsten Tagen aus dem Weg räumte und gleichzeitig begann abzuspecken, dann wäre er pünktlich zum Weihnachtsgala-Ball soweit, sich nach angemessener Trauerzeit als attraktiver Witwer wieder der Öffentlichkeit zu präsentieren. Ganz sicher würde an diesem Abend eine junge Dame an seinem Arm über das Parkett schweben. Eine Dame, die Lea nur als »Mausi« kannte, die aber sicher künftig einen seriöseren Namen vorziehen würde. Mit einem Wort: Holger begann bereits jetzt sein zweites Leben. Und da Mausi offensichtlich höhere Ansprüche an Holgers Äquatorialumfang stellte als Lea, wollte er wohl mit einer Radikal-Diät starten und plante parallel zur Hungerkur ein regelmäßiges Ausdauer- und Muskelaufbautraining. Interessante Aspekte, die Lea in ihre Planung zu integrieren gedachte.

Während Leas Gedanken rasten, und sie die Sieben-Tage-Getreide-Kur in Gläser mit Schraubverschluss umfüllte, wurde Holger bereits von ersten Anfechtungen gepeinigt: »Ob man davon auch satt wird?«, fragte er besorgt.

»Das quillt beim Kochen enorm auf«, beschwichtigte Lea, und Holger verließ mäßig beruhigt die Küche. Lea öffnete das Glas mit den Haferflocken und tastete nach dem Medikamentenglas in ihrer Tasche. 15 Gramm *Pentobarbital* vermischt mit 50 Gramm Hafer. Das wäre eine saubere Sache. Holger kam zurück, und Lea zog aufgescheucht die Hand aus der Hosentasche. »Kein Bier im Kühlschrank«, murrte er.

»Ich hol dir rasch eins aus dem Keller«, zwitscherte Lea in ungewohnt hoher Stimmlage, rannte zur Kellertreppe und streifte mit flüchtigem Blick die Werkzeugkiste, aus der ein Hammerstiel ragte. Wenig später ließ Holger den Bügelverschluss schnalzen, nahm einen Schluck und seufzte tief. »Ich dachte, du hältst Diät?«, fragte Lea mit Unschuldsmiene.

»Bier ist isotonisch und randvoll mit B-Vitaminen«, knurrte Holger, setzte die Flasche wieder an und nahm einen tiefen Zug. »Während du im Keller warst, habe ich meine Diät etwas umgestaltet«, fuhr er fort und wies auf die sieben Getreidegläser. Alle waren leer. »Ich hab das Körnerzeug mit deinem Müsli gemischt. Du isst das ja jeden Morgen und bleibst immer gleich mager – also können wir das mit dem Müsli auch gemeinsam durchziehen. Was meinst du?« Er grinste schief, und Lea grinste ebenso schief zurück: Die Sache mit dem vergifteten Müsli konnte sie vergessen, so viel stand fest. Es wäre ja auch zu einfach gewesen. Und das Entsorgungsproblem hatte sie auch noch nicht gelöst.

»Du sagst ja gar nichts«, bemerkte Holger ungewohnt sanft.

»Ich denke nach, Schatz«, erwiderte Lea. »Nichts von Bedeutung. Hausfrauenpflichten.«

Wider Erwarten hielt Holger seine Kur tatsächlich durch. Außerdem trainierte er täglich im Fitness-Studio, aber der Effekt war mäßig: statt Muskelpaketen gab es nur Muskelkater und statt purzelnder Kilos lediglich Gewichtsschwankungen im Hundert-Gramm-Bereich. Nach drei Tagen war seine Moral auf dem absoluten Tiefpunkt, und auch Lea schwankte zwischen Frust und Tatendurst, wollte es ihr doch einfach nicht gelingen, ihm das *Pentobarbital* in einem Sportgetränk unterzujubeln. Er bewachte seine Sporttasche mit Argusaugen. Ganz so, als ob er etwas ahnte. Auch Lea kontrollierte regelmäßig, ob das Glas mit dem Gift noch an seinem angestammten Platz stand, sobald Holger daheim war. So belauerten sie sich drei Tage lang. Am dritten Nachmittag saß Holger am Schreibtisch und schrie im Hungerfuror den Computer an. Lea musste handeln, sonst würde die Situation eskalieren. Wer weiß, wozu Holger in der Lage war, wenn er ernsthaft unterzuckert war …

Zur Besänftigung servierte sie ihm eine Tasse frisch gebrühten Mate-Tees. Holger blickte unwirsch über den

Rand seiner Lesebrille. Lea lächelte berückend: »Wusstest du eigentlich, dass sie im Fitness-Center für Mitglieder eine Sauna-Ermäßigung anbieten? Das wäre doch etwas für dich. Nach dem Training die totale Entschlackung – eine perfekte Ergänzung zur Diät.«

»Du redest, als ob du dich auskennst«, sagte Holger.

»Früher habe ich mich nach dem Training gern mal in der Sauna entspannt. Ich habe es gegoogelt: die Angebote für Mitglieder sind unverändert. Und dienstags ist immer noch Damensauna«, murmelte Lea und rechnete nach, wie lange sie schon nicht mehr dagewesen war. Und tatsächlich nickte er mit seinem schweren Schädel. »Schlimmer kann es sowieso nicht mehr werden«.

»Ich pack dir rasch Handtücher und den Bademantel ein«, rief sie wieder mit dieser unnatürlich hohen Stimme, und diesmal widersprach er nicht, als sie sich an seiner Sporttasche zu schaffen machte. Fast wäre das braune Schraubglas ihren Händen entglitten, als sie es mit fliegenden Händen aufschraubte, um das Pulver in Holgers Trinkflasche zu füllen. Geizig wie er war, würde er seinen Flüssigkeitsbedarf mit dem eigenen Getränk decken, obwohl dies nicht gern gesehen wurde. Lea erinnerte sich, dass auch in der Damenumkleide immer wieder einmal mitgebrachte Flaschen geöffnet wurden – aber damals hatten sie zwischen den Saunagängen kein schnödes Wasser getrunken, sondern prickelnden Sekt. Lea seufzte. Sie brauchte Holgers Flasche noch nicht einmal zu füllen. Er würde den tödlichen Trunk selbst zubereiten

Als er davonging, schaute ihm Lea lange nach. Es schien, als hätte das Bild seiner kräftigen Gestalt sich für ewig auf ihrer Netzhaut eingebrannt. Sie hatte immer noch eine Schwäche für breite Schultern. Seufzend wandte sie sich ab und starrte ins Wohnzimmer. In Kürze würden auf den kuschligen Sofakissen zwei Polizisten und ein Seelsorger sitzen, die ihr die furchtbare Nachricht möglichst schonend beibrachten. Es gab Augenblicke im Leben, die waren einzigartig. Und für eine echt schwäbische Hausfrau gab es immer etwas zu tun. Mit herabgezogenen Mundwinkeln schüttelte sie die Kissen auf und begann, Staub zu wischen. Zwischendurch schaute sie immer wieder auf die Uhr. Jetzt müsste er angekommen sein. Ob er bereits vor dem ersten Saunagang etwas trank? Im Wohnzimmer gab es beim besten Willen nichts mehr zu tun. Die nächste Dreiviertelstunde widmete sie sich der Küche. Mehrmals rannte sie zur Haustür, öffnete sie und schaute die Straße hinauf und hinab. Nichts.

Nachdem Lea auch den Flur gewischt und die Betten frisch bezogen hatte, hielt sie es nicht mehr aus. Sie schnappte sich ihre Sporttasche und fuhr den kleinen himmelblauen Fiat aus der Garage. Bis zum Fitness-Center war es eine knappe Viertelstunde. Alles sah aus wie immer. Ungerührt drehte sich die Welt weiter.

Sorgfältig parkte sie den Wagen. Als sie ausstieg, zuckte wie ein Blitz aus heiterem Himmel ein Blaulicht auf, und das Gellen des Martinshorns fuhr ihr ins Mark. Ein Rettungswagen hielt quer vor der Einfahrt, zwei weißgekleidete Sanitäter rissen eine Tragbahre aus dem Wagen und stürmten im Laufschritt ins Fitness-Center. Lea griff nach der Tasche, zögerte aber hineinzugehen. Es dauerte auch nicht besonders lange, bis die beiden Sanitäter wieder erschienen. Sie bewegten sich gemessenen Schrittes, trugen schwer an ihrer Last. Lea erkannte das graubleiche, eingefallene Gesicht Holgers, aus dem merkwürdig fremd und spitz die gewaltige Nase hervorstach. Haltsuchend griff sie hinter sich, stützte sich am Auto ab. Ein Sanitäter nestelte an der sackartigen Umhüllung, die Holgers leblosen Körper umgab und zog mit einem energischen Ruck am Reißverschluss. Mit fast unhörbarem Schnarren glitt der Verschluss über Holgers

Brust, über seinen Hals und immer höher. Glitt so weit, bis sich der Sack über seinem Gesicht schloss. Lea schlug die Hand vor den Mund. Nicht, um einen Entsetzensschrei zu ersticken, sondern um ihre Erleichterung zu verbergen. Das Rote Kreuz als Entsorgungsunternehmen für die korrekte Trennung der Lebenden von den Toten. Nicht im Traum wäre sie auf diese geniale Idee gekommen. »Aus die Maus«, flüsterte Lea. »Aus die Mausi!«, verbesserte sie sich.

Natürlich ließ man Lea nicht allein nach Hause. Polizei und Notfallseelsorger betreuten sie im Foyer des Fitness-Centers. Holger habe fast zwei Stunden lang intensiv trainiert und sei unmittelbar danach in die Sauna gegangen, erfuhr sie. Obwohl den Mitgliedern zu einem fairen Preis ein No-Limit-Getränk angeboten wurde, habe er nichts getrunken.

Wieder daheim kontrollierte Lea die Trinkflasche. Holger hatte tatsächlich nichts getrunken. Das Giftpulver war unberührt, die Flasche staubtrocken. Holger war an akuter Austrocknung und Kreislaufversagen gestorben. Lea hatte sich nichts vorzuwerfen.

Epilog

Es war eine ausgesprochen schöne und stimmungsvolle Beerdigung gewesen. Lea waren so viele Erinnerungen durch den Kopf gegangen, dass die Tränen, die sie reichlich vergoss, echt waren. »Tschüss, Holger«, dachte sie. »Eigentlich ist es schade um die vielen ungelebten Jahre. Wir hätten so viel Spaß miteinander haben können.«

Holger hatte sich zwar immer gewünscht, anonym in einem Friedwald bestattet zu werden, aber diesem Ansinnen hatte sich Lea dann doch widersetzt. Es gab wahrscheinlich viele trauernde Frauen, die heimlich diesem Grab einen Besuch abstatten wollten. Sie alle hatten Holger sehr glücklich gemacht. Sollten sie ihm ruhig Kerzen und herzförmige Blumengestecke aufs Grab legen. Lea würde nicht allzu oft hierhin zurückkehren.

Die letzte Schaufel Erde fiel ins Grab, und die Trauergemeinde zerstreute sich. Ein kleiner Bagger rollte heran, um den Rest zu erledigen. Morgen würde sie sich um einen schönen, aber nicht zu teuren Stein kümmern. Sie wusste auch schon, welchen Spruch sie auf den Grabstein gravieren lassen würde: »Ich habe viel geliebt. Mir wird viel verziehen werden.« Lea schätzte es, Dinge zu Ende zu bringen, bevor sie etwas Neues begann. Zufrieden mit sich und der Welt wandte sie sich zum Gehen.

Etwas abseits stand eine junge Frau, die ihre verheulten Augen hinter einer dunklen Brille verbarg. Leas Blick glitt über die schlanke Gestalt, die mit beiden Händen abwechselnd ein Taschentuch zerknüllte und eine viel zu weite schwarze Jacke zusammenraffte. Ihre Augen verengten sich zu Schlitzen. Sie trat näher.

»Mausi?« Ihre Stimme hatte keinen drohenden Unterton, klang eher zweifelnd.

Die junge Frau blickte kurz hoch, senkte dann den Blick. Von ihrer geröteten Nasenspitze löste sich ein großer klarer Tropfen.

»Du bist schwanger, stimmt's?« Lea reichte ihr ein frisches Taschentuch.

Mausi nickte kaum merklich.

»Hör auf, zu heulen«, sagte Lea resolut. »Das Kind bekommen wir beide schon gemeinsam groß.« Und ihre Augen weiteten sich vor Begeisterung, als sie sagte: »Weißt du eigentlich, dass sie im Fitness-Center auch Kurse für werdende Mütter anbieten?«

Von Fließ- und anderen Gleichgewichten

von Ulrike Blatter

Panta rhei – alles fließt. Dieser Aphorismus wird dem altgriechischen Philosophen Heraklit zugeschrieben und etwa so verstanden: Nur dasjenige lebt, was sich wandelt, was ständig im Fluss bleibt – sozusagen im Fluss des Lebens. Holger würde dieser Philosophie uneingeschränkt zustimmen, war doch auch in seinem Leben der Wandel das einzig Beständige, ganz besonders, was seine wechselnden Liebschaften anging.

Naturwissenschaftler verstehen das Panta rhei differenzierter: Wenn sie offene biologische Systeme beschreiben, sprechen sie von Fließgleichgewichten. Und ist nicht auch ein Mensch nichts anderes, als ein offenes biologisches System? Meine Oma wusste nichts von Heraklit. Sie sprach immer vom Blumentopfprinzip: Oben füllt man etwas ein, unten fließt es wieder ab und dazwischen entsteht Wachstum. Man kann dieses Prinzip auch auf andere Situationen übertragen: Zellstoffwechsel, Kleinkinder, Ehen oder internationale Finanzmärkte …

So weit, so gut. Was aber, wenn solch ein fein ausgeklügeltes Gleichgewicht aus der Balance kommt? Dann kommt es zur Krise. In Partnerschaften oder im Zellstoffwechsel gleichermaßen. Schlimmstenfalls stehen am Ende dieser Krise Kollaps und Tod. Panta rhei – der Stoff, aus dem die Krimis sind!

Bevor der Krebs zuschlägt, ist Leas Leben im Gleichgewicht – auch wenn es uns vielleicht als ein Gleichgewicht des Schreckens erscheint, ist es dennoch eine Situation, in der sich zufließendes Geld und abfließende Illusionen einigermaßen die Waage halten. Auch Holger reguliert erfolgreich den Zufluss diverser Gespielinnen mit dem Abfluss von Geld und erotischer Energie – ein nahezu perfektes Fließgleichgewicht. Das Ganze gerät allerdings aus der Balance, als in Leas Brustgewebe eine Zelle beschließt, Amok zu laufen und sich unaufhaltbar zu teilen beginnt. Ab hier wird es kriminell!

Holger wünscht Sterbehilfe – für Lea. Und begeht damit einen unverzeihlichen Fehler: Er will Lea, dieses quicklebendige Teilchen einer Ehe, aus ebendieser Beziehung eliminieren, ohne zu bedenken, dass damit das Fließgleichgewicht des Schreckens in bedrohliche Schieflage gerät. Neue, vollkommen unerwartete Energien werden frei: Im Angesicht des Todes erblüht Lea zu neuem Leben. Ist es Wut oder Mut, was ihre Kräfte mobilisiert, um der Krankheit zu widerstehen? Wahrscheinlich eine Mischung aus beidem. Und nachdem Lea genesen ist, bleiben diese neuen Teilchen im System und beginnen auf ihre ganz spezifische Weise zu fließen. Das Ergebnis ist ebenso vorhersehbar wie erschreckend.

Bei solch biologischen Prozessen darf man weder juristisch noch moralisch argumentieren. Lea trifft keine Schuld. Alles fließt, alles fügt sich zum großen harmonischen Ganzen, und kann es ein Zufall sein, dass Holger an Austrocknung stirbt? Bei ihm kam es zur großen Stockung der Lebenssäfte. Er hat einen groben Fehler begangen, indem er dem System des Lebens mehr abzapfte, als er ihm zuführte. Man kann es auch Geiz nennen. Die Biologie verzeiht solche Fehler nicht. Und ihre Strafen sind meist drastisch.

Und dann: Die Teilchen ordnen sich wieder. Neues Leben pulsiert (in Mausis Bauch). Alles fließt. Das Spiel kann aufs Neue beginnen!

REGINE KÖLPIN

Einmal zum Konzert

»Frau Minners ist weg.« Der Hörer schien in Schwester Lauras Hand zu brennen. Ihre Augen taxierten noch immer den leeren Stationsflur der A2, in der Hoffnung, dass ihre Patientin wieder auftauchte.

Nachdem sie den leeren Stuhl vor dem Stationszimmer gesehen und Frau Minners nirgendwo sonst auf der Station hatte entdecken können, war Schwester Laura sofort ans Telefon gestürzt, um die Pforte des Krankenhauses zu informieren. Jetzt musste sie noch der Hauptnachtwache Schwester Sylke Bescheid geben. Die hatte bereits auf ihrem ersten Rundgang durch das Haus vorbeigeschaut, so wie es üblich war.

Bislang war die Nacht verlaufen, wie alle anderen Nächte auch. Frau Minners hatte wie immer mit ihrem Becher Pfefferminztee am kleinen Tisch vor dem Stationszimmer gesessen, weil sie nicht schlafen konnte. Es musste einen triftigen Grund dafür geben, weshalb sie die Station verlassen hatte. Das war noch nie vorgekommen.

»Die Pforte ist informiert?«, fragte die Hauptnachtwache Schwester Sylke, die nach Lauras Anruf auf die A2 geeilt war.

Laura nickte nervös.

Sylke versuchte ein Lächeln. »Meist gehen die Patienten gar nicht so weit weg, sondern werden kurz darauf auf einer benachbarten Station gefunden. Bleib mal ganz ruhig.«

Laura aber zitterte. »Du kennst Frau Minners! Sie würde sich doch gar nicht allein wegwagen! Da ist etwas passiert. Ganz sicher!«

Sylke ignorierte den letzten Einwand und legte Laura die Hand auf die Schulter. »Jeder hier kennt Frau Minners, unseren großen Magdalene-Discher-Fan.«

Dafür war die alte Frau bekannt. Sie hatte einen altertümlichen Kassettenrekorder, aus dem den ganzen Tag diese Schlagermusik dudelte. Neben Magdalene Discher hörte sie auch Andrea Meer, die sie ebenfalls verehrte. Magdalene Discher aber war für Frau Minners die Sängerin schlechthin, und sie hatte nur einen Wunsch: Einmal neben ihr auf der Bühne zu stehen und ihr in die Augen zu sehen. Sie war davon überzeugt, dass es eines Tages so kommen würde. »Ich habe Magdalene Discher nämlich einen Brief geschrieben!«

Es war ein Brief ohne Absender gewesen, und sie hatte ihn als Luftpost aus dem Fenster geworfen. »Der Wind weht alle Dinge, wohin sie sollen«, hatte Frau Minners gesagt und von diesem Tag an auf Antwort gewartet. Das war mittlerweile ein Jahr her, und sie glaubte nach wie vor felsenfest daran, dass sich die berühmte Sängerin bei ihr melden würde. Frau Minners lebte in ihrer eigenen Welt. In einer, in der Träume real waren, in einer, in der Wunder geschahen. Ungeachtet der Tatsache, dass sie sich in einem Krankenhaus befand.

»Sie war wieder so unruhig, da habe ich sie mit einem Becher Tee auf den Flur gesetzt«, begann Laura aufs Neue. »Das mache ich immer so. Wenn sie dort sitzt und liest, fühlt sie sich wie in der Magdalene-Discher-Show und applaudiert nur dann, wenn das Lied ihrer Ansicht nach zu Ende ist. Dass sie leise mitsummt, stört hier keinen. Lasse ich sie in ihrem Zimmer, glaubt sie, nicht in den Saal zu dürfen und beginnt zu randalieren, damit sie Zutritt bekommt.«

»Das wissen wir doch alles, Laura!«, sagte Sylke.

Frau Minners war schon oft auf der A2 gewesen und reagierte bei jedem Aufenthalt nachts verwirrt, während sie tagsüber schlief wie ein Engel. Sie war allerdings leicht zu lenken, wenn man ihre Beweggründe verstand, und die hatte das Personal rasch herausgefunden.

So musste Frau Minners nie medikamentös ruhig gestellt werden, weil sie mit einfachen Mitteln wie einem Becher Pfefferminztee und einer Zeitschrift mit Magdalene-Discher-Fotos zufrieden war. Die lag nun achtlos auf dem grauen Krankenhausboden, die angeschaute Seite war umgeknickt. Schwester Laura hob sie auf, glättete das Papier und legte die Zeitschrift zurück auf den Tisch. »Sie ist noch nie fortgelaufen«, wiederholte sie. »Noch nie ist sie fortgelaufen.«

»Einmal ist immer das erste Mal.« Schwester Sylke zückte ihr Telefon und informierte die zweite Hauptnachtwache. »Wir starten sofort eine große Suchaktion. Jede Station muss informiert werden. Es wird für Frau Minners fast unmöglich sein, aus dem Gebäude hinaus zu gelangen, doch sollte es ihr gelingen, wäre das ihr sicherer Tod, wenn man sie nicht rasch findet. Draußen herrschen Minusgrade.«

Laura mochte sich das gar nicht ausmalen, denn all das hätte nicht nur für Frau Minners grausame Konsequenzen, sondern auch für sie selbst. Sie war die verantwortliche Schwester.

Die eiskalte Luft schlug der alten Frau entgegen und schien ihre Gesichtshaut zu zerschneiden. Frau Minners trug nur einen dünnen Bademantel. An den nackten Füßen rutschten verschlissene blaue Pantoffeln hin und her. Sie schlang die Arme um sich und blickte suchend in den sternenklaren Himmel. Mit jedem Atemzug bildete sich eine kleine weiße Wolke vor ihrem Mund. Die Tür war hinter ihr ins Schloss gefallen und versperrte den Weg zurück ins Krankenhaus. Es gab keine Klinke, nur einen schwarzen Knauf. Auch als sie dagegen gedrückt hatte, war die Tür verschlossen geblieben.

Sicher würde sie nicht lange warten müssen, bis Magdalene Discher kam. Schon bald konnte sie zurück ins Warme. In Künstlergarderoben war es immer warm. Dort standen große Spiegeltische, und überall hingen Perücken und schöne Kleider. Deshalb musste sie sich keine Sorgen machen.

Frau Minners tat einen Schritt nach vorn, war nun der Kälte schutzlos ausgeliefert. Der Wind strich der alten Frau um die Beine, zerrte dann wieder an ihrem Bademantel und riss ihn auseinander, sodass die Kälte auch den Bauch erreichte.

Die alte Frau tippelte weiter, ungeachtet des Schnees, der sich augenblicklich den Weg in ihre Pantoffeln suchte und ihre Füße binnen Minuten empfindungslos machte. Sie wusste nicht, ob sie fror, oder ob es Angst war, die sie erzittern ließ. Frau Minners umrundete die Hausecke, tastete sich an der Mauer weiter, bis sie vor der nächsten Tür stand, die jedoch ebenfalls nur mit einem schwarzen Griff versehen war. Die alte Frau rüttelte kurz daran, setzte danach ihren einsamen Weg fort. Immer an der grauen Hauswand entlang, von einer Nische zur nächsten. Der Weg schien kein Ende zu nehmen.

Mit jedem Schritt verlangsamten sich Denken und Handeln. Frau Minners spürte sich selbst nicht mehr. Schließlich waren die Stille und Einsamkeit unerträglich.

»Magdalene!«, rief sie, so laut sie konnte. Doch es war nur ein heiserer Ruf, der vom Winterwind davongetragen wurde.

Warum war Magdalene Discher nicht hier? Sie waren doch verabredet. Nach ihrer Show. Wo versteckte sie sich nur? Frau Minners wollte so gern mit ihr singen. Vielleicht dieses Lied »Ich flieg mit dir zur Sonne hoch …« Magdalene Discher hatte es doch versprochen. So ganz fest versprochen.

Zwei Jahre zuvor.
Grelles Licht flutet den Raum. Die Patientin liegt regungslos und unnatürlich blass auf dem Rücken, ihr Arm hängt seitlich über der Bettkante.
»Eins, zwei, drei, vier …« Die Arme des Arztes sind durchgestreckt, während sie die Brust der Frau niederdrücken. Der Ambubeutel zischt, als die Luft in den Tubus gedrückt wird und sich der Beutel anschließend wieder entfaltet. So geht es eine Weile.
Die Bewegungen der Schwester verlangsamen sich, als sie den Arzt ansieht. Beide Blicke verhaken sich ineinander. Eine stumme Übereinkunft, und sie lassen die Hände sinken. Das Augenpaar, das jede ihrer Bewegungen verfolgt, sehen sie nicht.
Der Arzt schüttelt den Kopf und die Schwestern nickt.
»Ex.«
»Sie hätte es vielleicht doch noch geschafft«, sagt der andere Pfleger, als er die Injektionen zusammenräumt. »Ich hätte ihr noch zwei Minuten gegeben.«
»Es war hoffnungslos, sie hatte keine Chance. Infaust von Beginn an«, sagt der Arzt und zieht gemeinsam mit der Schwester das Laken über den Kopf der Toten.

»Nein, hier ist niemand vorbeigekommen«, sagte die Pförtnerin, nachdem Laura sie ein weiteres Mal angerufen hat. »Ich habe aber ein Auge auf die Tür.«

Schwester Laura war verzweifelt. Sie war in der Klink schon über zwanzig Jahre tätig, in den letzten Jahren als Nachtwache. Nie hatte sie sich etwas zuschulden kommen lassen, nie war etwas geschehen, das nicht zum Alltag einer Krankenschwester gehörte, auch wenn es nicht immer schöne Dinge gewesen waren, mit denen sie sich auseinandersetzen musste. Ärzte und Kollegen hielten große Stücke auf sie, schätzten ihr Wissen und ihre Loyalität. Die Patienten liebten Schwester Laura für ihre unendliche Geduld. Nun wurde ausgerechnet sie vom Schicksal damit gestraft, dass Frau Minners ihr davonlief.

Laura beendete das Gespräch. Ihr Blick traf den von Schwester Sylke, die die Lippen schürzte.

»Wir müssen die Polizei verständigen. Frau Minners ist nirgends im Krankenhaus aufgetaucht. Ich kümmere mich darum, du musst ja das Schiff hier auf Station auf Kurs halten.«

Zwei Jahre zuvor

Die Beerdigung ist traurig. Kaum jemand hat sich eingefunden. So steht die Tochter fast allein vor dem Grab, das bald von einer Grasdecke überwuchert sein wird. Ein paar Nachbarn, die im selben Häuserblock leben, wie ihre Mutter, stehen betreten vor ihr, schütteln kurz die Hand und wenden sich gleich wieder ab. Keiner hat damit gerechnet, dass die alte Frau so rasch sterben könnte. Auch wenn man sie kaum kannte, wie es in diesem Wohnblocks üblich ist, so hat sie doch jeder täglich mit dem Rollator zum nahe gelegen Supermarkt schlurfen sehen.

Nun ist sie fort. Ein Sturz, der Rettungswagen und dann das Krankenhaus, das seine Türen gleich hinter ihr schloss. Von der Klinik gefressen und nicht wieder ausgespuckt.

»Der Arzt meinte, dass sie plötzlich einfach tot im Bett lag und nicht ins Leben zurückgeholt werden konnte«, schluchzt die Tochter. Sie weiß, dass es anders ist. Ganz anders. Der Pfleger hat es ihr gesagt. Sie haben zu früh aufgegeben.

Laura war nicht mehr wirklich bei der Sache. Sie musste achtgeben, keine gravierenden Fehler zu machen. Die Station war völlig unterbesetzt, es gab keine Kollegin, die sie hätte ablösen können. *Wenn sie doch nur Frau Minners finden würden.*

Immer wieder ließ Laura den Abend in Gedanken Revue passieren, versuchte zu erhaschen, was anders gewesen war als sonst, warum Frau Minners sich entschieden haben könnte, erst ihren Stuhl vor dem Stationszimmer und später auch die Station zu verlassen.

Nach der Übergabe hatte Laura ihren Rundgang gemacht, die letzten Infusionen gewechselt und die Nachtmedikamente verteilt. Zwischendurch hatte Schwester Sylke kurz vorbeigeschaut, gefragt, ob etwas Besonderes anläge und gesagt, sie käme später noch einmal vorbei. Sylke war aber sofort wieder von Station verschwunden, denn ihr Pieper hatte sich gemeldet, und Laura musste in die 214. Dort war sie länger geblieben, weil ein Bett frisch bezogen werden musste. Als sie später zu Frau Minners ins Zimmer gegangen war, hatte die ihre Nase bereits in die erste Zeitschrift gesteckt, genauso wie Laura es aus den vorhergehenden Nächten kannte.

Laura schreckte hoch. Frau Minners hatte nicht nur ihre Nase in die Zeitschrift gesteckt, sie hatte auch etwas gesagt. »Ich treffe heute Magdalene Discher. Mein Brief ist angekommen. Wusste ich es doch. Heute darf ich gemeinsam mit ihr singen.« Dabei hatte sie das Lied angestimmt. Irgendwas mit einem Flug zur Sonne oder so. Laura kannte sich da nicht aus.

Sie hatte Frau Minners über den Kopf gestrichen. »Wenn Frau Discher heute Nacht kommen soll, dann machen Sie mal schnell die Augen zu, denn sie wird Sie bestimmt in ihren Träumen besuchen.«

Laura war tatsächlich der irrigen Hoffnung erlegen, die alte Dame könne in dieser Nacht schlafen und ihren Nachtfrieden finden, weil sie vom Treffen mit der Sängerin träumte.

Diese Hoffnung hatte sich schnell zerschlagen, als Frau Minners gegen 24 Uhr aus ihrem Zimmer geschlichen kam. Der zur Sicherheit auf die Türklinke gelegte Löffel war klirrend zu Boden gefallen. Den platzierte Laura immer dorthin, damit sie die alte Dame hörte, wenn sie sich auf ihre allnächtliche Wanderung begab.

Während Frau Minners geduldig am Tisch auf dem Flur gesessen und auf ihren Pfefferminztee gewartet hatte, war Laura von einem Zimmer ins nächste gehuscht.

»Keine Eile, Schwester. Es ist bei Konzerten immer so, dass man anstehen und warten muss. Bei Magdalene Discher ist es schließlich sehr voll. Es wird auch dauern, bis ich sie später treffe. Ihr liegen so viele Menschen zu Füßen!« Dabei hatte Frau Minners das Bild angelächelt. Die Künstlerin schwebte darauf auf einem Trapez, und ihr Körper wurde von einem blauen Tüllkleid umhüllt.

»Na, da haben sie Ihre Freundin ja heute schon im Konzert wieder von Nahem gesehen«, hatte Laura im Vorbeigehen zu Frau Minners gesagt. Die gichtgeplagten Finger waren sacht über das Papier geglitten. Laura hatte die alte Frau noch nie so fröhlich gesehen. Oft fragte sie sich, was für ein Mensch sie gewesen war, bevor sie sich in ihre Schlagerwelt zurückgezogen hatte. Aber das würde sie nicht mehr herausfinden, denn Frau Minners bekam keinen Besuch, vermutlich hatte sie nur noch ihre »Freundinnen« Magdalene Discher und Andrea Meer.

Nach dem kurzen Gespräch war erneut eine Klingel angesprungen, und Laura hatte in das entsprechende Zimmer gemusst. Und als sie zurückgekommen war, war Frau Minners spurlos verschwunden gewesen.

Da es nun ruhig war, ging Laura in die 212, das Patientenzimmer, welches Frau Minners bewohnt hatte. Es roch nach Urin, der Raum war seit dem Abend nicht gelüftet worden.

Sie sah sich um. Die Zeitschriften stapelten sich auf dem kleinen Tisch, den nie eine Decke schmückte, weil Frau Minners sie ohnehin immer auf den Boden warf. »Für die Leute, die da unten wohnen, damit ihnen nicht kalt ist.«

Laura hatte darüber nie mit ihr diskutiert, weil es ohnehin keine Erklärung gab. In Frau Minners Welt gab es keinen Zutritt, man durfte nur hin und wieder kurz hineinsehen. Die junge Schwester wollte ihre Patienten so nehmen, wie sie waren, und wenn die alte Dame fest an ihre Phantasiewelt glaubte, dann beließ sie es dabei. Bis heute Nacht hatte das auch stets gut geklappt.

Lauras Fingerspitzen glitten über die Ränder der Zeitschriften, die teilweise mehrere Jahre alt und schon sehr zerlesen waren. Dennoch lagen sie akkurat aufeinander, keine Kante überragte die andere.

Frau Minners ging stets sehr sorgfältig mit den Blättern um, sie sparte sie sich von ihrem kleinen Taschengeld ab und warf sie schon deshalb nicht in den Müll. Auf dem Nachtschrank stand ein Foto von Magdalene Discher, eines ihrer eigenen Familie gab es nirgendwo. Frau Minners war ganz allein.

Sie lebte davon, nachts zu den imaginären Konzerten zu gehen, sang dann leise mit, wiegte ihren Oberkörper vor und zurück und klatschte mit den faltigen Händen im Takt. Laura sah sich um. Frau Minners hatte ein Zimmer für sich allein, sie war zu unruhig, als dass man sie den Mitpatienten zumuten konnte.

Plötzlich stutzte Laura, weil auf dem Stuhl eine benutzte grüne Plastikwindel lag. Sie war achtlos zusammengeknüllt und nicht einmal in den Mülleiner geworfen worden, wirkte eher so, als habe sie jemand in großer Eile gewechselt. Laura war sich ganz sicher, dass sie das nicht erledigt hatte. Was konnte also der Grund sein?

»Weil sie in ihrer Welt mit Magdalene Discher verabredet war und sie ihr nicht mit einer nassen Windel entgegentreten wollte«, murmelte Laura und anschließend fiel es ihr wie Schuppen von den Augen. Frau Minners hatte die Station nicht einfach so verlassen. Jemand hatte ihr versprochen, sie zu Magdalene Discher zu bringen. Wer aber konnte ihr diese fixe Idee mit der Verabredung ins Ohr gesetzt haben? Und warum?

Ein Jahr zuvor
Der Wechsel in die Nachtschicht würde viele Dinge vereinfachen. Jederzeit hat sie Zugriff auf sämtliche Patientenakten, aber auch auf die Patienten selbst. Sie kann sich das Vertrauen erschleichen und so ihren Plan umsetzen. Den teuflischen Plan, der in ihr gereift ist, als sie mit angesehen hat, wie man ihre Mutter sterben ließ und erlebte, wie man ihr nachher die dümmsten Lügen auftischte. Aber sie weiß Bescheid.
Der eine Pfleger darf am Leben bleiben. Er hat nicht gesündigt.
Der Arzt hingegen lebt seit einem Monat nicht mehr. In einer Klinik an Medikamente zu kommen und sie bei Nacht dem diensthabenden Arzt ins Wasser zu mischen, ist relativ einfach. Und wenn der Mann dann

wie besoffen über den Stationsflur torkelt, ist er nicht mehr lange Arzt. Dass er sich aus Scham gleich vom Leben verabschiedet hat, war eine glückliche Fügung, die zeigt, dass sie im Recht ist.
Die Schwester aber ist noch immer im Dienst.

Frau Minners suchte an der Hauswand Halt. Magdalene Discher war nicht gekommen. Die alte Frau begann ein paar Töne zu singen, aber sie verflüchtigten sich in der kalten Luft.

Mittlerweile glaubte Frau Minners, gar nichts mehr am Leib zu tragen, so kalt war ihr. Sie fühlte weder Beine noch Arme. Auch Füße und Finger schienen nicht mehr zu ihrem Körper zu gehören. Die alte Dame konnte keinen Schritt mehr gehen. Mit jeder weiteren Minute, die Frau Minners draußen verbrachte, verlangsamten sich auch ihre Gedanken. Ihr war, als entferne sie sich Stück für Stück vom Leben.

Sie ließ sich, mit dem Rücken an die Wand gelehnt, langsam auf den Boden sinken. So hatte sie zumindest das trügerische Gefühl von Wärme im Rücken. Schließlich glaubte sie, die Stimme Magdalene Dischers zu hören. Dann sah sie, wie die Sängerin auf einer Wolke über sie hinwegsegelte. Magdalene Discher trug dieses schöne blaue Kleid, das sich im Wind aufblähte. Sie winkte ihr zu, und es dauerte nicht lange, bis Frau Minners ihr auf die Wolke in die Wärme folgte.

Schwester Laura nahm es hin, dass ein Polizist sie kurz befragte und wieder verschwand; sie nahm hin, dass die Polizei ausschwärmte und sowohl die Klinik als auch das Krankenhausgelände durchsuchte.

Als jetzt zwei Beamte die Station mit ernster Miene betraten, wusste sie schon im Vorfeld, welche Mitteilung sie ihr gleich machen würden.

Wortfetzen wie »Wir haben sie an der östlichen Seite des Krankenhauses aufgefunden«, drangen an Lauras Ohr. »Wie auch immer sie in den so weit abgelegenen und schwer zugänglichen Teil der Klinik gelangt sein mag … Dort haben wir erst ganz am Ende geschaut, weil wir sie da nie vermutet hätten.«

»War sie schon tot?«, fragte Schwester Laura.

Der Polizist schüttelte den Kopf. »Sie lebte noch, hat es aber nicht geschafft.«

Sie waren also zu spät gekommen. In der Hand hatte Frau Minners ein Foto gehalten, das Magdalene Discher zeigte. Es war aus einer Zeitung ausgeschnitten worden.

Laura war unfähig, weiter zu arbeiten. Ihre Hände zitterten, der Kopf war leer. Sie wünschte, dass Schwester Sylke bei ihr blieb, um sich um sie und die Patienten zu kümmern.

Später wollte man sie ein weiteres Mal vernehmen. Dann dürfe sie nach Hause gehen, hatte man ihr gesagt.

Sylke kochte einen Becher Tee, den Laura mit beiden Händen umschloss. Die Wärme beruhigte sie etwas, zumal Sylke ihr noch eine Tablette zur Beruhigung gab. »Das wird dir helfen, Kleine!«

»Sie wollte sicher zu einem Konzert von Magdalene Discher und sich danach mit ihr treffen«, sagte Schwester Laura. »Das war stets ihr größter Wunsch. Merkwürdig ist diese Windel in ihrem Zimmer. Es muss jemand dort gewesen sein, sie gewechselt und liegen gelassen haben. Ich war es nicht. Wer könnte dahinter stecken, Sylke?«

Die zuckte mit den Schultern. »Vielleicht hast du gestern in dem Trubel nur vergessen, sie wegzuwerfen, das kommt vor.«

Laura stützte den Kopf in die Hände. »Ich bin erledigt. Nie mehr werde ich als Schwester arbeiten können. Sie werden mir vorwerfen, dass ich die Aufsichtspflicht verletzt habe. Ich muss herausfinden, wer in der Nacht auf der Station war und Frau Minners mit dem Foto rausgelockt hat.«

Sylke nahm ihre Kollegin in den Arm. Es tat Laura gut, die tröstende Wärme zu spüren. »Manchmal geschehen Dinge im Leben, und man kann sie nicht aufhalten. Hast du ein schlechtes Gewissen?«

Laura nickte.

»Vielleicht hilft es dir, einmal von oben einen Blick in die Richtung zu werfen, wo man sie gefunden hat. Dann kannst du Abschied nehmen.«

Laura wusste nicht, ob das wirklich so eine gute Idee war. Doch noch während sie darüber nachdachte, wurde sie schon hinaus auf den Balkon geschoben. Es war bitterkalt, hier oben im sechsten Stock wehte der Ostwind besonders heftig.

Sylke stand hinter Laura an der Brüstung, deutete mit dem Kopf in die Richtung, in der man Frau Minners gefunden hatte. Der Morgen graute bereits, doch bei dem diffusen Licht konnte man nichts Genaues erkennen.

»Lass uns wieder reingehen, ich sehe nichts, und es bringt mich auch nicht weiter. Ich möchte nur noch nach Hause, Sylke!« Die jedoch lockerte den Griff nicht. Laura wandte sich um, und etwas im Gesicht ihrer Kollegin ließ Laura erschauern. Es war, als lief ein schlechter Film hinter Sylkes Augen ab, und als Laura die Mimik zu deuten wusste, glaubte sie, ihr Herz bliebe stehen. »Du warst in ihrem Zimmer? Das mit der Windel, das warst du? Sie wollte nicht nach Urin riechen, wenn sie die Discher trifft. Du hast …« Sylkes Miene versteinerte.

»Warum musste Frau Minners sterben?«

Laura spürte einen kräftigen Griff um ihre Hüften und einen Ruck, als sie über die Brüstung gehoben wurde.

»Ihr habt vor zwei Jahren meine Mutter sterben lassen. Darum.«

Sylkes Stimme klang eigentümlich fremd, fast, als spräche sie gar nicht selbst. Mit wenigen Sätzen fasste sie jene Stunde vor zwei Jahren zusammen.

Laura hing wie gelähmt über der Brüstung, von Sylkes Arm dagegen gedrückt. Sie wollte um ihr Leben kämpfen, aber sie konnte es nicht. Zu tief saß der Schock über Frau Minners Tod, zu kalt war die Luft um sie herum. Zu groß die grausame Angst.

Sylke lachte grell auf. »Alle werden denken, dass du aus Verzweiflung gesprungen bist. Nur deine berufliche Vernichtung – das wäre mir zu wenig.«

Dann fiel Laura in die Tiefe.

Sylke zog sich wieder ins Innere der Klinik zurück. Sie betrat forschen Schrittes den Flur. Er war leer. Die Nachtschwester fingerte nach dem Pieper und kontaktierte die andere Hauptnachtwache. »Ich bin hier auf der A2. Schwester Laura ist verschwunden. Sie wollte nur kurz zur Toilette«, sagte sie.

Die Martinshörner, die in den folgenden Minuten ertönten, waren Musik in Sylkes Ohren. Sie hatte gewonnen.

»Da hatte wohl jemand große Angst vor den Konsequenzen«, sagte der Polizist, der später das Protokoll aufnahm. Sylke konnte ihm nur beipflichten. »Sie war völlig am Ende. Mit Leib und Seele Schwester und dann einen Menschen auf dem Gewissen. Wirklich eine Tragödie.«

Verantwortung – Lust oder Last?

von Ulrike Blatter

»Doktor! Wir verlieren ihn!« – In Krankenhaus-Serien ist dieser Spruch mittlerweile Kult und running-gag. In Wirklichkeit ist dies natürlich eine Situation, in die niemand ernsthaft geraten möchte – ganz egal, ob auf Arzt- oder Patientenseite. Regine Kölpin beschreibt es drastisch: Schutz- und wehrlos, ohne eigenes Bewusstsein und fremden Menschen auf Gedeih und Verderb ausgeliefert, liegt eine Patientin vor einem Arzt, der ihr Leben im wahrsten Wortsinn in der Hand hält. Offenbar nach viel zu kurzer Reanimation wird emotionslos der Kampf beendet. »Ex« statt Exitus – wirkt das nicht zynisch? Spricht da etwa der gefürchtete Halbgott in Weiß – der Herr über Leben und Tod?

Auf Außenstehende mag das so wirken – und die Tochter der Verstorbenen lässt auch keine anderen Argumente gelten. So beginnt unter dem Vorzeichen fehlgeleiteter Kindesliebe ein perfide eingefädelter Rachefeldzug, der die Existenz mehrerer Menschen vernichtet.

Die Täterin klimpert ihr Stückchen auf der Klaviatur von Ethik und Moral, schreckt aber auch nicht vor den Misstönen körperlicher Gewalt zurück.

Aber keine Angst! Ganz so willkürlich scheint der Abbruch der Reanimation selbst in diesem fingierten Fall nicht gewesen zu sein: »Infaust«, stellt der Arzt fest – das bedeutet: Die alte Patientin litt an einer aussichtslosen Grunderkrankung. Viele, die eine Patientenverfügung formulieren, schließen genau für solche Situationen explizit lebensverlängernde Maßnahmen aus. Außerdem werden von den Krankenhaus-Teams regelmäßig typische Entscheidungsabläufe bei Reanimationen trainiert. In fallbezogenen Konferenzen und Weiterbildungen werden Abläufe immer wieder diskutiert und optimiert.

Aber dennoch bleibt diese letzte Grenze, diese Grauzone, wo ein menschliches Leben auf Messers Schneide und die Frage im Raum steht: Sollen wir weitermachen oder aufhören? Verbindliche Standards sind das eine – wie die Beteiligten die Last der Verantwortung tragen, das ist eine ganz andere, individuelle Frage. Wie geht eigentlich medizinisches Fachpersonal professionell mit solch existenziellen Herausforderungen um? Offenbar gibt es hier große Probleme. Nicht ganz zufällig sind Ärzte eine der Berufsgruppen mit der höchsten Suizidrate. Und auch Sucht ist ein Riesenproblem, das jedoch stark tabuisiert wird, da die ärztliche Approbation schnell weg ist, wenn der Arzt »nicht in gesundheitlicher Hinsicht zur Ausübung des ärztlichen Berufes geeignet ist.« Beim Pflegepersonal verhält es sich mit diesen Belastungen nicht viel anders. In ihrer Geschichte musste Regine Kölpin also lediglich die beiden schwersten Berufsrisiken von Arzt und Krankenschwester miteinander kombinieren – und die Täterin hatte leichtes Spiel. So leicht, dass sie ungehindert weitermachen kann.

Dass sie sich in ihrer Verblendung ebenfalls zur Herrin über Leben und Tod aufschwingt, scheint ihr keine Gewissensbisse zu bereiten. Es war ja schon immer leicht, den Balken im eigenen Auge zu übersehen.

PETER WARK

Gartenzwerg

»Ich bringe ihn um.«

Es war nicht das erste Mal, dass ich eine solche Tat ankündigte.

Karin lächelte milde, indem sie ihre schönen, vollen Lippen leicht nach vorn bewegte. »Natürlich«, sagte sie mit leichtem Tadel in der Stimme. Sie war die Vernunftbegabte von uns beiden.

»Ich hasse das Arschloch.« Meine Wut war echt.

Karin kannte meine Ausbrüche, und mehr als einmal hatte sie mir gesagt, dass er der Aufregung nicht wert sei. Aber ich konnte nicht anders. Der Kerl war ein Ekel. Einer jener Typen, die einem das Leben zur Hölle machen und den wir beide schnell abgrundtief zu hassen gelernt hatten. Jemand, der es in wenigen Wochen geschafft hatte, dass ich Mordgelüste entwickelte.

Doch der Reihe nach: Karin und ich waren so dumm gewesen, in die Mietwohnung im zweiten Stockwerk seines Hauses zu ziehen. Ich hatte einen neuen Job in einer anderen Stadt angenommen. Die günstige Miete hatte den Ausschlag gegeben, auch wenn die Wohnung etwas abseits lag. Genau genommen auf dem Land. Genau genommen in einem kleinen Dorf. Und ganz genau genommen, lebten wir mit dem Vermieter unter einem Dach. Nach aller Lebenserfahrung eine konfliktträchtige Konstellation, doch wir waren jung und blauäugig gewesen.

Dass es so schlimm werden sollte, konnten wir nicht ahnen.

Der Vermieter, ein schmerbäuchiger Frührentner, war wohl in seinem knapp über fünfzigjährigen Leben nie länger als zwei Wochen aus dem Dorf heraus gekommen. Anfangs hatte er einen recht netten Eindruck auf uns gemacht, trotz seines ständig geröteten Gesichtes. Eindeutig Bluthochdruck. Aber das musste ja nicht zwangsläufig bedeuten, dass er Choleriker war. Eher der Typ, der sich gern von Fleisch und Bier ernährt. Auch als wir eine Woche später den Mietvertrag unterzeichneten, erschien er uns freundlich und aufgeschlossen; einfach gestrickt, das sicher, aber authentisch. Nur seinen Schäferhund hatte ich von Beginn an mit Skepsis betrachtet, denn der schien uns nicht wirklich wohl gesonnen. Immer hatte er lauernd unterm Tisch gelegen, ein Muskelpaket mit gespitzten Ohren, das offensichtlich nur auf den Befehl »Fass!« wartete. Ein lieber Hund, hatte Ellwanger gesagt. Solange man Abstand hielt und bedachte, dass er niemandem außer Ellwanger höchstpersönlich gehorchte.

Ich nahm mir vor, diesen Abstand immer halten zu wollen, solange ich hier wohnte. Zugegeben: Ich hatte einen Heidenrespekt vor dem Vieh. Karin sah die Sache entspannter. Wenn der Hund uns erst einmal kennen würde, könne sie sich gut vorstellen, ihn ins Herz zu schließen. Kein Tier sei schließlich böse.

Sie überzeugte mich. So, wie sie mich fast immer überzeugte.

Sie hatte mich auch davon überzeugt, bei Ellwanger einzuziehen. Dass er bei sich und seinen Mietern großen Wert auf die Kehrwoche legte, war uns bewusst. Wir würden unser Bestes tun, sagte Karin charmant lächelnd, als er das Thema anschnitt. Das schien ihn zufrieden zu stellen.

So ist das halt, redete ich mir ein, wenn man in dieser von Pietismus und Kleingeisterei geprägten Ecke eines Landes leben musste, einem Land, das sich so gern seiner liberalen Tradition rühmte.

Ellwanger war offensichtlich ein Mensch mit viel Freizeit und allerlei Hobbys, die uns fremd blieben. Ganz oben standen Garten- und Autopflege.

Er hatte stechende blaue Augen, das rotbackige Gesicht des Hypertonikers und ein lückenhaftes Gebiss, das er beim Reden gern entblößte. Am liebsten trug er nur Feinripp, und er redete viel. Das vorwiegende Thema war die Nachbarschaft. Ellwangers Herkunft aus diesem auch geografisch etwas beengten Landstrich mochte manches erklären. Berge rundum begrenzen naturgemäß die Sicht.

Bereits am Abend meines ersten Arbeitstages fing er mich ab, als ich in den Hof einfuhr, der zu dem aseptisch sauberen Grundstück gehörte, auf dem das Zweifamilienhaus thronte wie die Trutzburg des kleinen Mannes. Das Haus gehörte genau genommen seiner Frau, wie er uns schon erklärt hatte. Diese Frau hatten wir bis dahin nicht zu Gesicht bekommen. Sie befand sich zur Kur, so wie jedes Jahr, wie uns ein strahlender Ellwanger berichtet hatte. Er gönne es ihr von Herzen, zumal sie beide ansonsten ja rund um die Uhr zu arbeiten hätten – seine Frau in einem großen Unternehmen der Elektroindustrie und er eben ums Haus herum. Wer kein Eigentümer sei, ahne ja überhaupt nicht, welche Arbeit so ein Haus mache.

An besagtem ersten Tag also saß auch der Schäferhund sprungbereit auf den Hinterläufen und nahm mich mit einem Blick ins Visier, der mir ein unangenehmes Prickeln im Nacken bescherte. Gut, dass er am Gartenzaun angeleint war. Gut, dass ich mich außerhalb seines Bewegungsradius' befand. Warum benahm sich dieser Hund nicht wie andere Hunde und döste in der Sonne friedlich vor sich hin?

Die Tatsache, dass Ellwanger einen struppigen Besen in der Hand hielt, mit dem er irgendwelchen imaginären Schmutz vom blitzsauberen Beton der Hofeinfahrt fegte, versuchte ich zu ignorieren. Genauso wie die Fettspritzer auf dem Unterhemd, dessen Weiß in sattem Kontrast zum Gesichts-Rot seines Trägers stand. Bluthochdruck kann eine gefährliche Sache sein. Verdammt gefährlich.

Aus den Augenwinkeln linste ich zu dem Schäferhund, der bereit schien, mich zu zerreißen, sobald sein Herrchen ihn mit einem Fingerschnippen oder Kopfnicken dazu auffordern würde.

Ellwanger. Da stand er, bewaffnet mit einem Besen, der in seiner Hand wirklich wie eine Waffe wirkte. Die »Kehrwoche«, die man außerhalb der Landesgrenzen womöglich als besonders putzigen Ausdruck von Folklore zu erklären versucht, war am Ort meines neuen Wirkens bittere Realität, vor allem an Samstagen, die hier seit Generationen der Haus- und Hofreinigung vorbehalten waren. Ellwanger begrüßte mich freundlich – überhaupt war er meistens freundlich – und erkundigte sich nach dem Verlauf meines ersten Arbeitstages. Dabei passte der stechende Blick nur zu gut zu der dauergebleckten, scheußlich anzuschauenden unteren Zahnreihe. Natürlich dauerte es gar nicht lange, bis er mir mit seiner anhaltenden Freundlichkeit ein schlechtes Gewissen beschert hatte.

Ich als unbedarfter Neu-Mieter hatte mich seit unserem Einzug ein paar Tage zuvor völlig falsch verhalten und diesen großen, sauberen, schmucklosen und von keiner Pflanze in seiner grauen Betonhaftigkeit beeinträchtigten Hof bis dahin fälschlicherweise als meinen Parkplatz angesehen. Dem sei aber nicht so, erläuterte mir Ellwanger, wobei er mich behandelte, als sei ich etwas schwer von Begriff. Es kostete mich einige Mühe, nicht ständig auf sein faszinierend abstoßendes Gebiss zu glotzen.

Er habe bisher nur noch nichts sagen wollen, denn ein gutes Verhältnis zum Mieter sei ihm geradezu ein Bedürfnis, und man wolle ja nicht jede Kleinigkeit im Mietvertrag regeln, wo käme man denn da hin? Unter uns Männern, sagte er, und knuffte mir etwas heftiger als notwendig in die Seite, könne man das mit einem guten Gespräch klären. Dann machte er mir die Folgen gedankenlosen Parkens auf seinem Hof deutlich.

Sein Hof und Schmutz, das vertrage sich nun wahrlich nicht miteinander. Schmutz lasse sich ja gar nicht verhindern, wenn man mit dreckigen Autoreifen auf den Hof rolle, möglicherweise drohe sogar Ölverlust, ich lenke ja schließlich ein schon etwas älteres Auto, was ich aber sicher bald zu ändern gedächte, wie Ellwanger vermutete. Jetzt, wo ich doch in der Stadt bei der Zeitung arbeitete, bei einer Institution sozusagen. Schon seine Eltern hätten das Blatt abonniert gehabt, ebenso wie er und seine Frau, und wie es sicher eines Tages auch seine Kinder abonnieren würden, wenn er denn welche hätte. Mit dem guten Geld, dass ich bei der Zeitung vermutlich verdiene, könne ich mir ja in absehbarer Zeit einen neuen Wagen zulegen, einen VW Golf, schlug er mir vor; nur um mir dann endgültig klar zu machen, dass ich mein Auto gefälligst auf der Straße zu parken hätte und nicht in seinem Hof. Außerdem stehe da schon sein Mercedes. Zumindest dann, wenn er ihn nicht in die Garage stelle, wo ein Auto zweifelsfrei hingehöre.

Dankbar dafür, dass Ellwanger mich auf meine Gedankenlosigkeit aufmerksam gemacht hatte, parkte ich auf der Straße, direkt vor dem Grundstück des Nachbarn. Der fuhrwerkte ebenfalls vor seiner Tür herum, erwiderte meinen freundlichen Gruß knapp und mitleidigen Blickes und ignorierte mich ansonsten.

Ganz im Gegensatz zu Ellwangers Schäferhund. Das Tier glotzte mich viel zu intensiv an. Das erzählte ich später am Abend auch Karin, die wegen ihres längeren Arbeitstages erst zwei Stunden nach mir in unser neues Zuhause kam. Sie lachte mich aus. »Irgendwie mag ich den Hund«, sagte sie. »Kennst Du eigentlich seinen Namen?«

»Adolf würde passen«, meinte ich. Sie schimpfte mich einen Holzkopf.

Wir versuchten, uns in unserem neuen Leben einzurichten. Es war nicht einfach, vor allem nicht für Karin, die täglich den 30 Kilometer langen Weg nach Stuttgart und wieder zurück bewältigen musste. Nur wegen meines Jobs und der damit verbundenen Residenzpflicht waren wir schließlich hierher in diese Einöde gezogen.

Ellwanger ging mir jeden Tag mehr auf die Nerven. Ich hasste diesen Superspießer, unter dessen Feinripp sich ein beeindruckender Hähnchenfriedhof wölbte. Nach wenigen Wochen hatte ich den Eindruck, dass er mich als seinen persönlichen Sklaven betrachtete, dem man nach Herzenslust demütigende Arbeiten zuweisen konnte. Die Kehrwoche beinhalte keineswegs nur das Reinigen des Treppenhauses und das Fegen des Hofes, erklärte er. Auch Gartenarbeit falle darunter, und es sei eine Selbstverständlichkeit, im Sommer neben dem Wässern der Bäume und Sträucher einmal wöchentlich auch den Rasen zu mähen. Immerhin könnten wir uns als Mieter an dem schönsten Garten der ganzen Nachbarschaft ergötzen. Außerdem sei dies im Mietvertrag so festgehalten, auf Seite fünf. Er wolle mich zu gegebener Zeit in die Gartenarbeit einführen.

Karin gegenüber titulierte ich ihn bald nur noch als »blöder Sack«. Karin sagte, das bringe doch nichts, und es sei doch schön hier draußen. Weg aus der Stadt. Manchmal wunderte ich mich über meine geliebte Lebensgefährtin.

Ich schmiedete Pläne, Ellwangers Bäumen anstelle frischen Leitungswassers große Mengen flüssiger Chemikalien zuzuführen. In meiner Phantasie sah ich mich darüber hinaus mit einer gewissen sadistischen Freude den knatternden Rasenmäher mit seinen rasend schnell rotierenden Messern wie aus Versehen über Ellwangers Fuß schieben. Spritzendes Blut und umherfliegende Knochenteile würde ich für diese befriedigende und nachhaltige Art der Rache in Kauf nehmen, redete ich mir ein.

Karin fand das abartig.

Als ich etwa eine Woche später eines Abends relativ früh in mein neues Zuhause kam, empfing mich aus dem Garten nervtötender Lärm, der sich in mein Hirn fraß.

Zweitakt-Rasenmäher und Zweitakt-Rasenmäher-Besitzer hasste ich seit frühester Jugend. Ganz egal, wo man lebt in Deutschland: Überall findet sich mindestens einer dieser Fleisch gewordenen Gartenzwerge. Ellwanger schob den Rasenmäher über die grüne Fläche. Ein großer nasser Fleck hatte sich auf dem weißen Unterhemd ausgebreitet. Der Hund war an einem Obstbäumchen, dessen Stamm erschreckend fragil wirkte, angeleint. Er ließ mich nicht aus den Augen. Ich tat unbeteiligt und schlich leise ins Haus. Ein Zettel an der Wohnungstür informierte mich in ungelenker, aber energischer Handschrift, dass mein Vermieter im Lauf des Abends meinen Besuch erwarte. Ellwanger war ein aus dem Leim gegangener, schmieriger Super-Gartenzwerg, bei dem der dicke Wanst nicht für

Gemütlichkeit stand, sondern ein Symbol für Spießigkeit, Bigotterie und Sich-selbst-genug-sein war. Eigentlich war ich in diese Gegend gezogen, weil ich einigen unschönen Umständen bei meinem bisherigen Arbeitgeber hatte entfliehen wollen. Ich war noch jung genug, um noch einmal neu anzufangen: beruflich, persönlich, geografisch. Dass ich es mit Ellwanger zu tun bekommen hatte, war ich selbst schuld, denn meine innere Stimme hatte mich schon vor Unterzeichnung des Mietvertrages gewarnt, doch ich hatte diese Gedanken beiseite gewischt, nicht zuletzt wegen Karins Überredungskünsten.

Dass ich mich jetzt zum Rapport bei Ellwanger melden sollte, ging mir gewaltig gegen den Strich. Daher beschloss ich, die Vorladung zu ignorieren und mich bei einer Flasche Wein zu entspannen. Karin würde später heimkommen. Sie wollte noch eine Freundin besuchen.

Bei dem Gedanken an einen guten Tropfen fiel mir meine vor Jahren entwickelte Theorie ein, nach der Menschen in Weinanbaugebieten ein entspanntes Verhältnis zu ihrer Umwelt haben und generell sympathischere Zeitgenossen sind. Wenngleich ich mich in meiner neuen Heimat noch nicht detailliert auskannte, konnte ich mir doch nur schwer vorstellen, dass dort irgendwo Wein angebaut wurde.

Der Rote hielt, was auf dem Preisschild versprochen wurde und lockte schwer schimmernd im Glas, als es klingelte. Ich stemmte mich aus dem gemütlichen Sessel und öffnete. Ein Fehler.

Ellwanger trug mittlerweile einen Blaumann über nass geschwitztem Feinripp. Ob ich seinen Zettel an meiner Tür ignorieren wollte, fragte er mich ohne falsche Zurückhaltung, und in mir wuchs das Gefühl ehrlichen, tief empfundenen Hasses. Merkte dieser Depp eigentlich nicht, dass ich nur meine Ruhe wollte und in keiner Weise an seiner Gesellschaft interessiert war?

Er wolle mir mitteilen, sagte Ellwanger in seinem furchtbaren Dialekt, dass er dieses eine Mal noch selbst den Rasen gemäht habe. Fürderhin sei dies jedoch, wie bereits ausführlich besprochen, meine alleinige Aufgabe. Seine übliche Freundlichkeit mit dem debilen Dauergrinsen war verschwunden, und die Rotfärbung in seinem Gesicht schien mir noch intensiver. Hätte ich gewusst, wo er seine Betablocker aufbewahrt, ich hätte sie gern gegen ein hochpotentes Medikament zur Steigerung des Blutdrucks ausgetauscht, etwa so eins, das Ärzte bei Kreislaufkollaps geben. Das hätte möglicherweise den natürlichen Verlauf der Dinge etwas beschleunigt.

Da zu dieser Jahreszeit der Rasen sehr schnell wachse, wäre ich in spätestens einer Woche mit meinem ersten Gartendienst an der Reihe. Er selbst lege großen Wert auf einen stets sorgsam gestutzten Rasen, auch wenn der Nachbar von Gegenüber darüber spotte. Der sei aber sowieso ein Schlamper, der das ganze Viertel in Verruf bringe. Vom »Heiligen Rasen« lästere der Nachbar. Das sei ihm von einem anderen Nachbarn zugetragen worden. Aber genau das sehe ihm ähnlich, diesem aus der Stadt Zugezogenen, der gar nicht über Wurzeln in diesem Ortsteil verfüge, und für den es sich daher eigentlich verböte, solche Reden zu führen. Wohin ihn das bringe, das, ja das werde dieser Nachbar, dieser Parasit einer harmonischen und intakten Dorfgemeinschaft, schon noch merken. Ellwanger redete sich in Rage, und ich hoffte auf eine Herzattacke. Doch mein grenzenloser Optimismus war leider verfrüht.

Ob ich ihm bitteschön in den Keller folgen wolle, wo er mir die Funktionsweise des Rasenmähers erklären und mich in das Ritual zur Reinigung desselben einführen wolle. Zähneknirschend stimmte ich zu. Ich folgte ihm die Treppe hinab und stellte mir vor, wie ich ihn mit einer sauberen Beingrätsche von hinten aus dem Gleichgewicht brächte, worauf er nach krachendem Sturz auf die Steinstufen mit gespaltenem Hinterkopf sein Leben aushauchen würde. Natürlich blieb es bei den Phantasien.

Die ausführliche Einweisung in die Technik des zwar fast fabrikneuen, aber nichtsdestoweniger lärmenden und stinkenden Gerätes gipfelte in einer ausschweifenden Erklärung der umfassenden Reinigung nach jedem Mähgang. Dies sei von immenser Wichtigkeit für die Lebensdauer des Rasenmähers.

Ellwanger zeigte mir, wo ich Wasser, Schrubber und Lappen, die er mit dem Begriff »Putzlumpen« bezeichnete, finden konnte. Das anschließende Trocknen des nass abzuwischenden Mähers legte mir der Schmerbauch besonders ans Herz. Nach seinem Vortrag keuchte und schnaufte er gottserbärmlich. Ob ich alles verstanden hätte? Ich nickte benommen. Zurück in der Wohnung kniff ich mich erst in die Wange, dann in den Arm, aber ich erwachte nicht aus diesem Albtraum, was mich in eine tiefe Krise stürzte. Der Rest in der Weinflasche half mir. Aber nur ein bisschen. Als Karin spätabends heimkam, erzählte ich ihr lallend von dieser Begegnung der unheimlichen Art und kündigte vollmundig an, dass ich das nicht mit mir machen ließe. Ich doch nicht! Für wen hielt dieser Kerl sich eigentlich?

Später schlief ich schlecht und träumte wie im Fieberwahn. Ich sah mich meinen Vermieter mit einer Axt erschlagen und in handliche Stücke von Gartenzwerggröße zerteilen.

Kaum hatte ich am nächsten Feierabend den Wagen auf der Straße vor dem Ellwangerschen Grundstück abgestellt, da eilte mein Vermieter auf mich zu. Was heißt hier eilen: es war eher ein leicht beschleunigtes Wogen und Schlurfen. Wieder trug er das unvermeidliche Unterhemd mit der beeindruckenden Wölbung, dazu kurze blaue Hosen, aus denen zwei krumme, bleiche Beine schauten, deren spärliche Dunkelfärbung durch eine schüttere Behaarung zustande kam. Im Gegensatz zu den Beinen war das Gesicht deutlich gefärbt: »Ferrari-Rot« beschrieb es perfekt. Ich befürchtete das Schlimmste und ging in Gedanken blitzschnell eine Liste der möglicherweise von mir gemachten Fehler durch.

Der Schäferhund beobachtete uns. Er war am Zaun angebunden. Überhaupt hatte ich das Tier bisher nur angeleint gesehen, was mir eigentlich ganz recht war. Wann ich denn nun endlich den Rasen zu mähen gedenke, wollte Ellwanger von mir wissen. Er wartete meine Antwort erst gar nicht ab, sondern legte mir überraschend kumpelhaft den Arm um die Schultern und redete beschwörend auf mich ein. Karin war noch nicht da, und ich fühlte mich schlagartig einsam und allein auf der Welt.

Es sei ihm ja vollkommen egal, was ich mache und was nicht, und er könne und wolle mir auf keinen Fall Vorschriften machen, mit wem ich rede, aber vor diesem Nachbarn zur Linken müsse ich mich in acht nehmen. Ellwangers rotes Gesicht schien mir der Ausdruck eines ganz und gar schlechten Karmas zu sein. Ying und Yang befanden sich sicher in einem Ungleichgewicht.

Nicht, dass ich denke, er spioniere mir nach, sagte Ellwanger. Er habe lediglich heute früh zufällig hinter dem Fester gestanden und beobachtet, wie ich mit eben jenem Nachbarn gesprochen hätte, bevor ich in mein Auto eingestiegen sei und mich auf den Weg zur Arbeit – wie er doch annehmen dürfe – gemacht hätte. Eine ganz linke Bazille sei dieser Nachbar, und sicher versuche er, das Gift des Zweifels bei mir zu säen, des Zweifels an ihm, meinem Vermieter. Kurz und gut, es gehe ihn ja wirklich nichts an, aber dieser Nachbar sei gefährlich, vielleicht sogar unberechenbar. Es gebe Anhaltspunkte, dass er das halbe Dorf gegen Ellwanger und seine Frau aufwiegeln wolle; nur, weil er einmal die Polizei gerufen habe, als ein Gartenfest des Nachbarn um halb zehn abends noch immer nicht beendet gewesen sei.

So etwas müsse man sich von so einem Zugezogenen doch wirklich nicht bieten lassen, und was ich dazu meinen würde. Meine ehrliche Meinung konnte ich Ellwanger in diesem Augenblick nicht sagen, wusste aber längst, dass es zwischen ihm und mir keinen Frieden geben konnte. Das mit dem Rasenmähen sollte ich mir für die kommenden Tage einmal vornehmen, wechselte er blitzschnell das Thema. Er sei nicht pingelig, aber im Sommer bedürfe der geradezu wuchernde Rasen nun einmal des regelmäßigen Schnitts, wobei »regelmäßig« für ihn wöchentlich bedeute. Das hatte er mir schon einmal erklärt, glaubte ich mich zu erinnern. Ich solle mich so frei fühlen, jederzeit zum Rasenmäher zu greifen, wenn mir danach sei. Angewidert schaute ich in sein behäbiges Bauerngesicht mit den Hängebacken, ließ ihn stehen und ging in meine Wohnung. Seinen stechenden Blick, der mich verfolgte, spürte ich geradezu körperlich. Er konnte mich mal.

Karin würde frühestens in einer Stunde da sein. Zeit für etwas Körperertüchtigung. Ich warf mich in Sportbekleidung, schlüpfte in die Laufschuhe und galoppierte über den Hof, vorbei an Ellwanger und seinem angebundenem Köter, hin zu meinem Auto, mit dem ich einen Kavaliersstart hinlegte. Am Bordstein war sicher eine schmutzige Gummispur zurückgeblieben. Ich fuhr zu dem Waldparkplatz, der mir von den Kollegen empfohlen worden war und lief mir auf dem angrenzenden Pfad den Frust aus den Beinen.

Als ich eine Stunde später zurück kam, werkelte Ellwanger im Garten, assistiert von einer dünnen Frau, die versuchte, das Gespenst des Alters mit viel unnatürlichem Blond im Haar und ebenso viel unnatürlichem Rouge auf den Wangen zu verschrecken. Dabei bot sie allerdings selbst einen Anblick, der an ein Gespenst erinnerte.

»Meine Frau«, stellte Ellwanger vor und entblößte sein Dritte-Welt-Gebiss. Auch die Frau strahlte stramm übers ganze Gesicht, als hätte sie Maulsperre, womit sie in Kauf nahm, dass das dick aufgetragene Rouge großflächige Risse zeigte.

Ich stellte mich vor, schüttelte ihr die Hand und erfuhr, dass sie nachmittags von einem Kuraufenthalt zurückgekehrt war und sich freue, mich endlich kennenzulernen. Wo denn meine Frau sei, fragte sie mich.

»Lebensgefährtin«, verbesserte ich. »Sie kommt immer spät nach Hause, wegen des langen Wegs«. Frau Ellwanger strahlte weiter. Ich nickte den beiden neutral zu und machte, dass ich in die Wohnung kam. Zum Rasenmähen war es zu spät. Die Dunkelheit würde sich bald über dieses seltsame Land legen. Bevor sich noch eine Depression über mein Gemüt legte, entschloss ich mich, einen Wein aufzumachen. Als Karin nach Hause kam, hatte ich die Flasche bereits zu zwei Dritteln geleert. Sie meinte, dass mein Alkoholkonsum ihr allmählich Sorgen bereite.

Der Sommer ging ins Land, und Karin und ich diskutierten häufig, ob wir dieses Mietverhältnis wieder auflösen sollten. Ich war dafür. Sie sah die Sache differenzierter und wies mich immer wieder darauf hin, dass die Wohnung an sich ja sehr schön und dazu noch bezahlbar sei. Eigentlich sei fast alles gut.

»Außer dem blöden Sack«, sagte ich.

»Da hast du schon recht«, stimmte sie mir zu.

Doch der Gedanke, schon wieder die Koffer packen, einen Umzug zu organisieren und eine komplett eingerichtete Wohnung ausräumen zu müssen, ließ uns das Vorhaben immer wieder verschieben. Ein Umzug ist schließlich ein gewaltiger Kraftakt. Also mähte ich weiterhin den Rasen, fegte den Hof, wischte die Steintreppen trocken, nass und wieder trocken, hasste mich selbst für meine Unterwürfigkeit und konnte es Ellwanger und seiner gesichtsbunten Frau doch nie recht machen. Immer häufiger materialisierten sich vor meinem geistigen Auge überaus kreative Mordpläne.

Aber wir blieben. Hatten uns, oberflächlich betrachtet, in unser Schicksal gefügt.

Eines Tages hatte ich in der Stadt zufällig den Nachbarn von gegenüber getroffen, und zum ersten Mal hatten wir in ein längeres Gespräch führen können. Dabei hatte er mir erzählt, dass Ellwanger nicht nur mit ihm, sondern noch mit einem Dutzend anderer Hausbesitzer in der nächsten Umgebung in einer Art Dauerfehde lebe. Das hatte mich nicht sonderlich überrascht. Auch nicht, dass zahlreiche unserer Vormieter bereits nach kurzer Zeit wieder ausgezogen waren. Nicht jeder ist zum Opfer geboren, wie ich.

Von da an plauderte ich ab und zu mit dem Nachbarn. Ellwanger entging das nicht, und er versuchte mehr als einmal in Erfahrung zu bringen, was ich denn mit diesem Menschen zu bereden hätte.

Der Schäferhund, das wussten wir inzwischen, hörte auf den poetischen Namen »Harro«. Das hatte Ellwanger uns erzählt. Dass er ihn mit Schlägen, Nahrungsentzug und hartem Drill auf dem Hundeübungsplatz scharf gemacht habe, erfuhr ich vom Nachbarn.

»Das arme Tier«. Karin hatte, ganz im Gegensatz zu mir, gewisse Gefühle für das Vieh entwickelt. Als ich ihr sagte, ich könnte Ellwanger mitsamt seinem Köter erschießen, geriet unsere harmonische Beziehung kurz in Schieflage.

Aber auch ihr Hass auf den Vermieter wuchs unaufhörlich, seit sie von dessen Tierquälereien erfahren hatte.

Ja, sagte Karin. Sie möge den Schäferhund. Auf jeden Fall deutlich mehr als seinen Besitzer.

Im Herbst warf uns Ellwanger vor, beim Einzug die Tapete im Treppenhaus beschädigt zu haben. Leider habe er dies erst mit mehrmonatiger Verspätung festgestellt. Er erwartete Schadensregulierung von uns. Wir stritten mit ihm, und wir zahlten. Es war das erste Mal, dass auch Karin feststellte: »Es muss etwas passieren«.

Von da an sahen wir uns andere Wohnungen an. Mehrere pro Woche. Doch sie waren entweder zu teuer, lagen ungünstig, oder der Vermieter wohnte mit im Haus. Aber das würde uns nie mehr passieren. Das hatten wir uns geschworen.

Der Winter hielt Einzug und mit ihm neue Aufgaben für uns Mieter. Denn die Kehrwoche bezog sich auch auf das Schneeschippen. Um 7 Uhr, so verlangte Ellwanger, müssten Eingangsbereich, Hof und Zufahrt vom Schnee befreit sein – eine Herkulesaufgabe. Jeden zweiten Tag waren wir dran, abwechselnd mit dem Hausherrn selbst.

Ellwanger kam jedes Mal vom Morgenspaziergang mit Harro zurück, wenn ich schwitzend und innerlich fluchend die Schneemassen beiseite schob. Keine Ahnung, wann Ellwanger überhaupt schlief. Meine Vermutung war, dass er die Morgenrunde mit Absicht so legte, dass er mir beim Schneeräumen zusehen konnte.

Meine Mordphantasien passten sich der Jahreszeit an. Jetzt stellte ich mir vor, Ellwanger mit der Schneeschaufel den Schädel einzuschlagen. Karin fand diesen Gedanken auch überaus reizvoll.

Zum Glück war der Winter von eher milder Art. Trotzdem: So konnte es nicht weitergehen. Im Frühjahr wollten wir endlich eine neue Wohnung gefunden haben und waren dafür sogar bereit, über unsere bisherige finanzielle Schmerzgrenze zu gehen. Wir wollten so schnell wie möglich weg, selbst wenn wir dann drei oder vier Monate lang doppelt Miete zahlen mussten.

Kaum war der Schnee geschmolzen, werkelte Ellwanger wieder ständig im Hof umher, immer beobachtet von seinem stets angeleinten Hund.

Von uns wurde wie selbstverständlich erwartet, einmal wöchentlich mit Besen und Schaufel allen realen und imaginären Schmutz von der weitläufigen Hoffläche zu entfernen. Ich fühlte mich erniedrigt. Man kann vieles in sich hineinfressen, aber irgendwann einmal bricht sich der Frust Bahn, und die Katastrophe ist unausweichlich. Das weiß jeder.

Es war ein Dienstagabend, als es passierte.

Nach einem miesen, langen Arbeitstag wollte ich nichts als meine Ruhe. Doch ich hatte einmal mehr die Rechnung ohne meinen Vermieter gemacht. Kaum hatte ich die Autotür zugeworfen, kam Ellwanger auf mich zu gerannt, wie von der Tarantel gestochen. Sein Kopf war so rot wie noch nie zuvor. Die Aufregung hatte auch Harro ergriffen, den ich zum ersten Mal überhaupt bellen hörte. Doch was heißt Bellen? Es war ein irres, heiseres Hervorpressen gutturaler Laute, die direkt aus der Hölle zu kommen schienen. Er zerrte wie besessen an seiner Kette, als wolle er den Zaun, an den er gefesselt war, komplett aus der Verankerung reißen. Ellwanger brüllte auf mich ein, wie ein Fußballtrainer vom Rande des Spielfelds, wenn das Spiel schlecht läuft. Er war außer sich und zitterte vor Wut. Ich hatte mich, so viel konnte ich dem Gebrüll entnehmen, einer schrecklichen Dienstverletzung schuldig gemacht, indem ich nach dem letzten Mähen im Herbst den Rasenmäher nicht ausreichend gesäubert und winterfest gemacht hatte. Jetzt, als Ellwanger das Gerät inspiziert hatte, sprang es nicht mehr an. Eine Schande! Eine Schande sei es, was ich mir erlaubt hätte. Das lasse er sich nicht bieten. Er nicht!

Und auch Harro, dieser Höllenhund mit gefletschten Zähnen und gesträubtem Nackenfell, zitterte vor Wut.

Genug ist genug.

War es Fatalismus oder Todesmut? Jedenfalls war nun der Punkt erreicht, an dem ich keinen Gedanken mehr an das Morgen verschwendete oder daran, welche Konsequenzen es haben würde, was ich meinem Vermieter jetzt und in diesem Augenblick zu erzählen hatte. Ganz ruhig sah ich in Ellwangers feistes, hochrotes Gesicht, empfahl ihm deutlich artikulierend, mich am Arsch zu lecken, ließ ihn stehen und ging wie ferngesteuert auf die Eingangstür zu, so nahe an dem völlig durchdrehenden Harro vorbei, dass er mich nur ganz knapp nicht erreichen konnte. Hinter mir hörte ich Ellwanger brüllen. Aber mitten im Wortschwall war plötzlich Ruhe.

Eine absolute, unwirkliche Ruhe. Kein Ellwanger brüllte mehr, kein Harro bellte sein Höllengebell.

Ich drehte mich um und sah Ellwanger am Boden liegen, zusammengekrümmt in embryonaler Haltung, eine Hand an der Brust, die andere grotesk verrenkt am Hals. Er wollte mir wohl zeigen, dass er keine Luft bekam.

Das sah ich auch so. Sein Kopf zuckte vor und zurück. Die Gesichtsfarbe sah jetzt eher nach einem dunklen Blau aus. Ein Herzinfarkt!

Harro tänzelte nervös um den zusammengekrümmten Körper herum. Ellwanger befand sich bereits im Niemandsland zwischen Leben und Tod. Nur ich hätte ihm noch helfen können. Vielleicht. Aber niemals würde ich mich mit Harro anlegen.

Zwei Monate später zogen wir in eine neue Wohnung in der Stadt. Für das Landleben sind wir einfach nicht geboren.

Landluft ist gesund!

von Ulrike Blatter

In Peter Warks bitterböser Geschichte geben sich zwei Männer mittleren Alters so richtig einen auf die Kappe. Obwohl durchaus der Einsatz handfester Werkzeuge erwogen wird, bleibt der Leser von unappetitlichen Details verschont.

Trotzdem ist am Ende einer tot. Wie konnte das geschehen? Und wieso traf es Ellwanger und nicht den Erzähler? Logisch: Wenn der Erzähler tot wäre, könnte er nicht mehr erzählen. Geschenkt. Aber es gibt noch andere Indizien. Hier lohnt ein Blick in die Statistik: Studien zeigen, dass die Wahrscheinlichkeit für einen Herzinfarkt steigt, je mehr Risikofaktoren auftreten. Ist das des Rätsels Lösung? Ellwanger, der »Gartenzwerg«, ist übergewichtig und leidet an einem – offenbar unbehandelten – Bluthochdruck. In Verbindung mit seinem cholerischen Naturell führt dies zu gefährlichen Blutdruckspitzen. Sehr gut beobachtet: die eindrucksvolle Gesichtsrötung, wenn es gefährlich wird. Dagegen scheint der Erzähler vieles richtig zu machen: er ist schlank, treibt Ausdauersport und genießt im Rahmen der Mittelmeerdiät gern das eine oder andere Glas Rotwein – auch wenn Karin das kritisch sieht.

Alles klar? Nein, ganz so einfach ist es nicht. Wie wir alle wissen, gibt es ja auch den gemütlichen Dicken mit niedrigem Cholesterinspiegel oder den schlanken Manager, der mausetot auf der Jogging-Strecke bleibt. Haben wir etwas übersehen?

Die Antwort lautet: ja – und jetzt sollte unser Erzähler gut aufpassen!

Persönlichkeitsmerkmale gehören nämlich auch zu den Risikofaktoren. Menschen, die sich stark unter Druck setzen lassen, sind ebenfalls infarktgefährdet. Wohlgemerkt: Stress per se ist nicht ungesund. Wir alle kennen positiven Stress, der uns inspiriert, ermutigt und zu Höchstleistungen anspornt.

Gemeint ist negativer Stress, der auf Menschen trifft, die stets eine Faust in der Tasche machen und nach oben buckeln, während ihnen unten jemand zum Treten fehlt. Ängstliche Typen, die unter ihrem pedantischem Vermieter und der Pflicht zur »Kehrwoche« leiden, keinen Ausweg wissen und sich an Mordphantasien ergötzen.

Deshalb lebt auch der Erzähler durchaus gefährlich. Sehr gefährlich sogar … Kehren wir nun wieder zur Ausgangsfrage zurück: Wieso traf es den Vermieter und nicht ihn? Die Antwort lautet: Er hat tatsächlich einen starken Schutzfaktor, wie ebenfalls durch große Studien bewiesen wurde – soziale Kompetenz. Ellwanger, der miese Feinrippfetischist, ist mit allen Nachbarn verfeindet und hat sich mitsamt Schäferhund und kosmetikmumifizierter Gattin in seiner glattbetonierten Welt eingemauert.

Unser Erzähler jedoch pflegt Außenkontakte, spricht mit den Nachbarn, liebt seine Frau und das Leben – andeutungsweise sogar seine Arbeit – all dies schützt ihn, trotz des fulminaten Stress-Tsunamis, der über ihn hereinbricht.

Alles richtig gemacht! Aber für die Zukunft gilt: mehr auf den Bauch hören und weniger oft eine Faust in der Tasche machen. Und vor allen Dingen: immer schön Karin lieb haben! Sonst …

REGINA SCHLEHECK

One-Hundred-Million-D-Mark-Baby

Ich hatte so gehofft, dass wir was Anständiges ins Haus kriegen! Die beiden Studenten, die da zuletzt hausten – das konnte man ja nicht mehr wohnen nennen. Ich gehe zwar nur noch selten auf den Boden, seit ich den Trockner hab, aber wenn man bei denen oben an der Dachgeschosswohnung vorbei wollte, kam man kaum noch durch vor lauter Mülltüten und Getränkekästen und leeren Flaschen und alten Zeitungen, die sich da stapelten. Mit der Einführung der Studiengebühren war dann Schluss mit dem lustigen Studentenleben. Sie müssen irgendwo anders Arbeit gefunden haben, waren jedenfalls ganz plötzlich weg.

Als der Umzugswagen vorfuhr, bin ich gleich zum Fenster, und was war es? Die *Caritas!* Die machen Umzüge ja als Beschäftigungstherapie für Alkoholiker und sonstwie Heruntergekommene, die wiederum von Menschen in Anspruch genommen werden, die sich kein richtiges Umzugsunternehmen leisten können, meist kriegen die das noch vom Amt bezahlt. Das ließ nichts Gutes ahnen.

Dann ging das Getöse los. Rauf runter, rauf runter durchs Treppenhaus. Viel war es ja nicht, was sie nach oben beförderten. Aber wer weiß, was die Studenten da oben alles stehen gelassen hatten.

Die neue Mieterin ist nur einmal vorbeigehuscht. Jedenfalls vermutete ich, dass sie es war. Eine kleine Frau, vielleicht fünfzig, in einem Cape. Das Licht im Treppenhaus war gerade ausgegangen, als sie die Treppe hochkam, und durch den Spion hat man ohnehin nur einen kleinen Ausschnitt. Machte einen gepflegten Eindruck. Aber viel war nicht zu erkennen.

Ich hab dann erst mal gedacht, dass sie sich vielleicht vorstellen käme. Obwohl das ja eigentlich nicht zu erwarten war. Hier im Haus wohnen nur alte Leute und Studenten, die haben es alle nicht so mit dem Miteinander. Von den Studenten war nun nur noch der Maschinenbauer auf der dritten Etage übrig, von dem man nie etwas sah, und der Herr Kopietz auf der zweiten ist pensionierter Polizist und kommt praktisch nie vor die Tür. Sehr angenehmer Nachbar. Aber irgendwie auch – na, ja …

Ich hab quasi die Pole Position. Wie bei der Formel eins. Immer am Start. Was soll man auch den lieben langen Tag anderes machen? An der ersten Etage müssen alle vorbei. Und wenn man sich aus dem Fenster hängt, dann sieht man, was auf der Straße los ist, und kann sich mit den Vorbeikommenden unterhalten. Da kommt nur keiner mehr vorbei. Vor fünfzig Jahren sah das noch völlig anders aus. Da fand alles auf der Straße statt. Heute gibt es keine Kinder mehr. Jedenfalls nicht im Freien. Alte Leute auch nicht. Die hocken vor dem Fernseher. Die Frauen gehen heute alle arbeiten. Die Läden haben zugemacht. Ich hab ja noch Glück, dass der nächste Arzt auf der Mozartstraße ist. Das Luisenhospital ist auch gleich um die Ecke, und zum Einkaufen gibt es noch einen kleinen Kiosk in der Südstraße. Die Mariabrunnstraße ist tot. Da sieht man nur manchmal eine Mutter einen Kinderwagen durchschieben auf dem Weg zum Spielplatz hinter der Bahnunterführung.

Meine neue Nachbarin hatte anscheinend keine Arbeit, sonst wäre sie regelmäßig vorbeigekommen. Allerdings musste ich den Fernseher in den letzten Jahren immer lauter stellen. Da kriegt man dann nicht mehr alles mit, was im Treppenhaus passiert. Aber morgens ist eigentlich Ruhe. Es dauerte fünf Tage, bis ich sie erwischte. Erst hatte ich die Haustür gehört, dann den Briefkastenschlüssel. Wahrscheinlich war ich gerade im Bad gewesen, als sie das Haus verlassen hatte. Ich bin gleich raus und zur Treppe, als wollte ich zufällig gerade jetzt nach Post gucken.

Wenn da nicht das Geländer gewesen wäre, an dem ich mich festhalten konnte, hätte mich bald der Schlag getroffen: Sie war aus einem Schuh geschlüpft, stand auf dem linken Bein, das rechte reckte sie hoch und fummelte mit bestrumpften Zehen am Schlitz des Briefkastens rum. Mich schien sie gar nicht zu bemerken, weil sie so beschäftigt war. Mit der linken Hand riss sie an dem Schlüssel, der im Schloss steckte.

Es ist so: Die Briefkästen sind bei uns samt und sonders verzogen und klemmen, man braucht schon Kraft dafür. Alles ist hier ziemlich runtergekommen. Mit der Zeit stört einen das meiste gar nicht mehr.

Aber erst als ich ein paar Schritte die Treppe runter machte, kapierte ich, wieso sie sich so verrenkte: Sie hatte nur einen Arm! Der zweite war nicht mehr als ein Stummel, der aus einem hoch angesetzten Cape-Schlitz ragte. Auch der linke, an dessen Ende sie den Schlüssel hielt, hatte höchstens ein Drittel der Länge eines normalen Arms, aber da war wenigstens so etwas wie eine Hand oder ein Wulst mit mehreren Fingern, die im rechten Winkel von dem Armstummel abstanden. Da die Briefkästen fast in ihrer Augenhöhe angebracht waren, musste sie schon auf Zehenspitzen balancieren, um überhaupt mit dem Arm so hoch zu kommen, zumal die Winkelstellung der Finger ihr das erschwerte. Die Kraft der Hand reichte aber offensichtlich nicht aus, die Tür des Briefkastens zu öffnen.

Ihre Beweglichkeit war erstaunlich. Sie zerrte mit dem in den Schlitz geklemmten Zeh die Tür auf, die so plötzlich nachgab, dass sie das Gleichgewicht verlor und mir praktisch rücklings in die Arme stürzte. Da ich genauso wenig damit gerechnet hatte, fiel ich auf den Allerwertesten, sie auf meinen Schoß, zwei, drei Briefe rutschten hinterher.

»Au!«, schrie ich. Sie hatte Mühe, sich von mir herunterzuwinden. Ich war es am Ende, die ihr einen Arm anbieten musste, damit sie wieder auf die Beine kam.

Nachdem wir uns schon so nahe gekommen waren, lud ich sie zum Kaffee ein. Weil es ihr furchtbar peinlich zu sein schien – und natürlich weil ich neugierig war.

»Ulrike Steemann«, sagte sie, als sie vorsichtig auf dem Küchenstuhl Platz nahm, den ich ihr hinschob.

»Magdalene Möhne«, entgegnete ich und befüllte die Kaffeemaschine.

Eine halbe Stunde später wusste ich schon einiges von ihr.

Bis vor ein paar Wochen hatte sie in einer Bücherei in Rietberg gearbeitet und in einem Haus daneben gewohnt. Dann hatte die Stadt die Bücherei geschlossen, das Grundstück sollte verkauft, die ganzen Häuser drum herum abgerissen werden, weil da ein Baumarkt geplant war. Die Mieter kriegten eine Abfindung, und sie hatte das Geld in den Umzug gesteckt, froh, nun in der Großstadt etwas gefunden zu haben, zumal mit dem Krankenhaus direkt um die Ecke, sagte sie. Eine neue Stelle würde sie mit Sicherheit nicht mehr finden, es gelte vorzusorgen. Sie habe niemanden, zu dem sie hätte ziehen können. Ihre Eltern seien tot, Geschwister gebe es nicht.

»Nach mir haben die das nicht mehr riskiert«, sagte sie. »Auch nachdem klar war, dass es nicht ihre Schuld war. Erst war ja nur von Erbgut die Rede, dann von Verstrahlung durch Kernwaffentests. Stumpmed hat erst mal alles getan, um von dem Crooksan abzulenken. Keiner wollte es gewesen sein. Es gab lange Zeit gar keine Zahlen. Dann wurde auch noch das Meldewesen auf Basis dieser Gesetze zur Verhütung erbkranker Kinder abgeschafft. Schuld hatte also irgendwie keiner – und alle!«

Schuld. Was für ein zentnerschweres Wort. »Natürlich hatten Ihre Eltern keine Schuld!« Ich wollte ihr Kaffee nachschenken, aber sie wehrte ab, beugte sich über den Tisch, um die halb geleerte Tasse aufzunehmen, und trank sie aus.

»Ich setze gerne noch einen auf«, bot ich an.

»Ich darf nicht so viel Kaffee trinken«, entgegnete sie. »Er verträgt sich nicht mit den Medikamenten, die ich nehmen muss.«

Ich goss mir den Rest ein und gab Milch dazu.

»Meine Mutter hat sich zeitlebens Vorwürfe gemacht, dass sie das Zeug genommen hat«, nahm Ulrike Steemann den Faden wieder auf. »Der Konzern hat bis heute keine Schuld zugegeben, sich nur dafür entschuldigt, dass man so lange geschwiegen habe. Vor ein paar Jahren gab es einen Vergleich, da haben sie 100 Millionen D-Mark zugesichert, der Bund hat das dann noch aufgestockt, und davon haben sie einen Rententopf aufgemacht.«

Und nach einer kleinen Pause: »Meine Mutter hat lebenslänglich dafür bezahlt. Für eine Handvoll Tabletten gegen Sodbrennen.«

»Sie müssen jetzt knapp über fünfzig sein«, meinte ich. »Wie meine Monika.«

»Vierundfünfzig«, bestätigte sie. »Aber ich bin verschlissen wie eine Siebzigjährige.«

»Sie leben«, sagte ich.

Für einen Moment schien etwas in ihr zu brodeln. Ihre Augen, vorher azurblau, bekamen einen merkwürdigen Glanz, und die Stimme klang fast metallisch, als sie fragte: »Wollen Sie tauschen?«

»Darf ich Sie etwas ganz anderes fragen?«, wich ich aus. »Etwas Indiskretes?«

Sie lachte. »Nur zu. An mir gibt es nichts zu verheimlichen. Alles ist obszön offenbar. Aber Sie müssen mir dann auch eine Gegenfrage beantworten.«

»Wovon leben Sie?«

Wieder lachte sie. »Ich kriege 443 Euro Rente monatlich. Ich bin ja fit! Dazu jetzt Arbeitslosengeld, demnächst Hartz IV. Und von Stumpmed gibt es einen jährlichen Abschlag von zweieinhalbtausend Euro oben drauf. – Die Vorstandsmitglieder verdienen täglich das Zehnfache.«

»Oh«, sagte ich. »Kriegt man da nicht Mordgelüste?«

»Sprechen wir lieber von etwas anderem«, entgegnete sie. »Ich bin jetzt dran. Was ist mit Monika?«

Als wir auseinandergingen, bot ich ihr an, mich »Lene« zu nennen.

»Uli«, sagte sie. Und: »Gern«, auf die Frage, ob wir wieder miteinander Kaffee trinken wollten. Sie stand schon im Treppenhaus, da rief ich sie noch einmal zurück. Ich kramte in der Küchenschublade meinen Brieföffner heraus. »Nimm den.«

»Ich kann schon Briefe öffnen«, versicherte sie etwas verblüfft.

»Der ist aus Stahl«, sagte ich. »Stabil genug, um den Briefkasten aufzustemmen, wenn du ihn in den Schlitz steckst.«

»Ah, praktisch. Vielseitig verwendbar«, lächelte sie. »Aber es ist doch deiner.«

»Ich habe immerhin zwei Hände und bin größer als du. Nimm schon! Ich kann mir jederzeit einen neuen besorgen.«

Sie ließ ihn in ihr Cape gleiten, in eine links oben angesetzte Tasche. Der Gedanke schoss mir durch den Kopf, was das alles kosten mochte, wenn man sich jedes Kleidungsstück maßschneidern lassen musste. Sie konnte doch nicht selbst nähen. Oder doch? Wenn sie den Stoff mit dem Fuß hielt und mit den Fingern der linken Hand – Ich stellte mir die gekrümmte Haltung vor, die sie dafür einnehmen musste, und meine Bandscheibe meldete sich. Ich hatte in meinem Leben gelernt, immer alles hinzunehmen. Sie musste immer alles zurechtbiegen. Sich oder ihre Umgebung.

Tatsächlich kam sie zwei Tage später wieder vorbei. Sie hatte einen kleinen Kuchen gebacken. Ich kochte für mich Kaffee, für sie einen Kakao, und dann hockten wir erst in der Küche zusammen, später vor einem »Tatort«. Es war lange her, dass ich so viel geredet und gelacht hatte. Ich fühlte mich am nächsten Morgen so beschwingt, dass ich gleich, als ich jemanden an den Briefkästen hantieren hörte, ins Treppenhaus ging. Es war Herr Kopietz.

»Herr Kopietz«, sagte ich, »was meinen Sie? Gestern hat die neue Nachbarin, Frau Steemann mich besucht, und wir haben zusammen einen ›Tatort‹ geguckt. Was halten Sie davon, wenn ich Sie beide für heute Abend einlade? Ich mache auch Schnittchen.«

Er guckte ziemlich verblüfft. Ich glaube, wir wohnen nun schon an die zwanzig Jahre in einem Haus. Wir haben sogar mal Schlüssel getauscht, für alle Fälle. Aber ich habe nie einen Fuß über die Schwelle seiner Wohnung gesetzt, genauso wenig wie er über meine.

»Äh«, stammelte er, »also, ehm, heute passt es gerade nicht, freitags habe ich immer Stammtisch. Aber – wieso eigentlich nicht? Ein andermal gerne!«

Die Hast, mit der er die Treppe raufeilte, strafte sein »andermal gerne« Lügen. Aber das konnte mir die Laune nicht verderben. Ja, richtig, freitagabends war Herr Kopietz immer weg. Jetzt wusste ich auch, wozu. Als ich die Wohnungstür hinter mir schloss, kicherte ich vergnügt in mich rein. Dass ich auf meine alten Tage noch einen Mann verlegen machen konnte, indem ich ihn einlud …

Uli sah und hörte ich nicht. Gegen Mittag erwog ich kurz, mich die Treppe hinauf zu bequemen, aber dann dachte ich mir, ich sollte es mit meiner Aufdringlichkeit nicht übertreiben.

Sie hatte mir von dem Gespräch erzählt. Der Stumpmed-Vorstandsvorsitzende Dr. Horst Ehrlich hatte nach dem Hungerstreik der von dem Medikamenten-Skandal Betroffenen vor einigen Jahren ein Vermittlungsteam ins Leben gerufen. Fünftausend Euro investierte man in ein Denkmal, darüber hinaus wurden Projektmittel für Härtefälle zur Verfügung gestellt, in akuten Fällen half man mit Sachleistungen aus. Der Konzern war in den letzten Jahren dreimal so schnell gewachsen wie der weltweite Pharmamarkt und steuerte einen Jahresumsatz von 1,5 Milliarden Euro an, sodass man sich nicht knickerig zeigen wollte. Jeder Antragsteller war zum Einzelgespräch mit Dr. Ehrlich gebeten worden, in dem man versuchte, individuelle Lösungen zu finden. In Ulis Fall hatte er ihr nicht nur kostenfreie Schmerzmittel angeboten, sondern sie zudem gefragt, ob sie sich nicht – gegen gutes Geld natürlich – für einen Versuch zur Verfügung stellen wollte. Es gehe um Medikamente, die speziell Crooksan-Geschädigten helfen sollten.

Wieder hatte sie gelacht, als sie davon erzählte. »Ist das nicht perfide? Ich, das missglückte Experiment, soll mich weiteren Experimenten aussetzen, um meinen Leidensgenossen, denen es noch schlimmer geht, zu helfen?

So gesehen schlüge ich doch gleich zwei Fliegen mit einer Klappe, hat er gesagt. Ich hätte finanziell ausgesorgt, und wenn es schlimmer würde, hätte man auch die passenden Medikamente für mich und alle anderen.«

»Wie hast du reagiert?«

Ihr Lachen klang schrill. »Ich hab allen Ernstes darüber nachgedacht!«

»Na, ja.« Ich wusste nicht recht, was ich dazu denken, erst recht nicht, was ich sagen sollte. Aber es machte mich wütend. »Was ist das eigentlich für ein Mensch, dieser Ehrlich?«, erkundigte ich mich.

Wieder dieser Glanz in ihren Augen, das Metallische in der Stimme: »Teufel!«, sagte sie, und es blieb unklar, ob es ein Kraftausdruck war oder Ehrlich kennzeichnen sollte. »Die begreifen doch gar nicht, was sie uns angetan haben! Das sind doch alles Kollateralschäden, Peanuts für die! Man könnte sie schütteln, anschreien –«

Unwillkürlich legte ich eine Hand auf ihre Schulter. Sie atmete tief durch.

»Manchmal denke ich, es wäre ganz sinnvoll, wenn ich mich einliefern ließe. Hab neulich gelesen, dass man im Gefängnis eigentlich ganz gut aufgehoben ist. Man braucht sich um nichts zu kümmern! Grundversorgung gesichert. Keine Anträge mehr. Sonderkosten, Maßanfertigungen, Umbauten, Pflegeaufwand – besser kann man es in der freien Wildbahn doch gar nicht haben!«

»Bloß nicht«, sagte ich und dachte an den letzten Besuch bei meiner Mutter in der Pflegeresidenz. »Bevor sie mich aus meinen eigenen vier Wänden abholen, gebe ich mir die Kugel.«

Sie seufzte. »Wer weiß, wie lange das noch gut geht. Ich baue doch mit jedem Tag mehr ab!«

Als am frühen Abend jemand die Treppe runterlief, so schnell, dass ich das Poltern der Schritte trotz der Vorabendserie hörte, sah ich im Spion nur noch Ulis Rücken. Von Abbau kann doch noch gar keine Rede sein, dachte ich.

Ich guckte den »Tatort« allein, stellte aber den Ton so leise, dass ich gleich hinter dem Spion stand, sobald ich die Haustür ins Schloss fallen gehört hatte.

Uli kam die Treppe herauf. Sie schwankte und stieß ein-, zweimal gegen die Wand, fast, als hätte sie einen Schwips. Oder war es das, was sie mit »Abbau« meinte? Ich öffnete die Wohnungstür weit, als sie vorbeikam, und grüßte. Sie fuhr zusammen und starrte mich an wie den Leibhaftigen.

Dann erst sah ich, dass sie ihr Cape auf links übergezogen hatte. War sie zu betrunken, um sich richtig anzuziehen? Aber ich roch kein bisschen Alkohol. »Komm rein«, sagte ich, fasste sie am Arm, und sie folgte fast willenlos. Ich zog sie in die Küche, fragte: »Was ist los?«, und da sie nicht antwortete, schob ich ihr einen Stuhl hin. Die ganze Zeit über hatte ich sie an der Schulter festgehalten, weil ich Angst hatte, dass sie gleich umfiele. Ich musste mit leichtem Druck auf die Schulter nachhelfen. Sie setzte sich schließlich, atmete tief und starrte ins Leere.

»Komm, ich helf' dir.« Ich fasste nach dem Cape, um es ihr über den Kopf zu streifen. Sie fuhr hoch, als wollte sie sich wehren, sackte aber gleich wieder zusammen und ließ es geschehen. Beim Hochziehen klappte die Außenseite des Capes um, und ich stellte erschrocken fest, dass es voller Blut war, auch ihr T-Shirt war verschmiert. Allerdings stellte ich erleichtert fest, dass sie unverletzt war, das blutgetränkte Cape hatte auf ihre Brust abgefärbt. Auch ihre Hand war rot.

»Was ist passiert?«, fragte ich entsetzt.

Sie hielt sich die Hand vor das Gesicht. »Nasenbluten«, krächzte sie.

»Das war aber heftig«, meinte ich, »kommt das von deinen Tabletten?« Ich legte das Cape vorsichtig so zusammengefaltet auf dem Tisch ab, dass die Decke nichts abbekam, zog ein frisches Küchentuch aus der Schublade, ließ kaltes Wasser darüber laufen, drückte es aus und hielt es ihr hin. Sie lächelte schwach, nahm es und tupfte sich damit im Gesicht herum.

»Bleib bloß sitzen!«, sagte ich. »Ich wasch das Cape aus.« Ich ging damit ins Badezimmer, wo ich es in die Wanne legte und mit der Dusche über die Blutflecken brauste. Ein Strom rötlichen Wassers verschwand gurgelnd im Abfluss. Als ich den vollgesogenen Stoff aufnahm, um ihn auszudrücken, fiel mir auf, dass der Brieföffner noch in der Tasche steckte. Selbst er hatte was abgekriegt. Ich spülte auch ihn ab und legte ihn ans Waschbecken. Das Cape wrang ich aus und stopfte es in die Waschmaschine. Mit einem sauberen T-Shirt kehrte ich in die Küche zurück, wo Uli gerade mit dem feuchten Küchentuch an ihrer Brust rumtupfte, die mittlerweile großflächig rosa eingefärbt war. »Zieh dich um«, forderte ich sie auf.

Sie guckte mich fragend an.

»Ich stell die Maschine gleich an«, versicherte ich ihr. »Wenn ich deine Sachen anschließend in den Trockner gebe, hast du sie morgen früh wieder. Du solltest dich jetzt vor allem mal hinlegen.«

Widerspruchslos wechselte Uli das T-Shirt.

»Danke, Lene«, hauchte sie, immer noch sehr blass. Ich begleitete sie zur Tür. Just als ich sie öffnete, ging unten die Haustür auf, und Herr Kopietz kam die Treppe herauf.

»Oh«, sagte er, »frisch vom ›Tatort‹?«

Ulis Linke krallte sich in meinen Arm. Sie sagte kein Wort, während ich Herrn Kopietz freundlich zurückgrüßte, der ganz offensichtlich nicht darauf spekulierte, dass ich ihn hereinbat, sondern zügig weiterging.

»Soll ich mit raufkommen, Uli?«, fragte ich.

»Danke!« Sie schüttelte den Kopf und wandte sich zum Gehen.

»Hast du Eis?«, rief ich ihr noch hinterher. »Mach dir einen Eisbeutel, den du dir in den Nacken legst!«

»Mach ich«, versprach sie, und ihre Stimme klang schon etwas kräftiger, sodass ich einigermaßen beruhigt war.

Am anderen Morgen sprang mir die Schlagzeile der *Gütersloher Nachrichten* ins Gesicht: »Ehrlich durch Stich ins Herz ermordet«. Auf dem Foto lächelte er in die Kamera. Ich kannte das Foto. Es war bei der Einweihung des Denkmals aufgenommen worden. Sie hatten nur einen Ausschnitt genommen, worüber ich ganz froh war, sonst hätte man mich rechts hinter ihm im Bild erkennen können. Dem Bericht nach hatte ihm ein unbekannter Täter an der Auffahrt zu seiner Garage aufgelauert und ihm von vorn einen Dolch ins Herz gerammt. Dabei deutete nichts auf einen Kampf hin, es gab keine Tatwaffe, keine Spuren, keine Zeugen. Er musste völlig unvorbereitet gewesen sein.

Ich nahm es ihm sogar ab. Wetten, dass er es bis zum Schluss nicht verstanden hatte? Der Gedanke war das einzige, was mir leid tat an der ganzen Geschichte.

Später brachte ich Uli die saubere Wäsche ins Dachgeschoss. Sie öffnete, als ich anklopfte und ihren Namen rief. Bleich wie die Wand. Als sie mich sah, ließ sie mich rein. Zu meiner Erleichterung sah ich, dass in ihrer Wohnküche nicht nur ein Fernseher, sondern auch ein Laptop herumstand. Auch wenn ich mich mit solchen Dingen nicht mehr abgeben muss, kriegt man das eine oder andere über Computer und Internet ja mit.

»Tu mir einen Gefallen und guck die Wiederholung von dem gestrigen ›Tatort‹ in der Mediathek«, sagte ich. »Den kann ich dir dringend empfehlen. Wie es aussieht, kann Herr Kopietz bezeugen, dass du gestern Abend einen Fernsehabend mit mir verbracht hast. Ich werde es jedenfalls gern beschwören, wenn es nötig sein sollte. Es wäre daher nicht verkehrt, wenn du wüsstest, worum es in dem Film ging.«

Sie guckte, als wollte sie gleich umkippen.

»Ich kann mir allerdings nicht vorstellen, dass es so weit kommen sollte«, beruhigte ich sie. »Oder bist du unterwegs jemandem begegnet?«

Sie schüttelte stumm den Kopf.

»Na, prima«, meinte ich. »Ich fahre jetzt erst mal zum Friedhof. Wenn ich zurück bin, koche ich dir einen Kakao, was meinst du? Ich bringe uns auch Teilchen mit.«

Im Taxi zum Westfriedhof tastete ich in der Manteltasche nach dem Brieföffner. In der Friedhofsgärtnerei würde ich mit Sicherheit Vergissmeinnicht kriegen. Wenn ich die Stelle, wo ich den Brieföffner vergraben wollte, mit Vergissmeinnicht bepflanzte, würde das bestimmt nett aussehen. Monika würde es gefallen, dachte ich. Ihre Augen, blau wie Vergissmeinnicht, hatten so gestrahlt! Eine Woche lang hatten ihre Augen mich über alles hinweggetröstet. Länger hatte ihre Kraft nicht gereicht, den kleinen Rumpf mit den winzigen Händchen und verdrehten Füßchen daran am Leben zu halten.

Ulis Augen würden genauso strahlen. Das wär' doch gelacht.

Wollen wir sie reinlassen?

von Ulrike Blatter

Von Zeit zu Zeit sickern neue Worte in den allgemeinen Sprachgebrauch ein. Eines dieser schönen neuen Worte aus einer schönen neuen Welt ist: Inklusion.

Nach der UN-Konvention der Behindertenrechte wird die soziale Inklusion von Menschen mit Handicap eingefordert. In der deutschen Öffentlichkeit wird dies vor allem in der Debatte über Sonderschulen wahrgenommen. Aber eine barrierefreie Gesellschaft muss mehr bieten als nur rollstuhlgängige Behördeneingänge und Fußgängerüberwege. Barrieren müssen auch in den Köpfen abgebaut werden. Wir leben in Zeiten, in denen Eltern von maßgeschneiderten Designer-Kindern träumen sich mit immer ausgefeilteren Techniken vor einem behinderten Fötus schützen wollen. Eine Frau ist nicht mehr »guter Hoffnung«, sondern will Gewissheit, und die Eltern von Kindern mit Down-Syndrom müssen sich schon mal fragen lassen, warum sie nicht besser aufgepasst hätten – denn »so etwas« muss doch heutzutage nicht mehr passieren.

Als ich in den Siebziger Jahren Praktikum in einer Behindertenschule machte, lernte ich ein zehnjähriges, spastisch gelähmtes Mädchen kennen, von dessen Existenz kein Nachbar wusste. Die Eltern liebten ihr Kind und meinten es gut mit ihm, wenn sie den Kontakt zur Außenwelt auf ein absolutes Minimum beschränkten. Das Kind wurde quasi eingeschlossen – und auf einmal tut sich ein böses Wortspiel auf: In-Klusion beinhaltet das lateinische cludere, das mit »absperren, begrenzen, blockieren, einschließen« übersetzt werden kann.

Der hoch bezahlte Vorstandsvorsitzende in Regina Schlehecks Krimi zählt dagegen sicher zu einer gesellschaftlichen Gruppierung, die man gemeinhin als exklusiv bezeichnet. Und das Wortspiel geht weiter: ex-cludere kann man übersetzen mit ausschließen.

Ulrike Steemann erlebte sich zeitlebens als ausgeschlossen aus der Gesellschaft, ohne dass sie ihr Leben auch nur im Geringsten als exklusiv empfunden hätte. Mittlerweile drohen nämlich Hartz IV und Altersarmut am Horizont – trotz aller vermeintlich noch so großzügigen Ausgleichszahlungen.

Ulrike Steemann war aber ebenfalls eingeschlossen – in einen Körper, den sie mühsam und unter großen Schmerzen zur Funktionsfähigkeit zwang. Exklusivität und Inklusion unter etwas anderen Gesichtspunkten … Und niemand wollte sie »reinlassen« in eine Gesellschaft, die nach immer größerer Perfektion strebt.

Aber auch der großherzige und kulturbeflissene Vorstandsvorsitzende erlebte eine Form der Exklusivität, wie er sie sich noch nie erträumt hatte: die radikale Ex-Klusion vom Leben nämlich. So etwas passiert natürlich nur im Krimi. Aber die Frage wird man ja wohl mal stellen dürfen: Wollen wir sie reinlassen? Die Behinderten, die Fremden, die Alten – wen auch immer. Ach so, ich vergaß ganz darauf hinzuweisen: Gratis ist Inklusion nicht zu haben – aber ganz sicher ist sie nicht umsonst.

GUDRUN WEITBRECHT

Am 8. Tag

Nur weil wir es tun könnten, heißt es noch nicht, dass wir es tun sollten.

Nikki bewegte das stumpfe Ende der Pipette und sog das Ovum an. Die Eizelle sah genau so aus wie die anderen 50, doch sie war der Pipettenöffnung am nächsten und lag im Blickpunkt der Okulare des Präpariermikroskops.

Sie konnte es noch immer nicht fassen. Erst vor zwei Stunden war sie eingestellt worden, und schon durfte sie am lebenden Objekt arbeiten. Überhaupt war es fast *zu* einfach gewesen, die Stelle zu bekommen.

Die vor drei Jahren eröffnete Reproduktionsklinik arbeitete mit hohem wissenschaftlichen Anspruch. Trotzdem suchte die Klinikleitung händeringend Personal, obwohl die Stellenausschreibung in dem Bewerbungsbogen und dem Hochglanzprospekt erstklassige Arbeitsbedingungen versprach: überdurchschnittliches Gehalt, Sonderleistungen wie Urlaubs- und Weihnachtsgeld sowie Personalwohnungen.

Kein Wunder, überlegte Nikki. Nahe der niederländischen Grenze sagten sich Fuchs und Hase gute Nacht.

Wahrscheinlich zog es Fachpersonal oder Ärzte eher an renommierte Universitäten oder in eine Großstadt.

Schon bei der Einfahrt in das Gelände der Klinik hatte Nikki einen bewaffneten, in Schwarz gekleideten Pförtner gesehen, der erst nach eingehender Prüfung ihres Personalausweises und telefonischer Rückfrage das schmiedeeiserne Tor für sie öffnete. Direkt rechts und links anschließend an das Pförtnerhäuschen sicherte eine hohe Mauer mit Stacheldrahtaufsatz den Park.

Die Fertilitätsklinik, in einem ehemaligen Herrenhaus aus dem 19. Jahrhundert mit Gutsbetrieb untergebracht, ähnelte mit ihren zwei wehrhaften Türmen an der Vorderseite und einer Freitreppe eher einem Schloss. Im weitläufigen Gelände lagen die Stallungen und kleine Nebengebäude, die als Mitarbeiterwohnungen im Lageplan des Prospekts eingezeichnet waren.

Das einzige Zugeständnis der Villa an die Moderne zeigte sich von außen mit einem Anbau in Form eines englischen Pavillons. Ein verglaster Übergang verband beide Gebäude.

Die breite eichene Eingangstür des Haupthauses wurde durch einen weiteren Wachmann bedient. Mit einem Blick auf den Parkplatz erklärte sich Nikki den Zwang zur Security, denn dort reihten sich mehrere deutsche und englische Nobelkarossen aneinander. Ein Bentley trug sogar eine arabische Standarte. Als Nikki ihren popeligen Leihwagen daneben gestellt hatte, kam sie sich deplatziert vor.

Ein böiger Westwind hatte ein kaum hörbares Schweinequieken und Stallgeruch zu Nikki herübergeweht. Sie drehte sich kurz vor dem Eingang um und erspähte in der Ferne einen Typen, der vor den Ställen in Begleitung eines Schäferhundes Patrouille schob.

In der Empfangshalle hing das Logo der Klinik über einem Onyxblock, der als Tresen diente. An den Seitenwänden prangten großflächige farbenfrohe Wandgemälde, direkt auf den Putz gemalt. Expressionistisch – niederrheinischer Maler? Wow, sieht fast wie Campendonk aus, war Nikkis Überlegung gewesen. Ein ähnliches Fresko hatten sie und ihre Schwester Marie vor zwei Jahren in Krefeld bei einer Besichtigung der Villa Merländer gesehen. Bei dem Gedanken daran, wie froh und glücklich ihre Schwester gewesen war und wie tragisch sie geendet hatte, verspürte Nikki wieder einmal den Schmerz. Sie räusperte sich und versuchte, die aufsteigenden Tränen zu beherrschen.

Frau Hell, die Personalchefin, eine unauffällig geschminkte Endvierzigerin in dunkelgrauem Businessanzug, hatte Nikkis ausgefüllten Fragebogen, ihre Zeugnisse und den Lebenslauf durchgeblättert. Sie hakte kurz nach: »Sie schreiben hier, dass Sie deshalb noch keinen Abschluss Ihres Studiums der Biologie vorweisen können, weil Sie eine Auszeit bräuchten?«

Nikki zögerte: »Ich möchte ehrlich zu Ihnen sein. Das ist nicht die ganze Wahrheit. Eigentlich brauche ich dringend Geld. Meine Ersparnisse sind durch einen Todesfall in der Familie aufgebraucht, um nicht zu sagen, stehe ich gewaltig in den Miesen und kann mir im Augenblick allein mit dem Bafög kein weiteres Studienjahr leisten.«

»Aha, ich verstehe. Wann könnten Sie denn bei uns anfangen?«

Nikki überlegte keine Sekunde: »Wäre es möglich, dass ich heute schon …?«

»Ich denke, wir können das arrangieren.« Frau Hell sah auf ihre Armbanduhr. »Es ist zwar Freitag, und freitags beginnt das Wochenende für unsere Laborangestellten um fünfzehn Uhr. Für Ihre Einarbeitung bleibt trotzdem noch Zeit. Sie streben doch eine längerfristige Beschäftigung bei uns an und verpflichten sich, nach Ihrem Examen weiter bei uns zu arbeiten?«, fragte Frau Hell.

»Aber selbstverständlich«, bestätigte Nikki.

»Nun, wie ich das sehe, sind Sie qualifiziert genug, und es steht Ihrer Einstellung von unserer Seite aus nichts im Wege. Wir vereinbaren eine dreimonatige Probezeit, beginnend mit dem heutigen Tag. Allerdings würde ich Sie bitten, über Ihre Kleidung und das Schuhwerk nachzudenken, Ihre High-Heels sind …« Frau Hell räusperte sich und fuhr fort: »viel zu unbequem für einen langen Arbeitstag. Wir sind ein seriöser Gesundheitsbetrieb und wünschen, dass unsere Mitarbeiter das auch nach außen repräsentieren.«

Unwillkürlich zupfte Nikki verlegen an ihrem – wie sie selbst zugeben musste – ziemlich kurzen und weit ausgeschnittenen Sommerkleid.

»Okay«, erwiderte sie.

»Natürlich erwarten wir von unserem Personal eine Unterzeichnung der Verschwiegenheitsklausel«, fügte Frau Hell hinzu.

Auf Nikkis Stirnrunzeln hin erklärte die Personalchefin: »Wir sind nicht nur eine Klinik, die Paaren ihren Kinderwunsch erfüllt, sondern betreiben auch Stammzellenforschung. Übrigens sind wir sehr wahrscheinlich bald in der Lage, Alzheimer, Diabetes, Parkinson oder Multiple Sklerose heilen zu können. Es ist nur natürlich, dass viele Universitäten und Wissenschaftler liebend gerne den Stand unserer Forschung erfahren würden. Deshalb ist es für uns außerordentlich wichtig, dass nichts von unserer Arbeit nach draußen dringt.«

»Das akzeptiere ich«, sagte Nikki und unterschrieb das ihr vorgelegte Geheimhaltungsdokument.

»Dann hätten wir ja im Augenblick alles geklärt.« Frau Hell schien sichtlich erleichtert. »Ich verhehle nicht, dass wir unter Personalnot leiden, und Sie uns der Himmel schickt. Wir würden dann zuerst einmal einen Rundgang durch unsere Räumlichkeiten machen und nach dem Sicherheitsscheck, bei dem Ihnen Ihre Zugangskarte ausgestellt wird, können Sie mit der Probearbeit anfangen. Der leitende Arzt und Inhaber unserer Klinik, Doktor Verdasyra, wird sich mit Ihnen später unterhalten. Leider ist er im Augenblick in einer Behandlung. Ich bin mir aber sicher, dass es kein Problem mit dem Chef geben wird«, erklärte sie beruhigend. Sie stand von ihrem Schreibtisch auf und forderte Nikki mit einer einladenden Handbewegung auf, ihr zu folgen.

Nikki biss sich kurz auf die Lippen. Dass sie so schnell dem Klinikleiter begegnen würde, damit hatte sie nicht gerechnet.

»Alle Etagen sind durch einen Aufzug erreichbar. In diesem Stockwerk sind die Büroräume«, erklärte Frau Hell, während sie durch den Flur schritt.

»Im obersten Stock ist das Appartement von Doktor Verdasyra, und in dem unter uns ist die Empfangshalle – aber die kennen Sie ja bereits – die Sprechzimmer, sowie die Behandlungsräume und der Operationssaal. Die können wir im Augenblick nicht besichtigen. Sie verstehen: äußerste Diskretion gegenüber unseren Patienten. Daneben verfügen wir auch über zwei Krankenzimmer. Falls es nötig ist, können unsere Kundinnen über Nacht bleiben.«

Nikki folgte der Personalchefin in die Empfangshalle und anschließend in den Anbau, in dem sich die Küche und eine Cafeteria befanden.

»Was haben wir denn heute auf dem Speiseplan?«, fragte Frau Hell den Koch, der mit vier Frauen in seiner Küche werkelte.

»Wie immer drei Menüs zur Auswahl, eines mit Fisch, das andere mit Fleisch und ein vegetarisches«, entgegnete der Küchenchef arrogant und leicht pikiert. Er schien nicht sehr erfreut über den unerwarteten Besuch in seinem Reich zu sein.

Komisch, dachte Nikki, als sie die vier Helferinnen beobachtete. Ohne Frau Hell oder sie zu beachten, tratschten die Frauen miteinander in einer ziemlichen Lautstärke. Nikki glaubte eine romanische Sprache zu erkennen. Alle trugen Kopftuch, und jede war schwanger, alle anscheinend im gleichen Stadium, etwa im 5. oder 6. Monat. Nikki konnte es sich nicht vorstellen, dass die Arbeiterinnen zu der Klientel der Klinik gehörten, oder dass sie auch nur ansatzweise die enormen Kosten für eine Fertilitätsbehandlung bezahlen konnten.

Die Cafeteria entpuppte sich als gemütliches Restaurant. An einigen Tischen saßen in weiße Ärztekittel gekleidete Männer, die sich angeregt, aber leise unterhielten.

Als die Personalleiterin Nikki zu einem Espresso einlud, wurden sie durch eine weitere Frau bedient. Auch sie war, wie die vier in der Küche, schwanger.

Alles ganz merkwürdig, dachte Nikki. Wozu die ganzen Sicherheitsmaßnahmen? Hingen sie mit der Forschung oder sogar mit den schwangeren Küchenfrauen zusammen? Waren diese Frauen Leihmütter und verkauften der Klinik ihre Babys? Leihmutterschaft war in Deutschland verboten. Ebenso das Verkaufen von Kindern. Aber warum befanden sich dann alle Frauen im gleichen Schwangerschaftsstadium?

Der Aufzug glitt nun in das Kellergeschoss.

»Jetzt kommen wir zu Ihrer zukünftigen Arbeitsstätte, dem Labor. Früher war hier die Herrenhausküche. Gleich gegenüber ist die Toilette sowie ein kleiner Wasch- und Umkleideraum für die Angestellten, daneben ein Computer- und Serverraum«, beendete Frau Hell die Besichtigungstour.

Nikki stutzte, sie zählte die Anzahl der genannten Räume und verglich sie mit denen im Erdgeschoss. Ihrer Berechnung nach mussten sich hier unten noch mindestens zwei weitere Zimmer befinden. Wenn die genannten Arbeitsräume nicht riesige Ausmaße hatten, fehlte etwas bei der Aufzählung. Zusätzlich endet der Gang mit einer verschlossenen High-Tech-Tür. Nikki fragte nicht nach.

Das mit den neuesten technischen Geräten ausgestattete Laboratorium besaß fünf Arbeitsplätze, von denen im Augenblick nur einer besetzt schien. Durch die Oberlichter, die einen abgeschnittenen Blick auf die Rasenkanten ermöglichten, kam nur wenig Tageslicht herein. Ein Boden aus Terrazzo sorgte zusätzlich für kühle Atmosphäre. Das kalte Licht der an den Decken angebrachten Neonleuchten verstärkte den nüchternen und kalten Eindruck des Raumes.

Nikki entdeckte am anderen Ende des Labors eine moderne, ebenfalls verschlossene Aluminiumtür, die bestimmt kein Überbleibsel der ehemaligen Küchenausstattung war.

Eine Technische Laborassistentin wies Nikki an ihrem Arbeitsplatz ein. Nikki schätzte die Kollegin auf höchstens neunzehn, wenn nicht sogar jünger, zumal sie deutlich kleiner und zierlicher als sie war.

»Hallo, ich bin Afra, das ist einfach zu merken. Aber wie wäre es, wenn wir uns duzen?«, hatte sie Nikki freundlich lächelnd gleich zu Anfang gefragt. Der Name Afra passte zu der jungen Frau mit der sonnengebräunten Haut. Ihr dunkles, leicht gekräuseltes Haar wurde durch ein orangefarbenes Haarband zusammengehalten. Das Bandeau betonte das Exotische an ihr, wie auch Afras Augen, die durch eine Spaltbildung der Iris Katzenaugen glichen. Die Kollegin trug den in einem Labor üblichen gestärkten weißen Kittel mit Namensschild und einer elektronischen Schlüsselkarte in Blau, die an ihrer Kitteltasche klemmte. Nikki hatte auch eine Chipkarte erhalten, aber in Grün. Ihre galt nicht für alle Bereiche.

Nikki lachte zustimmend. »Hallo, das trifft sich gut, eigentlich heiße ich Nicole, aber alle nennen mich Nikki.« Sie zeigte auf ihr Namensschild.

Dass Nicole nur ihr zweiter Vorname war, und auch der Familienname nicht stimmte, eigentlich ihre ganze Geschichte auf Lügen basierte, würde sie selbst dieser netten Kollegin nicht auf die Nase binden.

»Ich hole dann mal die Eizellen aus dem Inkubator, damit du gleich anfangen kannst. Deine Handtasche verstaust du am besten unter der Laborbank, ansonsten gäbe es dazu die Spinde im Waschraum.«

Dass Ova fast aller Spezies sich ähnelten, nur in der Größe variierten, wusste Nikki. Sie vermutete, dass es sich unter ihrem Mikroskop um Eizellen von Schweinen handelte. Sie konnte es sich nicht vorstellen, dass für die Forschung eine so große Menge an menschlichen Eizellen bereitstand.

Das Ovum wurde in einem Tropfen Kulturflüssigkeit suspendiert, der mit einer dünnen Schutzschicht Mineralöl überzogen war, die verhindern sollte, dass die Kulturflüssigkeit verdunstete. So sollte die Zelle konstant in dem für sie geeigneten Milieu und Zustand bleiben.

Die Eizelle, die Nikki als erste angesogen hatte, sah gesund aus. So vollkommen wie die anderen, die in der Flüssigkeit schwammen. Die körnige Beschaffenheit des Zytoplasmas und das Chromatin fluoreszierten unter dem ultravioletten Licht. *Wie winzige Glühwürmchen, die im Schwarm in einer Graupensuppe zappeln,* dachte Nikki. Als Hinweis auf das vorangegangene unsanfte Absaugen von seinem Nährfollikel blieben die gezackten Überreste der Corona radiata ihrer Granulosazellen, die mit der dichten Hülle – der Zona pellucida – verklebt waren.

Alle Eizellen wurden im unreifen Stadium aus dem Eierstock entnommen und reiften erst nachträglich in vitro aus. Sie waren nun im richtigen Stadium, um sich mit einem Spermium zu vereinigen.

Nikki reckte sich, die filigrane Arbeit am Mikroskop fiel ihr schwerer, als sie gedacht hatte. Außerdem brannten ihre Augen durch die ungewohnten farbigen Kontaktlinsen.

Genau wie Afra es ihr gezeigt hatte, durchbohrte sie nun mit einer Pipette die Zona pellucida und stieß mit der nadelförmigen scharfen Spitze ins Innere der Zelle. Dann schob sie sie weiter bis zur DNA und saugte sie mit leichtem Unterdruck in der Pipette ab, sodass sie in dem Glasstäbchen verschwand. Die Eizelle überstand die Tortur der Entkernung unbeschadet und wurde fixiert. Nikki durchstieß erneut mit der abgeschrägten Spitze einer anderen Pipette die Zelle, drang aber nur bis zur Zona pellucida vor und verschonte die Membran.

Dann spritzte sie eine Flüssigkeit, in der sich eine relativ kleine, spindelförmige adulte, also reife, Hautzelle befand, in den pervitellinen Raum. Als Nikki nach zwei Stunden alle fünfzig Eizellen präpariert hatte und aufblickte, stand Afra neben ihr. Sie beobachtete sie mit prüfendem Blick.

»Lass mal sehen«, forderte sie Nikki auf, die auf ihrem Bürostuhl ein wenig zur Seite rollte, um Afra Platz zu machen.

Nikki schaltete unbemerkt das Karten-Lesegerät in ihrer Tasche an, während Afra durch die Okulare schaute.

»Prima, du hast das schneller kapiert, als ich dachte. Das war der Probelauf, jetzt kannst du Mittagspause machen und nachher weiterarbeiten.«

»Was wäre gewesen, wenn ich irgendetwas falsch gemacht hätte, und die Eizellen hinüber wären?«, fragte Nikki.

Afra lachte. »Kein Problem, wir haben reichlich davon.«

»Dann sind das hier bestimmt Ova von Rindern oder Schweinen?«, hakte Nikki erstaunt nach.

»Nein, wie kommst du darauf? Das sind menschliche Eizellen«, entgegnete Afra.

Nikki zuckte unwillkürlich zusammen. Es traf sie wie ein Schlag. Während des konzentrierten Arbeitens am Mikroskop war sie sicher gewesen, dass sie an tierischen Eizellen arbeitete. Sie stammelte: »Aber wir transferieren Erbgut in die Eizellen. Und wenn das menschliche Ova sind, ist das doch Klonen.«

»Wenn du das rein technische Verfahren meinst, hast du recht«, erklärte Afra. »Es gehört zu unserer embryonalen Stammzellenforschung. Wir sind eine der wenigen Forschungsabteilungen in Deutschland, denen therapeutisches Klonen erlaubt ist. Zumal Doktor Verdasyra schon in seiner früheren Klinik damit erste Erfolge erzielt hatte. Wir arbeiten nur mit überschüssigen Gameten und dürfen dazu unbefruchtete Eizellen nutzen. Ansonsten würden sie im Mülleimer landen. Die Patientinnen haben ihr Einverständnis gegeben.«

»Ach so«, sagte Nikki und unterdrückte eine Bemerkung.

»Und im Übrigen wissen wir natürlich, dass es hierzulande verboten ist, aus diesen verschmolzenen Eizellen Embryonen zu züchten. Ich kann dich beruhigen, wir gewinnen die Stammzellen im Blastozystenstadium, also bevor die embryonale Differenzierung eintritt. Du bist doch keine von den religiösen Spinnerinnen?«, fragte Afra.

Nikki schüttelte den Kopf.

»Okay, Gott sei Dank. Dass unsere Forschung wichtig ist und die Zukunft der Medizin sein wird, muss ich dir ja nicht sagen.«

Afra legte beruhigend eine Hand auf Nikkis Schultern, sie kam ihr ganz nahe, sodass sie gleich groß wie die sitzende Nikki war. Afra schaute sie prüfend an. Dann sagte sie: »Ich bringe deine fertigen Eizellen zur Weiterverarbeitung.«

Sie nahm die Petrischale auf. Dann ging sie auf die Aluminiumtür zu, öffnete sie mit ihrer Schlüsselkarte, indem sie zusätzlich noch Zahlen in ein Tastaturfeld eintippte. Sie drehte sich noch einmal in der Türöffnung zu Nikki hin, lächelte ihr zu, bevor sie das Labor verließ.

Während Afras Vortrag hatte Nikki zustimmend genickt, aber in ihrem Kopf rasten die Gedanken: Wie zum Teufel konnte die Klinik bloß so viele überschüssige Eizellen produzieren? Sie schätzte, dass sie und Afra heute mindestens 60 oder 70 Eizellen entkernt hatten, und der Arbeitstag war noch nicht zu Ende. Wenn alle Plätze im Labor besetzt sein würden, kämen an einem Tag Hunderte von Ova zusammen. Außerdem brauchte es für eine Stammzelllinie über 200 Eizellen. Nach allem, was Nikki über die Stimulation von Eizellen wusste, war es ziemlich ausgeschlossen, diesen Überschuss zu gewinnen. Normalerweise reiften während eines hormonell angeregten Zyklus nur circa 10 Eizellen, und die meisten wurden für die In-vitro-Fertilisation, also für die Befruchtung in der Petrischale und anschließend zur Einpflanzung in die Gebärmutter verwendet. Sie konnte sich noch gut daran erinnern, wie sehr ihre Schwester während der künstlichen Hormongaben unter Übelkeit, Schmerzen und den Wassereinlagerung im Körper gelitten hatte, und wie froh sie gewesen war, als bei ihr endlich drei reife Eizellen entnommen werden konnten.

Noch während Nikki angestrengt nachdachte, woher diese Zellen stammten und was mit ihnen hinter der Aluminiumtür geschehen würde, tauchte wie aus dem Nichts ein Herr auf – gekleidet in eine Kombination, bestehend aus englischem Sakko, einem eleganten Halstuch und passendem Tüchlein in der Brusttasche. Durch seine Schlüsselkarte identifizierte Nikki den gutgekleideten Herrn als Doktor Verdasyra. Vor zwei Jahren hatte sie ihn nur in OP-Kleidung mit Haube und Gesichtsmaske gesehen.

Bevor der Klinikleiter an ihrem Arbeitsplatz ankam, blieb ihr kaum Zeit, unauffällig das Lesegerät, das sie zum Kopieren der Daten von Afras Chipkarte benutzt hatte, zusammen mit ihrem Smartphone unter der Laborbank verschwinden zu lassen. Im gleichen Moment erschrak sie, als sie die unheimliche Ähnlichkeit des Doktors mit Afra erkannte.

Der Klinikchef war genauso sonnengebräunt. Seine Bräune wirkte aber im Gegensatz zu Afras künstlich und unecht. Obwohl Doktor Verdasyra Nikkis Internetrecherche nach mindestens 70 Jahre alt sein musste, waren nur seine Schläfen leicht ergraut, das übrige Haar dunkel und leicht gekräuselt. Aber besonders auffallend war die Spaltbildung in beiden Augen, das angeborene Iris-Kolobom.

»Frau Nicole Juelsgaard? Guten Tag.«

Nikki stand auf. Der Arzt reichte ihr nicht die Hand, obwohl er ziemlich nahe vor ihr stehen blieb und sie eindringlich musterte. Instinktiv zog Nikki ihren offenen Kittel über ihrem Dekolleté zusammen und versuchte, den Saum des Kleides über die Knie zu ziehen.

»Wie gefällt Ihnen Ihre Arbeit? Ich hörte von Frau Hell, dass Sie Biologin sind. Afra hat mir schon gesagt, dass Sie wahnsinnig schnell die Prozedur beherrschen.«

»Vielen Dank«, entgegnete Nikki. »Ich hatte ja auch eine gute Anleitung.«

Doktor Verdasyra grinste, während er seinen Blick auf ihre schlanken Fesseln wandern ließ, um dort einen Augenblick zu verweilen, bevor er den Blick wieder auf ihre Oberweite richtete und weitersprach: »Ja, Afra ist eine meiner besten Mitarbeiterinnen. Bei ihr sind Sie in guten Händen, besser hätte ich es auch nicht machen können. Da ich manchmal neues technisches Personal einarbeite, wäre es mir in Ihrem Fall ein ganz besonders Vergnügen gewesen – wenn ich nicht anderweitig Termine gehabt hätte. Aber kann ich im Augenblick etwas für Sie tun, haben Sie Fragen bezüglich Ihrer Tätigkeit?«

Ohne langes Überlegen brach es aus Nikki heraus: »Ja, ich hätte noch ein paar Fragen. Können Sie mir sagen, was es mit den schwangeren Frauen in der Küche auf sich hat?«

Doktor Verdasyra stutzte: »Ach, sind da einige schwanger?«

»Ja, und jede etwa im gleichen Stadium, so als ob ein Virus in der Luft hängt.«

»Ha, ha, ein Virus, das ist gut! Aber Spaß beiseite. Für das Küchenpersonal ist Frau Hell zuständig. Dass da irgendwelche Frauen schwanger sind, ist mir noch nicht aufgefallen.« Die Stimme des Doktors klang plötzlich unwirsch.

Nanu, wunderte sich Nikki. *Als Arzt, der Frauen wegen ihrer Unfruchtbarkeit behandelt, fielen ihm keine Schwangeren auf?*

»Ich meinte aber, ob Sie Fragen zu Ihrer Arbeit hier haben«, lenkte Doktor Verdasyra ab.

»Afra sagte etwas von Stammzellen?«, erkundigte sich Nikki betont naiv.

»Ja, wir arbeiten mit Stammzellen. Im Augenblick interessiert mich die Frage, wie man den Vorgang der Reproduktion eines implantierten Genoms optimieren kann. Im Grunde geht es bei meiner Forschung um das Reproduzieren von Tieren. Sie kennen doch sicher das Schaf Dolly?«

»Klar«, bestätigte Nikki. »Aber eine Studie aus den USA zeigt, dass die Risiken der Stammzellen neu eingeschätzt werden müssen. Die meisten Klone sterben noch vor der Geburt, und bei denen, die überleben, ist die Missbildungsrate sehr hoch. Selbst Dolly hatte vorzeitige Alterserscheinungen und starb relativ früh. Wie umgehen Sie diese Probleme? Wenn Sie hier mit menschlichen Ova arbeiten, kann ich mir vorstellen, dass Sie Unmengen von Eizellen brauchen.«

Doktor Verdasyra zog seine Stirn in Falten »Wer behauptet denn, dass wir mit menschlichen Ova arbeiten?«

»Das sagte Afra«, erwiderte Nikki. Sie hatte anscheinend einen wunden Punkt berührt, jedenfalls glaubte sie ein böses Funkeln in den Augen des Arztes aufblitzen zu sehen.

»Da irrt sie sich aber.« Der Klinikchef kniff seine Augen zusammen, und seine Stimme klang mit einem Mal einschmeichelnd: »Ich muss das gleich richtig stellen. Wir arbeiten selbstverständlich mit Eizellen von Schweinen, dazu haben wir hier auf dem Gelände unsere eigene Schweinezucht. Aber lassen wir das für den Augenblick, wir könnten das ein anderes Mal besprechen. Ich würde mich freuen, mit so einer intelligenten Mitarbeiterin in einer etwas persönlicheren Atmosphäre weiter zu diskutieren, zumal wir Akademiker uns sozusagen auf der gleichen geistigen Ebene begegnen. Wir wäre es, wenn wir uns heute Abend in meinem Appartement treffen, dann kann ich Ihnen bei einem Glas Wein meine Forschungsergebnisse zeigen.«

Wow, was für eine Anmache, dachte Nikki. Ihr war nicht verborgen geblieben, dass der Arzt sie während ihres Gespräches immer wieder unverhohlen taxierte.

»Das wäre nett, vielen Dank. Leider habe ich heute Abend schon etwas vor«, entgegnete Nikki und rang sich ein Lächeln ab.

»Wie wäre es dann an einem anderen Tag oder am nächsten Wochenende?« Anscheinend ließ sich der Doktor nicht so leicht abwimmeln.

Ihren ganzen Charme versprühend antwortete Nikki: »So ein Pech, ich habe heute meinen Terminkalender vergessen. Lassen wir es doch einfach auf uns zukommen, ich laufe Ihnen bestimmt nicht weg.« Sie zwinkerte ihm vertraulich zu, was der Arzt anscheinend als Zusage zum Date interpretierte.

»So machen wir es. Also bis demnächst. Ich muss wieder zu meinen Patienten. Wir sehen uns am Montag.«

Als der Klinikchef den Raum verlassen hatte, sackte Nikki erleichtert auf ihrem Stuhl zusammen. Er hatte sie in ihrer Verkleidung nicht wiedererkannt.

Jetzt oder nie, dachte sie. Sie schaute auf ihre Armbanduhr. Mittagspause. Noch war sie allein. Aber niemand wusste, wann Afra wieder zurückkam. Wenn sie den sich selbst gestellten Auftrag heute noch erledigen wollte, musste sie sich sputen.

Aus ihrer Handtasche holte sie das Lesegerät hervor und fertigte aus einem Kartenrohling eine Dublette von Afras Schlüsselkarte an. Sie schob die Dublette in den Kartenschlitz und sprühte auf das Tastaturfeld der Aluminiumtür ein Kontaktspray. Die von Afra vorhin eingetippten Zahlen leuchteten gut sichtbar in einem Neongrün. Murmelnd: »Sesam öffne dich« bediente Nikki das Tastaturfeld. Einmal vertippte sie sich, weil ihre Hand zitterte. Aber dann klappte es, und die Tür öffnete sich geräuschlos und fiel hinter ihr wie durch Geisterhand ins Schloss. Gleichzeitig blinkten an den Decken Neonröhren auf und tauchten den Raum in ein grelles Licht.

Nikkis Absätze klackten auf dem kühlen Terrazzoboden. Anscheinend waren beide Räume vor der Trennung die ehemalige riesige Küche gewesen. Es gab noch den großen Speisenaufzug, der nach wie vor die Etagen verband. An den Wänden reihten sich 20 manngroße Inkubatoren. Ihre Thermometer zeigten konstant 37 Grad an und hielten eine Luftfeuchtigkeit von 100 Prozent. Die Inkubatoren enthielten flache Glasschalen oder Gewebekulturen. Einige der Kästen waren mit der Aufschrift versehen: »Fertig zum Transfer«.

Dahinter gab es einen weiteren Bereich, der mit »Organzimmer« gekennzeichnet war. Drinnen standen unter ultraviolettem Licht mehrere riesige Glasbehälter, die wie Aquarien aussahen. In jedem der mit einer Flüssigkeit gefüllten und mit Thermometer versehenen Behälter schwammen etwa zehn Zentimeter große Glaskugeln, aus denen ein Gewirr von Schläuchen und Leitungen herausragten. In den großen Kugeln befanden sich walnussgroße Gebilde in konstant körperwarmer Flüssigkeit. Alle Kugeln waren mit einem Permanentmarker alphanumerisch gekennzeichnet. Nikki betrachtete die Aquarien genauer, und vor Schreck blieb ihr fast das Herz stehen. Es waren junge Eierstöcke, gut zu erkennen an der gezackten pockennarbigen Oberfläche. Um die Nährstoffversorgung aufrecht zu erhalten, hatten die Techniker die großen Blutgefäße mit Kanülen verbunden. Anscheinend war es Doktor Verdasyra gelungen, komplette funktionsfähige Ovarien zu erhalten.

Nikki fertigte mit ihrem Handy Fotos der Glasbehälter an und schickte sie mit einer Nachricht weiter. Dann zog sie aus ihrer Tasche ein Blatt Papier mit den Namen der Ei-Spenderinnen hervor. Während ihrer Vorbereitungszeit auf den Undercover-Job hatte sie mit Hilfe eines speziellen Programms die Zugangsdaten und Passwörter der Klinik geknackt. Obwohl ihr Freund, ein Computer-Nerd, sie gewarnt hatte, das sei strafbar, und er könne das nicht gutheißen. Schließlich könnte man sie auf Grund der IP-Nummer ihres Computers erwischen. Was sie denn Illegales zu finden hoffe? Die Forschung werde schließlich durch die Behörden oder wissenschaftlichen

Enquetekommissionen überprüft. Trotzdem stand Nikkis Entschluss fest, sich unter dem Vorwand, einen Laborjob zu suchen, in die Klinik einzuschleusen.

Seit ihre Schwester so elend gestorben war, hatte sie keine Ruhe mehr gefunden, bis sie und ihr Freund endlich den Computer der Klinik gehackt hatten. Aber in einem Ordner stand neben dem Namen ihrer Schwester lediglich die Bemerkung: »Transfer gelungen«.

Als sie die Ordner »Spenderinnen« angeklickt hatte, fielen ihr die vielen Roma-Namen auf. Alle fingen mit B wie Badi, Bazo, Bodi oder Bihary an. Hinter jedem Namen standen Bemerkungen: »Einnistung fehlgeschlagen« oder »Fehlgeburt«. Nikki verglich die Nummern und Initialen auf den Glaskugeln mit denen auf ihrem Ausdruck. Den Unterlagen zufolge hatte jede der Roma-Frauen mehrere tausend Eizellen gespendet.

Das blanke Entsetzen überkam sie. Jetzt konnte sie sich die Herkunft der vielen Eizellen und das Geheimnis der schwangeren Küchenhelferinnen erklären. Doktor Verdasyra unterbrach ihre Schwangerschaften, um noch vor der Geburt an die Eierstöcke weiblicher Embryonen zu kommen. In diesem Stadium enthielten sie bis zu 200.000 Ova.

Das Tun des Arztes unter dem Deckmantel der Forschung verschlug Nikki fast den Atem. Aber dann fing sie sich, sah sich weiter um und entdeckte am anderen Ende des Raumes neben dem Speisaufzug eine weitere Tür mit Kartenschlitz und Tastenfeld.

Auch hier passte die Dublette. Eine steile Treppe führte nach unten in einen zweiten, tiefen Keller. Als Nikki in diese Unterwelt eindrang, schauderte sie bei dem Gedanken, was sie hier wohl entdecken würde. Die Wände fühlten sich klamm und feucht an. Das war bestimmt früher der Eiskeller, überlegte Nikki. Lange bevor es Kühlschränke gab, wurden in solchen Gewölben mit riesigen Eisstangen Lebensmittel gekühlt. Jetzt glich das Gewölbe eher einem Autopsiesaal, in dem sich tatsächlich an den Wänden Gefrierschränke aus Edelstahl befanden. Jedes Kühlfach war mit einem Datum versehen. Das letzte war zwei Jahre alt.

Nikki zog ein Fach heraus und zuckte zurück. »Oh mein Gott«, stieß sie hervor. Sie blickte auf fünf männliche tiefgefrorene Föten, alle mit aufgeblähten Nabelschnüren, die Körper bedeckt mit dichtem dunklem Lanugoflaum. Die Gesichter waren platt und aufgedunsen, die Augen winzig und die Nasenlöcher der Stummelnasen sahen so aus, als ob sie gegen eine Glaswand gedrückt wären. Arme und Beine glichen winzigen Paddeln. Aber am auffallendsten waren die weit aufgerissenen Augen mit den schlitzförmig gespaltenen Regenbogenhäuten.

Zitternd und nahezu bewusstlos vor Angst machte Nikki Fotos des Kellergewölbes und der Chimären und schickte sie an ihren Freund weiter.

Nun ahnte sie, dass Doktor Verdasyras sogenannte Stammzellforschung bis vor zwei Jahren darin bestanden hatte, seine eigenen Zellkerne in die Eizellen von Schweinen zu transferieren und anschließend seine Klone von Säuen austragen zu lassen. Anscheinend befanden sich seine Experimente damals noch in der Anfangsphase. Inzwischen war er zur Reproduktion menschlicher Eizellen übergegangen. Wie eitel, egozentrisch und gewissenlos musste dieser »Arzt« sein, um Ebenbilder von sich herzustellen?

Afra war sehr wahrscheinlich wegen ihres Alters und Geschlechts kein Klon, obwohl sie alle genetischen Merkmale aufwies, die sich aber bei ihr auch ohne Manipulation des Erbgutes durchgesetzt hatten.

Jetzt erklärte sich auch das seltsame Aussehen des kleinen Jungen, den Nikkis Schwester Marie nach einer

Fertilitätsbehandlung bei Doktor Verdasyra zur Welt gebracht hatte. Das Baby wies keinerlei Ähnlichkeit mit dem Mann ihrer Schwester auf, sondern glich dem behandelnden Arzt, wie Nikki heute entdeckt hatte, wie ein Ei dem anderen. Es wurde ebenfalls mit dem Iris-Kolobom geboren. Zwar brachte Marie die Hälfte ihres Erbgutes ein, aber die Erbinformationen des Arztes waren dominant.

Zuerst leugnete Marie das Augenscheinliche, so überglücklich war sie gewesen, endlich ein Baby im Arm zu halten. Aber als ihr Mann sie kurz nach der Geburt verließ – er war von Anfang an gegen die künstliche Befruchtung gewesen und bezichtigte nun seine Frau der Untreue – da kamen bei Marie die ersten Zweifel auf. Als der Neugeborene nach ein paar Tagen unter ungeklärten Umständen verstarb, nahm Marie eine Überdosis Schlafmittel. Nikki fand ihre Schwester tot neben einem Abschiedsbrief, in dem Marie schrieb, dass sie sich schämte, und sie wäre an allem Schuld. Seit dem Tag hatte Nikki sich geschworen, das Geheimnis um die Herkunft des Babys aufzudecken.

Gerade wollte sie den Horror-Keller verlassen, als sie auf der Treppe Schritte hörte. Sie schaute sich um. Es gab keinen Fluchtweg, nirgends ein Versteck, außer in den Tiefkühlfächern.

Sie zitterte bei dem Gedanken neben den toten Föten – halb Mensch, halb Tier – zu liegen. Wie angewurzelt blieb sie stehen. Sie blickte in die Augen von Doktor Verdasyra, der mit gezogener Pistole auf sie zutrat. Direkt hinter ihm erschien Afra, seine Tochter.

»Wen haben wir denn da?«, fragte Doktor Verdasyra mit verächtlicher Stimme. »Zu schade, dass ich mich Ihrer entledigen muss. Ihre Eierstöcke wären für meine Forschung wertvolles Material gewesen«, fügte er zynisch hinzu. Afra lachte laut auf. Nikki wollte die Augen schließen, sie sah sich schon erschossen und irgendwo verscharrt in der Erde liegen, als sie laute Rufe, Gepolter und gellende Polizeisirenen hörte. Im Schein extrem starker LED-Taschenlampen stürmten mehre Polizisten das Gewölbe, in ihrem Schlepptau Nikkis Freund.

Wenn die Zeit reif ist

von Ulrike Blatter

Grundlagenforschung soll wertfrei und ergebnisoffen sein. Das ist allgemeiner Konsens. Schließt diese idealistische Sicht auf die Wissenschaft auch finanzielle Interessen aus? Beim Blick auf massentaugliche Vermarktbarkeit von neuen Produkten und in Zeiten erbitterter Grabenkämpfe um Fördermittel (aus wessen Geldtöpfen auch immer) fällt die Antwort oft erschreckend leicht.

Ein weiteres Problem der Grundlagenforschung ist, dass ihre Ergebnisse oft nicht in die Zeit passen. Mögen sie noch so genial sein – ihre Bedeutung wird nicht erkannt. Glühbirne und Telefon wurden mehrmals erfunden, bis sie sich am Markt durchsetzten. Und der Mathematiker Heron entwickelte bereits im ersten Jahrhundert nach Christus die Dampfmaschine. Diese erlangte jedoch nur eine flüchtige Bedeutung als technischer Gag und Tischdekoration. Das Potential zur Einsparung von Arbeitskraft erkannte damals niemand. Es gab ja genügend billige Sklaven.

Heute klagen wir über Fachkräftemangel. Und die Billig-Lohn-Länder sind auch nicht mehr das, was sie mal waren. Läge die Lösung solcher Probleme etwa in der Erzeugung billiger Klon-Sklaven? Quasi die Neuerfindung der Dampfmaschine und damit eine neue industrielle

Revolution mit den Mitteln der Gentechnik? Auf dem Papier ist alles erlaubt, erst recht in einem Krimi. In der Realität geht es jedoch weniger um die Erzeugung willenloser Klon-Armeen, sondern um das hochlöbliche Ziel der Stammzellforschung zum Wohle schwer erkrankter Menschen. In diesem Essay kann unmöglich auf alle ethischen Aspekte der aktuellen Diskussion eingegangen werden. Ich empfehle die folgende Homepage: *www.zellux.net/index.php.* Danach ist man vielleicht nicht schlauer, aber wahrscheinlich etwas klüger.

Wissenschaftler sollten sich auch heute noch die folgenden Sätze der Göttinger Erklärung *(Vgl. auch: http://de.wikipedia.org/wiki/G%C3%B6ttinger_Achtzehn)* hinter den Spiegel klemmen: »[...] unsere Tätigkeit, die der reinen Wissenschaft und ihrer Anwendung gilt [...] belädt uns aber mit einer Verantwortung für die möglichen Folgen dieser Tätigkeit. Deshalb können wir nicht zu allen politischen Fragen schweigen.«

Deshalb ist es gut, dass alle Fragen rund um den Embryonenschutz immer wieder neu durchdiskutiert werden. Und zwar frei von finanziellen Interessen, auch wenn es noch so schwer fällt. Wer mit dem Patientenwohl argumentiert, darf nicht mit einem Auge auf die wohlgefüllten Geldbörsen ebendieser Patienten schielen. Meines Wissens kommen die Ergebnisse der Stammzellforschung nämlich nicht den Ärmsten der Armen zugute. Weltweit sterben jedes Jahr Millionen Kinder an Durchfall und Lungenentzündung. Diese Erkrankungen sind gut behandelbar, ganz ohne Gentechnik. Aber dies nur am Rande.

Zum Schluss sei es mir noch erlaubt, eine kleine, aber bitterböse Geschichte zu erzählen. Immerhin ist dies eine Krimisammlung und keine Moralpredigt! Sie verdeutlicht, wie unterschiedlich Standpunkte sein können und dass die Debatte mit der Abnabelung eines kerngesunden Neugeborenen noch lange nicht beendet ist:

Ein Rabbiner, ein katholischer Geistlicher und ein Iman streiten sich darüber, wann das menschliche Leben beginne. Sagt der Iman: »Das menschliche Leben beginnt am 120. Tag der Schwangerschaft, wenn der Embryo seine Seele erhält.« – »Nebbich«, widerspricht der Rabbi. »Der menschliche Embryo erhält seine Seele bereits am 40. Tag.« Aber der katholische Priester schüttelt den Kopf: »Es ist doch selbstverständlich, dass das menschliche Leben schon mit der Verschmelzung von Ei- und Samenzelle beginnt.« Da sie sich nicht einigen können, beschließen sie, eine fünffache Mutter zu fragen. Wenn jemand über den Beginn des menschlichen Lebens Bescheid weiß, dann doch sie, oder?

Das Mütterchen sitzt auf der Bank vor ihrem Haus und genießt die Sonne. »Gute Frau«, fragen die drei Geistlichen. »Kannst du uns sagen, wann das menschliche Leben beginnt?«

Die Frau lächelt und sagt: »Das ist doch sonnenklar: Das menschliche Leben beginnt, wenn die Kinder aus dem Haus sind und der Mann unter der Erde ist.«

EDI GRAF

Drei Finger für Nscho-tschi

Drei Tage nach Liesbets Beisetzung wurde ich eingeliefert.

Nein, nicht in die Justizvollzugsanstalt Willich oder zur Untersuchungshaft in die Zweiganstalten Krefeld oder Mönchengladbach, obwohl das durchaus im Rahmen des Möglichen gewesen wäre. Bei einer rechtskräftigen Verurteilung wäre sicher das ehemalige »Königliche Weibergefängnis von 1903« in Willich, das heute für männliche erwachsene Strafgefangene zuständig ist, meine lebenslängliche Adresse.

Doch ich hatte vorgebeugt.

Ich hatte wenig Lust darauf, meine lang ersehnte und durch das überraschende Ableben Liesbets neu gewonnene Freiheit gleich wieder zu verlieren. Daher hatte ich bei ihrem Showdown selbst Regie geführt und eine Inszenierung abgeliefert, die Liesbets Namen als bekannte Schauspielerin alle Ehre machte. Den Mörder suchte die Polizei vergeblich und gab nach über einer Woche ihre Leiche endlich frei.

Kurz nachdem Oberkommissar Gustav Löbbecke von der Kripo Krefeld, der mir die Nachricht überbracht hatte, wieder gegangen war, rief ich Jupp an. Wir kannten uns seit der Schulzeit, hatten zusammen in Bochum studiert – er Medizin an der Ruhr-Universität und ich ein paar Semester am Geographischen Institut.

Aus mir war ein drittklassiger Schreiberling geworden, der sich mit Artikeln für Reisemagazine und Ärztezeitschriften und dem einen oder anderen Kurzkrimi mehr schlecht als recht über Wasser hielt; aus ihm ein angesehener Arzt, einer der bekanntesten Chirurgen, der sich auf komplizierte Handoperationen spezialisiert hatte. Professor Dr. med. Jupp Hendricks leitete die private Manufrakturklinik in Duisburg.

Jupp war seit etwas mehr als fünf Jahren Witwer und genoss sein neues Leben mit abwechselnden Frauenbekanntschaften in vollen Zügen. Wie seine Frau tatsächlich ums Leben gekommen war, wusste nur er genau; ich ahnte es jedoch. Damit war Jupp für mich zum Vorbild geworden.

Nun sollte Jupp – ohne etwas davon zu ahnen – zum Erhalt meiner Freiheit beitragen. Die Operation meines rechten Handgelenks hatte ich lange genug vor mir hergeschoben. Zur Beseitigung Liesbets war meine rechte Hand, und vor allem den rechten Zeigefinger am Abzug, dringend vonnöten gewesen, jetzt hatte ich Zeit und auch Muße, um für ein paar Tage in Jupps Klinik zu verschwinden. Natürlich war auch das ein Teil meines Plans.

Allerdings weihte ich ihn – aus guten Gründen – nicht in diesen Plan ein. Als Arzt wäre er vielleicht nicht mit meiner Idee einverstanden gewesen. Trotzdem war es nötig, gerade für diesen Part einen Vertrauten zu haben, besser gesagt: eine Vertraute.

Aus diesem Grund hatte ich schon seit etwas über einem Jahr ein loses Verhältnis mit Gritta. Wie schon erwähnt, fühlte ich eine gewisse Sehnsucht nach Freiheit und Unabhängigkeit, die mir in meiner Ehe mit Liesbet verloren gegangen waren. Gritta gewährte mir beides – und sie saß an der Pforte von Jupps Manufrakturklinik.

Schritt für Schritt weihte ich Gritta – soweit ich es für nötig hielt – in meinen Plan ein, ohne ihr allerdings die wahren Hintergründe zu nennen. Ich faselte etwas von einer angeborenen Operationsphobie, die ich dadurch in den Griff zu bekommen hoffte, dass ich im Vorfeld der OP mit Gleichgesinnten einen Erfahrungsaustausch vornehmen konnte.

»Wenn ich zum Beispiel jemanden im Zimmer hätte,« erklärte ich, »der eine ähnliche Operation vor sich hat – oder besser sogar: eine schlimmere, komplizierte – zum Beispiel eine Amputation – wäre mir schon sehr geholfen. Wenn derjenige dann noch vor mir erfolgreich operiert wird, bekomme ich meine Phobie sicher in den Griff.«

Gritta schien zu verstehen. Doch um sicher zu gehen, setzte ich noch eins drauf: »Die rechte Hand, das ist wichtig!«, ergänzte ich.

»Wieso das denn?«

»Na, weil es bei mir auch die rechte Hand ist! Ich muss mich total mit dem Anderen identifizieren können, sonst habe ich keine Chance!«, erklärte ich im Brustton der Überzeugung. Gritta nickte und versprach, mir sofort einen Termin zu geben, wenn ein Patient mit bevorstehender Handamputation eingeliefert werden sollte. Und zudem ein Bett in dessen Zimmer.

Drei Tage nach Liesbets Beisetzung war es soweit.

†

Ich hatte – das haben Sie ja mitbekommen – alles haarklein geplant. Meine Tasche für den Krankenhausaufenthalt war gepackt, und als Gritta anrief, um mir zu sagen, dass gerade ein Mann mit gequetschten Fingern im Rettungswagen unterwegs sei und die betroffene Hand wohl amputiert werden müsse, war ich wenige Minuten später in der Klinik und landete, genau wie ich es geplant hatte, bald darauf auf dem OP-Tisch.

Niemand außer mir wusste, dass es sich dabei um eine Verwechslung handelte. Nicht einmal das arme Schwein, das den Unfall mit der Anhängerkupplung gehabt und mit dem ich kurzfristig die Rollen getauscht hatte.

Doch der Reihe nach:

Meine Aufnahme in die Klinik verlief dank Gritta unproblematisch und routinemäßig.

Kurz nachdem ich angemeldet war und mich auf den Weg zur Station machte, sah ich aus dem Augenwinkel einen Rettungswagen in die Einfahrt biegen.

»Das könnte er sein«, raunte Gritta. »Geh jetzt auf das Zimmer und warte da.«

Gritta ging den Sanitätern entgegen, die den schätzungsweise 30-jährigen Patienten hereinbegleiteten. Es fiel mir sofort auf, dass er meine Größe und Statur hatte. Nur seine Haare waren dunkler als meine, und er trug eine Brille. Doch das sollte kein Problem sein.

»Sag mal«, wandte ich mich noch einmal in Gritta, »was wäre denn, wenn der Arzt die falschen Finger amputiert?«

»Äußerst unwahrscheinlich«, entgegnete sie. »Ein erfahrener Operateur wie Dr. Hendricks sieht sofort, ob er in gequetschtes Gewebe schneidet oder in einen gesunden Finger.«

Das hatte ich mir fast gedacht. Aber auch darauf war ich vorbereitet. Nicht umsonst wog meine kleine Gepäcktasche so schwer.

†

Der nächsten Minuten in der Klinik wurden spannend. Ich lag auf dem Bett und wartete. Nach kurzer Zeit brachten sie meinen Zimmergenossen. Es war der Dunkelhaarige mit den gequetschten Fingern. Ein dicker weißer Verband zog sich um Zeige-, Mittel- und Ringfinger. Der kleine Finger war verpflastert.

»Tag«, knurrte er und setzte sich auf das freie Bett.

Die Oberschwester der Station zeigte ihm seinen Schrank und fragte, ob sie ihm beim Einräumen helfen solle.

»Danke, nee«, kam es unfreundlich zurück. »Ich bin noch kein Krüppel, das kann ich selber!«

Sie zuckte zusammen. Ich schenkte ihr ein Lächeln, das sie errötend erwiderte. Dann verließ sie das Zimmer.

»So eine Scheiße!«, schimpfte der Gequetschte und hielt mir wie zum Protest seine bandagierte rechte Hand mit der Pose des dreifachen »Stinkefingers« entgegen.

»Unfall?«, fragte ich nach.

»Nein! Meine Frau! Zu blöd, um einen Wohnwagen anzuhängen!«, zischte er. »Ich hatte meine Finger dazwischen, und die blöde Kuh hat losgelassen!«

Ich grinste in mich hinein. Vielleicht war es ja Absicht gewesen? So mürrisch, wie der Typ sich gab. Es war Zeit, sich vorzustellen. Ich nannte meinen Namen.

»Hermann Vingersen«, sagte er.

»Das ist nicht Ihr Ernst? Finger-sen«, fragte ich und deutete auf seinen Verband.

»Doch«, sagte er. »Aber mit ›V‹ wie Vogel.«

Da können Sie ja froh sein, dass Sie nicht Schädelsen heißen, wollte ich scherzen, doch ich hielt mich zurück.

»Und was wird gemacht?«, fragte ich stattdessen.

Hermann Vingersen verzog das Gesicht und deutete mit seiner linken Hand einen Schnitt über die Finger seiner rechten an.

»Aua!«, rief ich. »Alle drei?«

Er nickte. »Ich hab mich mit Händen und Füßen gewehrt.«

Ich unterdrückte ein weiteres Grinsen angesichts der ungewollten Wortkomik.

»Wer verliert schon gern drei Finger. Aber die Ärzte sehen keine andere Möglichkeit.«

»Waren Sie beim Chef?«

»Der hatte noch keine Zeit. Aber sein Stellvertreter hat mir zu einer Amputation geraten.«

Das war ja genial! Jupp hatte demzufolge Vingersen noch nicht zu Gesicht bekommen. Prima!

»Und bei Ihnen?«

»Das Handgelenk. Ein Routineeingriff, sagen sie.«

»Hm«, grunzte Vingersen unzufrieden.

Wir können gern tauschen, wollte ich schon sagen, doch ich biss mir auf die Zunge. Ich legte mich auf mein Bett und dachte nach. Die nächsten Stunden waren für mein Vorhaben entscheidend, und eine leichte Nervosität machte sich bemerkbar.

Jupp hatte ich noch nicht zu Gesicht bekommen, und das war auch gut so. Ich hoffte, dass er bei einer OP nicht so sehr auf die Gesichtszüge des Patienten achtete, zumal dieser eine Narkosemaske trug.

Der Abend kam nur langsam angekrochen. Ich versuchte, ein wenig zu schlafen und blickte immer wieder nervös zur Uhr.

Ich dachte an meinen Plan B. Sollte sich mein Vorhaben nicht realisieren lassen, würde ich einen plötzlichen Todesfall in der Familie als Vorwand nehmen, um die OP zu verschieben und es zu einem späteren Zeitpunkt erneut versuchen. Die Manufrakturklinik war eine Anlaufstelle für Handoperationen aus ganz Deutschland, und es musste mit dem Teufel zugehen, sollten sich nicht binnen kürzester Zeit weitere Fingeramputationen ergeben.

Während ich in der kahlen Tristesse des weiß getünchten Krankenzimmers wartete und Vingersen neben mir in den Fernseher starrte, gingen mir die letzten Stunden Liesbets durch den Kopf.

†

Ihr Ableben war überraschend gekommen, zumindest für sie. Für mich hingegen war es das notwendige Ende eines langen Leidenswegs gewesen. Liesbet hatte es geschafft, mein Leben in den gut zehn Jahren unserer Ehe zu dominieren und mir alles zu nehmen, was auch nur im Geringsten nach Freiheit und Selbstbestimmung roch.

Ihre Karriere als Schauspielerin war ihr heilig. Das Rheinische Landestheater Neuss, das Schauspielhaus Düsseldorf und schließlich Essen, Bochum, Zürich und Wien, dann die erste Fernsehrolle als Leiche in einem Tatort und ein Kinofilm an der Seite von Leinwandstars zweiter Garde.

Hollywood hatte zwar nicht gerufen, aber in einem Heimatstück mit Franzi Vorderbächler und bei einer Verfilmung von »Hänsel und Gretel« hatte Liesbet die gierige Großbäuerin und die Hexe spielen dürfen. Danach zog es sie wieder ans Theater und auf die Freilichtbühnen von Xanten und Schloss Neersen. Später spielte sie in Elspe und Dasing Wildwestrollen.

Ich war ihr überallhin gefolgt, ordnete mein Leben vollkommen ihrer Karriere unter, und zum Dank vögelte sie sich durch die Garde ihrer jungen Schauspielerkollegen und ließ sich von Filmregisseuren flachlegen, um immer wieder an gute Rollen zu kommen. Diese häuften sich daraufhin in der Tat und somit auch die Summen auf unserem Konto.

Nachdem Liesbet für die Hauptrolle in dem Rentner-Drama »Letzte Liebe auf Lanzarote« den Goldenen Bimbam bekommen hatte, wurde mein Leben an ihrer Seite unerträglich, denn sie hatte keine Skrupel, ihre Liebhaber nun sogar mit ins Haus zu bringen. Als der Schauspieler Heinz-Detlef – den Nachnamen weiß ich nicht mehr – sich zum dritten Mal morgens mit meiner Rasiercreme einseifte und in meinem Bademantel zum Frühstück erschien, eröffnete mir meine Frau, dass sich scheiden lassen wolle. Und ich solle mir nicht einbilden, dass sie bereit sei, mir von ihrem Vermögen auch nur einen Cent zu überlassen.

Das war der Tag, als ich mit der Inszenierung ihres Showdowns begann.

†

Liesbet starb im Kugelhagel auf einer Freilichtbühne in dem Stück *Winnetou I* in der Rolle der Nscho-tschi. Der Regisseur sprach später von einem bedauerlichen, unerklärlichen Unfall, und die Polizei hatte mehr als genug damit zu tun, die Identität all jener Laienstatisten festzustellen, die – als Apachen oder Banditen – mit Gewehren und Pistolen auf der Bühne geschossen hatten.

Einer davon war ich gewesen, inkognito natürlich, nicht einmal Liesbet hatte mich erkannt. Hinter der Saloonkulisse hatte ich einsam gestanden und die Szene abgewartet, in der Nscho-tschis eigentlicher Mörder Santer mit seinen Banditen Winnetou, dessen Vater Intschu-tschuna und Winnetous Schwester Nscho-tschi überfällt.

Die Schüsse knallten, Intschu-tschuna warf die Arme in die Luft und stürzte scheinbar getroffen zu Boden. Ich legte mein Gewehr an und zielte. Als einziger im Ensemble war meine Waffe jedoch mit scharfer Munition geladen. Ich war der wahre Santer in dem Stück!

Laut Drehbuch wird auch Nscho-tschi durch einen Schuss schwer verletzt, stirbt aber erst in der nächsten

Szene in den Armen Old Shatterhands. In dieser Vorstellung nippelte sie unvorhergesehen eine Szene eher ab. Mein Schuss traf sie, als sie schon filmreif zu Boden gegangen war. Frei nach dem Motto: »Mein Schuss – ihr Schrei – wer war's? – Karl May!«

Schuss und Schrei gingen in den Schüssen und Schreien unter, die in dieser Szene aus dramaturgischen Gründen akustisch die Bühne erfüllten. Entsprechend lange dauerte es, bis der Mord bemerkt wurde.

Die Zeit arbeitete für mich. Während der Old Shatterhand-Darsteller von seinem Apfelschimmel stieg und sich bestürzt neben der niedergeschossenen Apachin niederließ, zog ich mich zurück.

»Scheiße!«, hörte ich ihn von weitem rufen, »Die ist, glaub ich, echt tot!«

Es war mir unterdessen nicht schwer gefallen, mich der Apachenkluft hinter der Bühne in einer der Garderoben zu entledigen, die rote Farbe samt Kriegsbemalung abzuwaschen und die Mokassins mit Sandalen zu vertauschen. Unerkannt verließ ich die Theaterkulisse durch einen Seiteneingang, als sich gerade die Armada von Notarzt, Polizei, Kripo und Kriminaltechnik mit Blaulicht ankündigte.

†

Das Leuchtdisplay meiner Armbanduhr zeigte mir auch im dunklen Zimmer die Zeit.

Kurz nach Drei.

Vingersen schlief. Tief und fest. Er würde auch morgen noch schlafen, wenn sie kamen, um ihn zu holen. Und er würde erst aufwachen, wenn ich alles hinter mir hatte. Es war mir nicht schwer gefallen, das Schlafmittel in seinen Tee zu mischen, während er auf der Toilette gewesen war.

Für gewisse Tätigkeiten braucht ein Rechtshänder mit seiner linken Hand eben etwas länger. Und damit meine ich nicht nur Nassrasieren und Nägelschneiden.

Auf der Station war es ruhig.

Ich machte mich an die Arbeit. Es war nicht ganz einfach, die Plätze der beiden Betten zu tauschen, doch nach einigem Rangieren stand Vingersens Bett samt ihm an meinem Platz, und meines an seinem.

Ich betrachtete den schlafenden Vingersen eine Weile. Dann verschwand ich im Bad.

Als ich nach zwanzig Minuten wieder ins Krankenzimmer kam, hatten meine Haare einen dunklen Farbton. Gut, dass ich, wenn auch widerwillig, das Tönen bei Liesbet immer wieder mal geübt hatte.

Jetzt kam das Schwierigste. Ich öffnete meine kleine Reisetasche und entnahm ihr die Tüte mit dem schweren achteckigen Backstein, den ich zu Hause aus der Einfassung meiner Hofmauer gewuchtet hatte. Wog locker drei Kilo, das Teil. Bei dem Gedanken an das, was ich nun vorhatte, brach mir der Schweiß aus, aber ich hatte keine andere Wahl. Das Risiko, dass Jupp die OP abbrechen würde, sobald er auf gesundes Gewebe stieß, war eindeutig zu groß. Ich musste für meine Freiheit leiden!

Zunächst hatte ich vorgehabt, nur die drei Fingernägel zu bearbeiten, sie vorsichtig einzureißen und ihnen mittels Feile und Nagelschere ein möglichst zerkratztes und zerfetztes Aussehen zu geben.

Dann hätte ich mich der Lederschatulle aus Liesbets privatem Maskenbildner-Atelier angenommen, und mit dem tiefroten Filmblut, einem dunklen Kobaltblau und schmutzigem Braun die drei mittleren Finger meiner rechten Hand präpariert, bis sie so ausgesehen hätten wie Vingersens Finger auf dem Handyshot, den er mir gezeigt hatte. Tiefblau, ja fast schwarz angelaufen, verkrustetes

Blut unter den eingerissenen Nägeln. Doch das – wie gesagt – schien mir nicht professionell genug.

Also schlich ich mit dem Stein und einem kleinen Handtuch in der Plastiktüte aus dem Zimmer, schlenderte wie einer, der noch rasch Müll raustragen will, aus dem Eingangsbereich und machte mich in einer dunklen Ecke im Schatten der Klinikwand an die schmerzhafte Arbeit. Unter einem Haselnussstrauch fand ich ein fingerdickes, kurzes Aststück und steckte es ein.

Schwer wog der Backstein in meiner linken Hand. Ich kniete nieder, legte die Rechte auf die Bordsteinkante, sodass die Finger auf den Gehweg ragten, schob den Haselstecken als Beißholz zwischen meine Zähne und ließ den Stein aus der hoch über mir ragenden Hand fallen.

Und zog im selben Moment die Hand weg.

Der Backstein schrammte über die Bordsteinkante, und ich fluchte. Dabei fiel mir mein Beißholz aus dem Mund.

Zweiter Versuch. Diesmal schloss ich die Augen und versuchte, mich auf das Holz zwischen den Zähnen zu konzentrieren. Die Finger meiner rechten Hand verkrampften sich, als ich den Stein fallen ließ. Ich spürte keinen Schmerz und öffnete die Augen.

Daneben! Friedlich ruhte der Backstein neben seinem Ziel.

Ich sah mich um. Ein großer Bauschuttcontainer aus grauem Metall fiel mir ins Auge. Die beiden Abdeckungen, die wie ein schräges Dach auf ihm ruhten, machten den Eindruck, als wären sie sehr schwer. Ich schlich mich hinüber, öffnete mit einiger Mühe die vordere Luke wie den Oberkiefer eines Wals und wog die Abdeckung in der Hand. Laut scheppernd und polternd krachte sie auf den Container.

Rumms!

Ich lauschte. Kein Fenster ging auf, es blieb still. Ich schob das Beißholz wieder zwischen die Zähne, hievte den schweren Metalldeckel erneut nach oben, legte meine rechte Hand auf die Containeröffnung, sodass die drei Finger auf der Kante lagen.

Dann ließ ich die Abdeckung los.

Der Schmerz nahm mir den Atem, ich hätte an die Decke gehen können! Meine Zähne verbissen sich in den Haselstecken, und mir wurde schwarz vor Augen. Vorbereitet, wie ich war, warf ich drei Schmerztabletten ein und begab mich auf den Weg zurück in mein Krankenzimmer.

Flugs huschte ich an der Pforte vorbei, die blutende Hand in das Handtuch gewickelt und unterm Pyjama versteckt. Die Dame hinterm Tresen nickte mir nur müde zu und starrte wieder auf ihren Bildschirm.

†

Jetzt ging es daran, einen Verband anzulegen. Als ehemaliger Sanitätssoldat war ich nicht nur im Umgang mit Verletzungen aller Art geschult, sondern beherrschte auch das Anlegen von Verbänden. Diesmal war es zwar mühevoll, weil schmerzhaft und nur mit der linken Hand möglich, doch ich wusste ja, wofür ich mich abmühte und litt.

Gegen vier Uhr legte ich mich ins Bett, eine perfekte Kopie von Hermann Vingersen – erst recht mit dessen Brille. Ich *war* Hermann Vingersen, der Patient, dem am kommenden Morgen drei Finger der rechten Hand amputiert werden sollten. Auch die Patientenakten hatte ich vertauscht und war einzig das Restrisiko eingegangen, dass im Falle einer Transfusion die Blutgruppe nicht übereinstimmte. Aber das wäre dann das Problem des OP-Teams.

Zufrieden mit mir und der Welt um mich herum schlief ich ein. Ich träumte von Nscho-tschi und dankte im Traum Karl May, der durch Lügen und Entstellungen aller Art im Gefängnis gelandet war, bevor er als Old Shatterhand »Karriere« gemacht hatte. Insofern waren wir seelenverwandt. Auch er hatte sich unter falschem Namen zwar nicht als Patient, aber doch als Arzt – Dr. med. Heilig – ausgegeben und so bei einem Schneider fünf Kleidungsstücke erschwindelt. Ich befand mich also mit literarischen Figuren wie Felix Krull oder Dichtern wie Karl May in bester Gesellschaft und sah der kommenden OP ohne schlechtes Gewissen entgegen.

†

Trotzdem bemächtigte sich meiner eine gewisse Spannung, als ich am Morgen Schritte hörte. Arglos spielte ich den Schlafenden, erkannte aber unter den Augenlidern, dass es nicht die gleiche Schwester war, die sich gestern um den echten Vingersen gekümmert hatte.

Rasch blickte sie auf das Namensschild am Fußteil des Bettes und beugte sich über mich.

»Guten Morgen, Herr Vingersen. Bitte langsam aufwachen und noch mal zur Toilette. Wir sind gleich so weit.«

Gähnend öffnete ich die Augen.

»Schon Morgen?«, fragte ich, mich räkelnd, und blickte mich danach suchend im Zimmer um.

»Ja«, sagte sie und griff nach meiner Patientenakte. »Und wir wollen leise sein, Ihr Bettnachbar darf noch weiterschlafen, der kommt erst nach Ihnen dran!«

Ich nickte verständnisvoll und gab mir Mühe, sie mein Grinsen nicht sehen zu lassen. Ich wuchtete mich aus dem Bett, putzte mir linkshändig die Zähne, spritzte mir vorsichtig Wasser ins Gesicht und ging zur Toilette. Als ich ins Zimmer zurückkam, wartete die Schwester mit dem OP-Hemd auf mich. Ich streifte es über, legte mich aufs Bett, und sie gab mir ein leichtes Beruhigungsmittel.

In einem Höllentempo kurvte sie mich in den OP-Bereich, wo mich schon der Anästhesist erwartete. Er schien verwundert zu sein, als er mich sah und ließ sich von der Schwester die Akte reichen.

»Fast hätte ich Sie mit Ihrem Zimmergenossen verwechselt, Herr Vingersen!«, sagte er und schüttelte den Kopf.

»Na, der würde sich bedanken, wenn sie ihm drei Finger absäbeln!«, lachte ich. »Aber so was kann heutzutage doch sicher nicht mehr passieren, oder?«

»Ach«, sagte er, »es geschehen die tollsten Dinge. Natürlich nicht bei uns. Aber in einer Klinik im Nachbarort haben sie vor ein paar Monaten einem Unfallopfer den falschen Fuß amputiert. Und dass falschen Hüften ersetzt werden, kommt auch immer wieder vor.«

»Oder dass ein Skalpell im Magen zurückbleibt!«, entgegnete ich.

»Das sind dann schon die harten ärztlichen Kunstfehler«, meinte er.

»Da gibt's dann sicher eine ordentliche Entschädigung, was?«

»Ja, da sind die Gerichte nicht zimperlich.«

»Und was passiert in solchen Fällen mit dem Arzt?«, fragte ich.

»Kommt drauf an. Wenn er Pech hat, hat er zum letzten Mal operiert.«

Naja, dachte ich, Jupp stand ja eh kurz vor dem Ruhestand.

»So, Herr Vingersen, dann versetzen wir Sie mal in das Reich der Träume. Und wenn Sie aufwachen, haben Sie alles hinter sich.«

»Und meine drei Finger? Was passiert eigentlich damit? Kann ich die mitnehmen?«

»Nein«, sagte der Arzt bestimmt. »Im Zoo lebt ein Tiger, der war in seinem ersten Leben Menschenfresser in Indien und freut sich über Hausmannskost!«, scherzte er und fügte rasch hinzu: »Quatsch! Amputierte Gliedmaßen kommen in eine Zytostatika-Tonne und werden zur Einäscherung im Hochtemperaturofen von einem Spezialunternehmen abgeholt!«

Ich war beruhigt. Dasselbe hatte mir auch Gritta schon im Vorfeld berichtet.

Die nächsten Minuten sind mir nur noch verschwommen im Gedächtnis geblieben. Irgendwann sah ich nur noch die grelle Deckenlampe über mir leuchten, dann schwanden mir die Sinne.

†

Als ich zu mir kam, schien die Sonne.

In meiner rechten Hand spürte ich ein merkwürdiges Zucken, das nach und nach in einen massiven Schmerz überging. Ich fuhr mit der Linken über den Verband und fühlte drei Stümpfe. Das mussten die Phantomschmerzen sein, von denen Gritta mir erzählt hatte.

Ich sah mich um. Das Bett neben mir fehlte. Offensichtlich war Vingersen auf dem Weg zur OP oder lag schon auf Jupps Tisch.

Plötzlich – ich musste eingenickt sein – hörte ich Schritte auf dem Flur, die näher kamen. Ich stellte mich schlafend, als sich die Tür öffnete und Vingersen hereingeschoben wurde.

Hatte man die Verwechslung bemerkt? Ich nahm an, dass wir von unterschiedlichen Teams operiert worden waren. So war der Betrug vielleicht noch unentdeckt geblieben.

Erst am übernächsten Tag, als mein Verband zum ersten Mal entfernt wurde, gab ich den Entsetzten. Als ich die Fingerstümpfe sah, schrie, tobte und heulte ich. Verwirrt holte der Assistenzarzt den Chef und setzte ihm die Tatsache auseinander, dass mir drei Finger amputiert worden waren.

Eine ganze Armada an Weißkitteln stand um mein Bett: Jupp, der Assistenzarzt, der Anästhesist, die Stationsoberschwester.

Jupp, der natürlich längst erkannt hatte, wer ich war, war außer sich, entschuldigte sich umständlich, und die Verzweiflung in seiner Stimme machte mir fast ein schlechtes Gewissen.

»Auf dem Schild stand Hermann Vingersen, ich schwör's!«, hörte ich die Schwester sich rechtfertigen. »Und die Patientenakte lag auf diesem Tisch!«

Es war für mich eine Kleinigkeit gewesen, die Schilder wieder an ihren ursprünglichen Platz zu bringen, und auch die Akten lagen jetzt wieder dort, wo sie hingehörten.

»Und wieso dann diese Verwechslung?«, schrie Jupp. »Ich will wissen, wie es dazu kommen konnte! Dass die Betten vertauscht wurden, kann ja wohl nicht sein! Das ist eine Schlamperei! Dafür werden Sie geradestehen!«

Die drei Stümpfe zuckten.

»Und was ist mit ihm?«, fragte ich zaghaft und deutete zu Vingersen. »Hat der jetzt seine gequetschten Finger noch?«

Jupp lief hochrot an und bekam einen Tobsuchtsanfall.

»Jetzt beruhigen Sie sich bitte, Professor Hendricks«, versuchte die Schwester zu beschwichtigen. »Sie müssen noch operieren!«

Jupp brüllte etwas Unverständliches und verließ schimpfend den Raum.

†

Knapp zwei Wochen nach der verhängnisvollen OP – ich war schon längst wieder zu Hause – stand Oberkommissar Gustav Löbbecke von der Kripo Krefeld vor meiner Tür.

»Ich komme noch einmal wegen des Mordes an Ihrer Frau«, seine Stimme klang ernst. »Die Kollegen von der Kriminaltechnik haben die Tatwaffe identifiziert. Der Täter hat zwar alle Spuren beseitigt und die Waffe abgewischt, aber am Abzug Abdrücke seines rechten Zeigefingers hinterlassen. Mit seinem Fingerabdruck kriegen wir ihn!«

Er grinste schief und hielt mir eine Art Scanner unter die Nase.

»Was ist das?«, fragte ich gespielt neugierig.

»Damit nehmen wir Ihre Fingerabdrücke. Haben Sie vielleicht schon mal am Flughafen gesehen. Dürfen wir bitten?«

»Aber gern, Herr Oberkommissar«, sagte ich und streckte ihm meine operierte Hand mit Daumen und kleinem Finger entgegen. Der Verband dazwischen sagte alles.

»Nanu, was soll denn das?«, fragte der Kriminalbeamte überrascht. »Das war doch letztes Mal noch nicht!«

»Eine bedauerliche Verwechslung in der Klinik«, antwortete ich und biss die Zähne zusammen. Diese Phantomschmerzen im nicht mehr vorhandenen Zeigefinger! Als ob ausgerechnet der Täterfinger, mit dem ich den Abzug durchgezogen hatte, sich im Auftrag Liesbets an mir rächen wollte!

Doch die Schmerzen hatte ich auszuhalten, soviel musste mir meine Freiheit wert sein.

Schon wollte ich den Ermittler verabschieden, da holte Oberkommissar Gustav Löbbecke noch ein zweites Analyseset, diesmal mit Klebestreifen, aus der Tasche.

»Der Täter wird uns nicht entkommen«, sagt er. »Ich würde Sie gern auf Schmauchspuren kontrollieren.«

»Schmauchspuren? Nach so langer Zeit?«

»Bitte, ja. Schmauchspuren sind noch Wochen später nachweisbar.«

Ich streckte ihm die rechte Hand hin.

»Bin mal gespannt, was dabei herauskommt. Ohne die Finger, meine ich!«

»Ach, die brauchen wir nicht«, meinte er lapidar. »Und die linke Hand, bitteschön!«

Ich zögerte.

»Ich bin Rechtshänder«, warf ich ein. »Wenn, dann hätte ich mit rechts geschossen!«

»Mag sein. Da die Tatwaffe aber ein Gewehr war, hat der Täter die Waffe sicher mit beiden Händen gehalten. Und an der Hand, in der ein Gewehr liegt«, er legte eine Pause ein und fixierte meine Augen, »ist die Konzentration der Schmauchpartikel erfahrungsgemäß noch höher als an der Schusshand.«

Ich schluckte trocken. »Ach ja?«

»Ja«, fuhr er fort, »und noch etwas: selbst Händewaschen und Desinfektion helfen da nicht. Das Zeug brennt sich sozusagen ein! Nur mit einer Amputation könnte man Schmauchspuren verwischen.«

Der Phantomschmerz in meinem amputierten Zeigefinger wurde auf einmal unerträglich. Ich sah Nschotschis Grinsen, als sich die Klebestreifen über meine linke Hand legten.

†

Dreizehn Tage nach Liesbets Beisetzung wurde ich eingeliefert.

Nein, nicht in die Justizvollzugsanstalt Willich. Zur Untersuchungshaft in die Zweiganstalt Krefeld.

Gritta hat mich angerufen und mir Grüße von Vingersen ausgerichtet. Seine Finger konnten gerettet werden.

Und Willich wartet willig.

Zwei rechts, zwei links, zwei fallenlassen …

von Ulrike Blatter

Meine Damen – falls Sie jemals das Vergnügen haben sollten, mit einem gutaussehenden Chirurgen zu tanzen, dann achten Sie doch bitte darauf, ob er bei Rumba oder Tango immer wieder mal die Seiten vertauscht.

»Mein Links ist dein Rechts.« So könnte ein typischer Arzt-Satz lauten. Durch konsequente Schulung leiden nämlich viele Ärzte an einer regelrecht anerzogenen Rechts-Links-Schwäche. Die Leber ist beim Patienten rechts, das heißt aus Sicht des Arztes links. Und so weiter. Schon Medizinstudenten im zweiten Semester beginnen oft damit, auch die Dinge des täglichen Lebens »patientenseitig« zu benennen, d.h. spiegelverkehrt. Dieses Phänomen ist witzig – ganz besonders in Zumba-Kursen, wo ein einziger Arzt eine ganze Gruppen-Choreographie durcheinanderwirbeln kann – aber selten gefährlich. Selbst im Straßenverkehr kommt es kaum zu größeren Problemen. Dann fährt man eben ein zweites Mal um den Häuserblock, weil man schon wieder links statt rechts abgebogen ist. Das geht ja auch recht fix – besonders dann, wenn man mit Blaulicht und Sirene unterwegs ist …

Es müssen also andere Gründe sein, die einen Arzt dazu bringen, ein falsches Bein zu amputieren, oder, wie in unserem Krimi, drei falsche Finger. Der ganz und gar nicht traurige Witwer muss ja auch einigen Aufwand betreiben, bis er tatsächlich die kompromittierenden Finger seiner Schusshand los geworden ist.

Trotzdem: So etwas kommt vor. Man nennt es Kunstfehler. Ein trauriges Kapitel der Medizin, und beileibe handelt es sich nicht immer um so offensichtliche Dinge wie falsche Amputationen, vergessene Scheren und Tupfer oder ähnlich plakative Fehlleistungen. Auch kleine Dinge, wie zum Beispiel Dosierungsfehler, können fatale Folgen haben.

Das wissen wir aus dem eigenen Alltag. Wie schnell ist beim Abschreiben ein Komma um eine Dezimalstelle verrutscht, oder wie oft kommt es vor, dass man auch in einem gutsortiertem Haushalt ein Küchenutensil verzweifelt sucht, weil es in die falsche Schublade eingeräumt wurde. Fehler sind halt menschlich. In einem Operationssaal oder bei einer Reanimation können solche eigentlich verzeihlichen Schwächen allerdings katastrophal enden.

Die Frage ist also nicht, ob Ärzte unfehlbar sind, sondern, wie man Fehler vermeidet. Aus der Luftfahrt sind schon seit langem Fehler-Reporting-Systeme bekannt. In der Medizin galt die öffentliche Diskussion von Fehlern bis vor Kurzem noch als wüste Nestbeschmutzung. Aber diese Einstellung ändert sich. »Man muss nicht jeden Fehler selber machen, um daraus zu lernen«, ist das Motto eines Projektes für Hausärzte. Der Umgang mit eigenen Fehlern ist mittlerweile so souverän, dass es eine eigene Rubrik gibt für den »Fehler der Woche«. Das ist keine ärztliche Schnoddrigkeit, sondern dringend notwendige Offenheit. Es geht nämlich nicht nur darum, über Fehler zu reden, wenn das Kind in den Brunnen gefallen ist, sondern auch über sogenannte »Beinahe-Fehler«. Nur so kann das Risikomanagement in Krankenhäusern verbessert werden. Und für all die Patienten, die bei sich selbst einen Behandlungsfehler vermuten, gibt es Anlaufstellen, von denen ich hier zwei nenne: das Aktionsbündnis für Patientensicherheit *(www.aps-ev.de/home)* und die Schlichtungsstellen der Ärztekammern *(www.bundesaerztekammer.de/page.asp?his=2.59)*. Dort kümmern sich Gutachter darum, dass Sie zu Ihrem Recht kommen – und falls Sie auch dort gelink(s)t werden und nicht zu Ihrem Recht(s) kommen, dann schreiben Sie ganz einfach einen Krimi!

ANGELA TEMMING

Der Boxbruder

Endlich hört er, wie vorn die Praxistür ins Schloss fällt.

Hilde ist raus. Dr. Schulz reibt das Papierchen seines Hustenbonbons zwischen den Fingern, bis es ein Kügelchen wird. Schnipp! – Jawohl, genau zwischen die Augen von Dr. med. Hilde Schulz. Wie sie ihm dieses Foto auf den Schreibtisch gestellt hat, neulich, zum Fünfzigsten. Jetzt beobachtet sie ihn Tag für Tag mit ihren matten Augen, und Tag für Tag entgeht ihr etwas.

Dr. Uwe Schulz bleibt auch an diesem Abend eine Stunde länger als sie, um beim Joggen runterzukommen. Das Laufband steht am Fenster, da kann er trainieren und gleichzeitig die Straße überblicken. Ein perfektes Gerät. Eines, das keine Statistiken speichert. Das Hilde nicht erzählt, wie schnell bei ihm eine Stunde Laufen herum ist, nämlich nach fünf Minuten. Genau die Zeit, die sie braucht, um den Wagen aus der Tiefgarage zu holen und sich in den Verkehr einzufädeln. Dann ist sie definitiv weg. Dann muss Dr. Uwe Schulz nicht mehr aus dem Fenster schauen. Und dann ist es Zeit für ihn, sich ebenfalls einzufädeln, und zwar in seine Assistentin Nadine Born.

Eben steuert er das Laufband an, als sein Telefon blinkt. Intern. Nadine. »Ich gehe früher, Chef. Mein großer Bruder holt mich gerade ab.«

Welcher Bruder? Schulz öffnet die Tür und späht in den Flur. Am Tresen lehnt ein Kerl im Anorak, exorbitant groß, an der Nase ein Taschentuch voller Blut und – ganz falsch – den Kopf im Nacken.

»Nach vorn, nicht nach hinten«, sagt Schulz, und als der Bruder sich aufrichtet, sieht man es: ein dunkelblaues, prächtiges Hämatom rings um die Nasenwurzel, wie aus dem Lehrbuch. Trotz allem grinst der Kerl – mit hässlichen Lücken. Ein Jammer, die Leute und ihre Zähne!

Schulz schlendert hinüber. »Sie haben also einen Bruder, Nadine?«

»Ronny war ein paar Jahre im Ausland. Er boxt. Er war im Ausland, weil er boxt, genau. Er boxt sogar im Verein.«

»Sieht man. Kommen Sie, das schauen wir uns besser an.«

»Lass mal, Doc. Wenn ich reinfasse, merke ich, dass die Nasenwand so 'ne Beule hat, mehr nicht. Bluten tut's auch kaum noch.«

»Dieser Schiefstand sieht mir nach einer Fraktur aus. Heute kriegen Sie keinen HNO-Kollegen mehr, und in der Klinik warten Sie Minimum drei Stunden. Ich helfe gern«, sagt Dr. Schulz und schreitet, nicht ohne Nadines Lächeln zu registrieren, voran ins Sprechzimmer. Der Bruder folgt nun doch und legt sich auf die Liege, die für ihn zu kurz ist. »Soll ich unten die Füße runterhängen lassen oder oben den Kopf?«, albert er. Schulz lacht.

Doch kaum leuchtet er in die Boxernase hinein, nah über sie gebeugt, bereut er sein Engagement. Externes Pigment! Ronny Born stinkt nach einer bitteren Mischung aus Blut und fauligem Speichel, und sein Schweiß, denkt Schulz, kann nicht nur von heute sein. Ronny merkt es sicher nicht. Er hat diese für Kampfsportler typische Sattelnase, die das Riechvermögen einschränkt, und glaubt wohl, nicht täglich duschen zu müssen, weil man ja nichts riecht. Wie grotesk, wenn Menschen ihren gesunden Körper nicht zu schätzen wissen! Ihn misshandeln und verkommen lassen. Der Junge könnte richtig gut aussehen, Erfolg haben bei Frauen und sicher auch im Job, wie Schulz, aber nein, er wirft sich in den Dreck, lässt sich seine normal gewachsene Nase platt schlagen, bis er den eigenen Dunst nicht mehr wahrnimmt. Schulz atmet flach. Jetzt bloß nicht die süßsauren Hähnchenstücke vom Mittag vomitieren.

Er beeilt sich also, richtet die Nasenknochenstücke ohne vorheriges Röntgen mit den Fingern gerade und gipst sie ein. In acht von zehn Fällen geht das gut.

Rasch öffnet er das Fenster, rettet sich hinter seinen Schreibtisch und schiebt ein paar unverbindliche Sätze nach. »Auf eine stützende Tamponade verzichten wir, denn die Nase wirkt trotz allem stabil. Das ist nicht Ihr erster Bruch, nicht wahr? Ihre Sattelnase rührt von früheren Schlägen her, und ich fürchte, sie wird auf ewig eine krumme Sache bleiben.«

»Geiler Joke! Ich mach aber keine krummen Sachen mehr. Ich schlag auch nicht mehr ungeschickt zu.« Mit den Knöcheln klopft Ronny auf den Tisch und geht.

Gern bliebe Schulz sitzen, aber er folgt dem Gestank in den Flur, hoffend, Nadine werde doch noch bleiben, um sich erkenntlich zu zeigen. Leider nimmt sie ihren Mantel. »Bis morgen, Chef.«

»Natürlich, in alter Frische.« Wie trostlos wäre es, jetzt tatsächlich eine Stunde lang ganz allein zu joggen.

Der nächste Tag verläuft zwischen Husten, Schnupfen und einem Fußpilz, der so gelb und in Fetzen daherkommt, dass Schulz den zweiten Fuß erst gar nicht anschaut und gleich eine Salbe verschreibt. Dieser Beruf! Warum pflegen sich die Leute nicht!

Am Abend bricht Hilde noch früher auf als sonst. Ein Blick zur Straße, kaum Verkehr, weg ist sie. Gute zwei Stunden bleiben Schulz mit Nadine, mit ihrer glatten Haut, ihren rasierten Waden, ihren Füßen, zart, fein, duftend, ohne dass man ihn zu Hause vermissen würde.

Es kommt auch zu einem Gespräch.

»Ronny hat gebohrt, ob ich was mit dir habe.«

»Und, hast du was mit mir?« Schulz kneift sachte in ihr perfektes Unterhautfettgewebe, und dann dauert es zehn Minuten, bis Nadine antworten kann: »Davon darf Ronny nichts erfahren. Er hängt wie besessen an mir, jetzt, wo er wieder da ist und endlich tun kann, was er jahrelang nicht tun konnte: auf seine kleine Schwester aufpassen.«

»Du bist erwachsen.«

»Er aber nicht.«

Auch am nächsten Abend wird offiziell gejoggt, an den folgenden ebenso, und das Wochenende geht irgendwann vorbei.

Am Montagmittag sitzt man zu dritt im engen Personalraum und schneidet Gesundheitsthemen an, unterbrochen durch die Einnahme zähflüssiger Speisen, die der beste Inder der Straße in die Aluschalen gekippt hat. Schulz sucht Fleisch in der Soße und erwähnt, man könne das Laufband beim Finanzamt absetzen. »Von meinen Steuern«, bemerkt Hilde kurz, aber nicht unfreundlich. So ist sie immer: nicht unfreundlich.

Kaum reiht sie sich abends in den Verkehr ein, entkleidet Nadine ihren erfrischenden Körper in Labor Eins. Oh ja, das ist Freundlichkeit, denkt Schulz. Aber was macht denn diese kleine Falte auf ihrer Stirn? »Ronny meldet sich nicht«, sagt sie, »ich fürchte, er trainiert für den Kampf am Wochenende.«

»Was, mit seiner Nase?«

»Den Ronny haut nichts um. Er wollte sogar trotzdem arbeiten gehen, Taxifahrer, weißt du. Man weiß nie, wer einsteigt. Da ist es gut, wenn man boxen kann.«

Boxen ist aber nicht immer gut. Eine Woche nach Ronnys erster Konsultation nimmt Schulz einen Stapel Patientenakten vom Tresen und tätschelt nebenbei Nadines Hand – als die Tür aufspringt. Ronny Born. Die Nase geschwollen, die Augen rot. »Krieg keine Luft mehr da oben«, näselt er und rupft den Gips runter.

»Ein wenig rot. Eventuell ein Septumhämatom. Nadine, jetzt brauchen wir eine Überweisung zur HNO. Und schicken Sie mir den Professor rein. Alles Gute, Herr Born, und einen schönen Tag.«

»Den Professor, ja? Privatpatient, ja? Und ich werde irgendwohin überwiesen? Scheiße, Mann, mit der Nase fahr ich nicht durch die Stadt.«

Schon immer ist Schulz gegen eine offene, mit dem Flur verbundene Wartenische gewesen. Alle drei Senioren, die auf den Plastikstühlen hocken, klappen den »Lesezirkel« zu und blicken erwartungsvoll herüber. Also hebt Ronny die Stimme und verwendet neben einem weiteren »Scheiße, Mann« die Wörter »Pfusch« und »Internetforum«.

»Ronny, ich habe Ihnen nur einen Gefallen getan.«

»Ach, und meiner kleinen Schwester? Tust du der auch nur einen Gefallen im Bett?«

Nadine verschwindet im Labor. Schulz verspürt ein Ziehen in den Kniekehlen. Stabil will er stehen. Herrgott, aber die Knie sind fremd und weich. Die Herren im Wartebereich schauen zu. Alle sind über achtzig, vielleicht haben sie nichts mitbekommen. Hinten klappt eine Tür. Das muss Hilde sein, die aus ihrem Zimmer kommt.

Richtig. Sie fragt lächelnd, was hier los sei, als wäre sie Supergirl und dies ein Problem, das sie lösen könnte. »Haben Sie Fieber, mein Guter? So rot und dick, wie Ihr Mittelgesicht aussieht, steuern Sie wohl gerade auf einen hochgefährlichen Septumabszess zu.«

»Hochgefährlich? Doc, was hast du mit mir gemacht?«

»Hilde, er ist nur rot, weil er sich aufregt. Ich kümmere mich darum.«

Schulz schließt schnell die Sprechzimmertür, und während er sich hinter seinen mächtigen Schreibtisch setzt, bleibt Ronny davor stehen und stützt sich mit beiden Händen auf. »Was meint deine Alte mit ›hochgefährlich‹?«

»Gott, Frauen übertreiben. Es ist nur ein Septumhämatom, also eine erweiterte Blutung, die sich bei Nasenfrakturen häufig entwickelt. Zwischen Septumknorpel und Knorpelhaut, wenn Sie es genau wissen wollen. Nichts Tragisches. Manchmal gibt es in solchen Fällen zwar Komplikationen, zum Beispiel einen Abszess, der bis ins Gehirn aufsteigt oder gar eine Sinusthrombose, das wäre tatsächlich ungünstig. Aber so etwas passiert derzeit nicht, weil wir ja noch gar keinen Abszess haben, und falls einer entstehen sollte, wäre das ja bloß ein bisschen Eiter, das kennen Sie bestimmt, nur gewöhnlicher Eiter, und dagegen gibt es gute Antibiotika. Keine Panik.«

»Keine Panik? Deine Alte klang aber anders. Die weiß mehr als du, die ist die Chefin, oder? Der ganze Laden gehört ihr? Du, ich sag alles deiner Alten, wenn du meine Schwester nicht in Ruhe lässt. Die ist erst zwanzig, die will sich was Treues aufbauen.«

»Nadine weiß, was sie tut. Im Gegensatz zu Ihnen. Sie gehören in die Klinik. Das Hämatom muss aufgeschnitten werden. Beeilen Sie sich.« Unter Schulzens Fingern klickert die Tastatur. »Vorn am Tresen bekommen Sie die Klinikeinweisung.«

»Geht nicht.«

»Wie bitte?«

»Samstag ist der Kampf. Ich will den Titel. Gib mir jetzt schon so ein Antibiotika.«

Antibiotikum, nicht -ka, denkt Schulz, diskutiert aber nicht. »Fieber?«

»Nicht gemessen.«

»Also kein Fieber. Dann ist es mit Sicherheit nur ein Hämatom und kein Abszess.« Schulz öffnet die Schreibtischschublade und entnimmt ihr eine Packung Schmerzmittel. »Nehmen Sie die und den Schein für die Klinik, und als letzte Maßnahme befestige ich Ihren Gips wieder. Dann verschwinden Sie.« Tief holt Schulz Luft, sehr tief, nimmt Tapes und beugt sich zum letzten Mal über diese Ausdünstungen, legt den Gips fest an, so fest, dass es schmerzen müsste, wundert sich, wie still der Boxbruder hält, und klebt alles fest. *Geschafft,* denkt er.

Als Born die Praxis verlassen hat, drückt Uwe Schulz den Knopf und bittet, ihm zehn Minuten lang keinen Patienten ins Zimmer zu schicken, steigt aufs Laufband und joggt. Eigentlich ist doch nichts passiert. Gut, ein Hämatom war das nicht mehr. Und ja, man hätte letzte Woche einen Kontrollbesuch anordnen müssen. Aber solch ein Draufgänger hätte den eh geschwänzt. Und hätte man anfangs nicht zufällig geholfen, wäre es ohnehin so weit gekommen. Sei es drum. In der Klinik werden sie Ronnys Abszess rechtzeitig operieren, und danach wird er für eine Weile flachliegen. Zwei, drei Wochen. Lang genug, dass man sich etwas überlegen kann. Ronny wird auch wieder runterkommen. Und wenn nicht – langfristig wird man ihn ohnehin los, weil er wieder ungeschickt zuschlagen wird. Bittere Realität in solchen Kreisen.

Abends steht Schulz am Fenster, beobachtet die Ausfahrt, wartet auf Hildes Wagen. Ein schwarzer, drei silberne, zwei rote. Kein blauer. Es klopft, und Hilde steht in der Tür. »Kommst du, Uwe? Nadine ist schon gegangen.«

Er kommt.

Das Ehepaar verzehrt am heimischen Couchtisch Frischwurstbrote mit Gürkchen und schaut Zweites Deutsches Fernsehen. Hilde erzählt von einem neuen Medikament, und Schulz nickt und nickt und nickt, und über den Himmel fliegt eine lächelnde Hilde, und da, ganz da unten rattert Schulz mit der Deutschen Bahn zum Finanzamt und zurück. Am Bahnhof ertönt ein Liedchen, laut, herrisch. Doktor Uwe Schulz schlägt die Augen auf und sieht den Abspann einer Talkshow über den Bildschirm rollen. Spät ist es, fast möchte er auf dem Sofa liegen bleiben, für mindestens zwei Wochen. Er schleppt sich regelrecht ins Bett, aber als er Hildes Körper schlafen sieht, muss er einfach seine Hand unter ihre Decke stecken und im Anschluss daran den ganzen Rest und noch einmal und noch einmal. Hilde ist nicht unfreundlich.

Am nächsten Morgen trägt Nadine ein Kleid mit Blümchen und tiefem Ausschnitt, den weißen Kittel lose darüber. Im Wartebereich sitzt noch niemand, und Schulz bleibt einen Moment stehen. »Hilde kommt heute nicht, Nadine, sie fühlt sich nicht wohl.«

Sie lacht nur. Ja, sie lacht und strahlt. »Das war knapp gestern. Fast hätte Frau Doktor alles mitbekommen. Aber warte, wenn es Ronny besser geht, wird er wieder klarer denken können. Garantiert ist er sofort in die Klinik gefahren. Alles wird gut.«

Und da kommt auch schon der erste Patient, natürlich ein grippaler Infekt. So geht es Stunde um Stunde, Hustenschleim, Nasenschleim, kranke Körper, immer wieder.

Nadine wirft ihre glänzenden Haare nach hinten, Nadine cremt ihre Hände ein, Nadine riecht nach Kamille. Und Dr. Schulz bedauert die Nacht mit Hildes müdem Fleisch, dieses Zwischenspiel, sozusagen die Affäre mit seiner Ehefrau. Erst der unangenehme Patient, den er sich selbst zu verdanken hat, dann das. Es ist das zweite Mal innerhalb weniger Tage, dass er etwas zutiefst bereut, aber wie lächerlich, das sind nun wirklich Dinge, die er nicht mitzählen möchte.

Schließlich ist es dunkel, die letzte Bronchitis gerade gegangen, und Schulz drückt den Knopf: »Feierabend«, raunt er. Schon nach einer Sekunde schwingt die Tür auf, was eigentlich nicht sein kann. Ronny Born. Der Septumabszess ist da, voll ausgeprägt und nicht zu leugnen. Rot, dick, schmerzhaft. Ronny schiebt Nadine weg, die ihn anfleht, nichts Dummes anzurichten, drückt mit der Schulter die Tür zu, wankt heran, setzt sich vorsichtig und tippt mit dem Zeigefinger auf den Gips. »Meine Augen platzen. Das bohrt. Das bohrt sich heiß in meine Augen, und dann platzen die. Ich seh schief. Mir ist arschkalt. Ich hätt gestern schon richtigen Pillen von dir kriegen können. Da ging's mir aber noch nicht scheiße genug. Deiner Meinung nach.«

»Was kann ich dafür! Sie wollten nicht zum Facharzt. Sie gehen nicht in die Klinik. Warum kommen Sie überhaupt noch, wenn Sie unzufrieden mit mir sind?«

»Ja, warum. Du vögelst meine Schwester, also guck ich nach ihr. Und jetzt … gucke ich nach dir.« Er rappelt sich hoch. »Keine Panik, hast du gesagt. Keine Panik.«

»Zur Beruhigung. Ärzte beruhigen.« Schulz rollt seinen Stuhl zurück.

»Deine Alte, die hat kapiert, was los ist. Und du? Keine Panik. Da hab ich gedacht, du willst mich nur abwimmeln mit deinem Klinikzettel. Ist jetzt halt doof mit dem

Kampf. Krieg ich den Titel nicht.« Mit einer Hand stützt er sich am Schreibtisch ab. »Ich dresch dir die Nase ein. Keine Panik.«

»Zum Schlagen sind Sie zu schwach. Wie Sie aussehen, ist Ihre Entzündung weit fortgeschritten. Im schlimmsten Fall wandert sie gerade über die Lamina cribrosa. Das ist das Siebbein, es trennt Ihre Nasenhöhle von der Schädelhöhle, und Sie können sich vorstellen, was alles mit Eiter im Gehirn passieren kann, klebrige Eitermasse tief in Ihrem Kopf. Ich sage nur: Untergang von Hirngewebe mit anschließender Gewebseinschmelzung. Und wenn es den Sinus cavernosus erreicht, die große Hirnvene, dann verklumpt dort das Blut, das nennt man Sinusthrombose. Delirium. Ende. Ich rate Ihnen, …«

Knack!

Sein Kopf. Sein Kopf ist zerbrochen. Kann nicht anders sein. In der Mitte klafft ein Spalt. Vom Nasenbein bis zum Schädelknochen. Feucht rinnt ihm etwas über die Lippen, etwas bitter Schmeckendes. Blut natürlich. Die Augen brennen. Er muss blinzeln, wieder blinzeln, den Blick klar kriegen: Ronny. Der sitzt noch da, bleich und so sehr schwitzend in seinem Fieber, dass es ihm von den Locken tropft. Ronny grinst nicht mehr. Er hält die Hand auf.

Na gut, denkt Dr. Schulz, na gut, dann also Kampf, jetzt gleich, ohne Zuschauer, ohne Regeln. Schublade auf und eine Packung Penicillin entnommen, na gut. Er wirft sie Ronny hin. In zehn von zehn Fällen geht das nicht gut.

Ronny steckt die Schachtel ein und schleppt sich zur Tür. Dahinter wartet Nadine. Der Engel. »Ich bring ihn ins Krankenhaus!«, sagt sie.

»Er muss nicht ins Krankenhaus. Er hat jetzt Tabletten«, ruft Schulz ihnen nach. Dann greift er an sein Nasenbein, das so sehr schmerzt. Gott, es lässt sich bewegen, hin und her schieben. Seine schöne gerade Nase! Und nun? Staphylococcus aureus. Natürlich kennt er den Erreger in Ronnys Nase, jeder Landarzt kennt den, und er weiß, der ist resistent gegen Penicillin. Ronny hat quasi Bonbons in der Tasche. Statt der Pillen bräuchte er eine Infusion mit einem gezielten Antibiotikum, und er bräuchte obendrein Heparin, falls die Kokken bereits im Sinus sitzen. Schulz stellt sich vor, wie Blutklumpen Ronnys Hirn verstopfen. Wie Nadine das Taxi ihres Bruders abstellt, herausspringt, die Beifahrertür aufreißt, und wie Ronny leblos aufs Pflaster rutscht, stinkend natürlich. Vielleicht eine übertriebene Vorstellung – ganz so schnell dürfte es nicht gehen – doch Schulz gefällt sie. Noch könnte er Nadine auf dem Handy anrufen, ihr Bruder solle die Tabletten nicht nehmen und zur Klinik fahren. Stattdessen wählt er die Eins-Eins-Null und erstattet Anzeige. Patient Ronny Born habe ihn tätlich angegriffen und Medikamente aus dem Musterschrank entwendet. Keine Ahnung, welche das sein könnten, man müsse erst in Ruhe prüfen, was fehlt.

Ein neuer Tag. Amseln hüpfen von Ast zu Ast, glänzen blauschwarz im Sonnenschein. Es wird wärmer. Dr. Uwe Schulz hat gleich am Vorabend bei einem alten Studienkollegen die Nase röntgen lassen, hat sie in Teilnarkose repositionieren und tamponieren lassen, ganz vorbildlich, und gerade eben kommt er vom Kontrollbesuch, ebenso vorbildlich. Die paar Schritte nach Hause könnte er laufen, aber um sich zu schonen, winkt er ein Taxi heran. Kaum sitzt er drin, klingelt die Praxis durch. »Es geht schon besser«, meldet er sich.

»Schön für dich. Übrigens: Nadine ist nicht gekommen. Unentschuldigt. Vieles ist nicht entschuldbar, Uwe. Denk nicht, mir wäre nichts aufgefallen. Feierabend. Dein Laufband darfst du behalten.« Sie legt auf, bevor er antworten kann. Gott! Hilde, die Praxis, seine Basis, das gemeinsame Konto. Weg! Das kann nicht sein. Das kann doch nicht sein. Er tippt auf dem Mobiltelefon herum. »Hier ist die Mailbox von Nadine Born …«

Vielleicht ist sie doch mit ihrem Bruder in die Klinik gefahren. Dort hat sie keinen Empfang, logisch. »Delirium«, murmelt Schulz, »Delirium und Koma und Ende, Ronny.«

»Schlimme Sache«, nickt der Taxifahrer.

»Was? Sie kennen Ronny Born?«

»Klar, unseren Grizzly mit dem Wuschelkopf, ein toller Junge.«

Alle Taxifahrer, die zu plaudern anfangen, hören nicht mehr damit auf. Nur dieser nicht. Dieser schaut auf die Straße. »Ist er in Ordnung?«, fragt Schulz schließlich nach; kratzig, als bekäme er Angina.

»Sie schauen auch nicht gut aus. Sind wohl einer von seinen Boxfreunden. – Mann, der Bus, haben Sie den gesehen? Das machen die immer. Haben immer Vorfahrt, denken die.«

»Sagen Sie schon! Ist er im Krankenhaus?«

»Der Ronny? Außer Lebensgefahr, hab ich gehört. Muss ein entsetzlicher Unfall gewesen sein. Es heißt, er hat aufs Steuer gereihert.«

»Aufs Steuer? Er ist gestern noch gefahren?«

»Der Witz ist: Er wollte gerade ins Krankenhaus abbiegen. Stellen Sie sich das mal vor, er war quasi schon dort. Gleich in der Einfahrt ist er ausgerechnet in den Laster gefahren, der das Essen bringt. Meistens schmeckt das ja nicht. Das heißt nur so elegant. Ausländisch eben. Reis mit dunkler Soße, und das ist dann Risotto al irgendwas. Jetzt muss der arme Ronny so was auch essen, das ist wirklich bitter für ihn. Aber den Ronny haut nichts um, wissen Sie, er zieht alles durch. Ein Grizzly halt. Körperlich kommt der wieder auf die Beine. Aber die Seele?

Mir tut's leid für ihn, weil seine Schwester im Wagen saß, ein hübsches Mädchen, und die hat es nicht überlebt, wissen Sie, so richtig gar nicht überlebt, das ganze schöne Mädchen, nicht am Stück, verstehen Sie. Ich mein, die hatte echt einen Körper, wow, und nun nicht mehr, gar nicht mehr. Was für ein Verlust. Darüber muss der Ronny erst mal weg kommen, und das sehe ich ja nicht so richtig, dass der das mental schafft. – Sie, wenn Ihnen nicht gut ist, steigen Sie bitte aus.«

Die Gedanken sind frei – das Gehirn ist es nicht …

von Ulrike Blatter

Um die vielbesungene Gedankenfreiheit zu wahren, muss das Gehirn eingesperrt sein. Und zwar doppelt und dreifach: Den äußeren Schutz bildet die knöcherne Schädelkalotte, der sogenannte Hirnschädel. Er besteht aus sieben großen, beim Erwachsenen fest miteinander verwachsenen Knochenplatten; im Gegensatz zum Gesichtsschädel, einem kompliziert verzahnten Puzzle von 15 größeren und kleineren Knochen, die teilweise gegeneinander verschiebbar bzw. beweglich sind. Das ergibt Sinn: Stellen Sie sich vor, Ihr Unterkiefer wäre fest mit dem Oberkiefer verbunden – wir könnten uns bestenfalls flüssige Nahrung zuführen!

Betrachten wir wieder den Hirnschädel mit seinem ebenso kostbaren wie empfindlichem Inhalt. Die Natur hat offenbar bedacht, dass selbst der stabilste Knochen brechen kann und dass ein Gehirn außerdem gegen Stoß und Schlag zusätzlich gesichert werden muss. Aus diesem

Grund wurde für den Sitz jeglicher Gedankenfreiheit eine Art Airbag entwickelt: Das Hirn schwimmt nämlich in einer Flüssigkeit und ist damit gut abgepuffert. Selbst nach wilden Achterbahnfahrten oder Boxkämpfen bleibt es im Wesentlichen funktionsfähig – über Spätschäden wollen wir hier nicht reden. Außerdem gibt es, zusätzlich zur knöchernen Außenhülle, drei Hirnhäute. Hier ist ganz besonders die Dura mater zu erwähnen. Die harte Hirnhaut schützt das Hirn so effektiv, dass sogar Teile des Schädelknochens entfernt werden können, ohne dass das Gehirn Schaden nimmt. Dieser Eingriff, die sogenannte Trepanation, dürfte eine der ältesten Operationen überhaupt sein – sie wurde schon in der Jungsteinzeit durchgeführt und diente der Entlastung des Gehirns nach schweren Verletzungen. Nun fragt sich der geneigte Leser, warum Ronny solche gesundheitlichen Probleme bekommt, dass zu guter Letzt sein Gehirn aussteigt – zwar nicht ganz, aber immerhin so stark, dass er im entscheidenden Moment die Kontrolle über sein Fahrzeug verliert und damit dem jungen Leben seiner wunderschönen Schwester ein abruptes Ende bereitet. Verfügte nicht auch Ronny über diesen fantastischen Dreifach-Schutz aus Knochen, Hirnwasser und Hirnhaut? Doch natürlich – aber, um es laienhaft, aber treffend auszudrücken: Ronny war leider nicht mehr ganz dicht.

Was für jede diffizile Handwerkerarbeit gilt, trifft auch für den Schädel zu: Das Problem sind die Anschlüsse und Verbindungsstücke. Hier sind es die Verbindung zwischen Hirn- und Gesichtsschädel. In Ronnys Fall wurde ihm ein winziger Knochen zum Verhängnis, so zart, dass man ihn kaum einen Knochen nennen mag, sondern eher eine Lamelle, dazu noch mehrfach perforiert: Das sogenannte Siebbein, lateinisch Lamina cribrosa, welches die Nasenhöhle nach oben hin abdichtet. Dieser Knochen ist mehrfach durchlöchert, weil hier die Riechnerven hindurchziehen. Das ist gut, wenn Sie die Nase in ein gutes Glas Rotwein stecken. Das ist schlecht, wenn Sie, wie in Ronnys Fall, einen Schlag auf die Nase bekommen und damit die ganze Sache instabil wird. Dann können Keime aus der Nase nach oben steigen und das Gehirn ärgern. Die Keime verursachen nämlich eine schwere Entzündung und Hirn bzw. Hirnhäute vereitern.

Aber das Gehirn hat eine dumme Eigenschaft: ärgert man es, dann schwillt es an. Und da im knöchernen Schädel nur begrenzt Platz zur Verfügung steht, stößt es bald an seine Grenzen – und nimmt schweren Schaden. Im Zweifelsfall steigt es aus – mit allen gefürchteten Folgen.

Liebe Leser, bitte verlieren Sie nun nicht gleich den Kopf, wenn Sie im harten Daseinskampf den einen oder anderen Nasenstüber einstecken müssen. Aber eins merken Sie sich bitte: Schwere Kopfverletzungen niemals selbst behandeln, zum Beispiel mit den Restbeständen von Penicillin und Paracetamol aus der Hausapotheke, und bei Nasenverletzungen besser einen HNO-Arzt um Rat fragen. Dass der Allgemeinmediziner Dr. med. Uwe Schulz auch nicht ganz dicht war, steht auf einem anderen Blatt.

UWE VOEHL

Blutschande

Was bringt einen Menschen dazu, einen anderen zu töten?

Nein, die Frage war zu abstrakt. Sie musste lauten: Was brachte ihn, Jacob Schimmeck, dazu, einen anderen Menschen zu töten?

Genauer: Was hatte ihn dazu gebracht, sein eigenes Kind zu töten?

Hatte es mit dem Makel zu tun, der ihm seit der Geburt anhaftete? Sein Vater hatte oft behauptet, dass Gott sich in dem Moment von der Familie abgewandt habe, als er, Jacob, auf die Welt gekommen war.

In seinem ersten Leben im Konzentrationslager hatte er sie kennengelernt: all die Schläger, Vergewaltiger, Sadisten, Folterer und Mörder. Er hatte unter ihnen gelebt und sie studiert. Allein das hatte ihn damals am Leben gehalten: der unbedingte Wille zu überleben, um der Nachwelt mitzuteilen, auf welche Weise das unsagbar Böse wütete, wenn es einmal entfesselt war.

Er war kein Schriftsteller. Er führte noch nicht einmal Tagebuch. Alles, was er an Erfahrung, an Wissen, an Erkenntnis gewann, speicherte er in seinem Gehirn ab. Manchmal war er so übervoll von solcherart Gedanken, dass er sich verzweifelt wünschte, sich alles von der Seele schreiben zu können. Oder wenigstens imstande zu sein, sich einem anderen Menschen anzuvertrauen. Doch da war die Blockade. Wann immer er darüber schreiben oder reden wollte, versagten seine normalen Reflexe. Zig-mal hatte er es versucht. Doch jedes Mal entwanden sich ihm die Buchstaben wie glitschige Seife. Gleichzeitig füllte sich das weiße Blatt Papier vor seinem geistigen Auge mit flackernden Schwarz-Weiß-Bildern, die sich rasch blutig färbten. Mit zitternden Fingern legte er den Stift nieder. Zuletzt hatte er es vor fünf Jahren versucht und sich ein in schwarzes Leinen gebundenes Schreibbuch gekauft. Schwarz, das passte zu dem, was er niederschreiben wollte. Die Verkäuferin hatte ihm zusätzlich ein Päckchen mit zehn Bleistiften aufgeschwatzt. Zehn Stifte! Würde er in seinem ganzen Leben überhaupt einen einzigen verbrauchen? Nun, auch der Versuch hatte geendet wie alle anderen zuvor: Er hatte nicht einen Satz zustande gebracht. Wutentbrannt hatte er Kladde und Bleistifte in den Ofen geworfen.

Genauso schlimm war es für Schimmeck, wenn er darüber sprechen wollte. Vor zwanzig Jahren hatte er es erstmals versucht. Hatte er nicht lange genug geschwiegen?

Damals hatte er Gertrud schon drei Jahre lang gekannt. Als sie an einem Frühlingstag im Park auf einer Bank saßen und Zukunftspläne schmiedeten und so richtig glücklich miteinander waren, hielt er den Augenblick für gekommen. Gertrud war die Richtige, das spürte er. Sie würde ihm helfen, seine Blockade zu lösen.

Sie hatte auch seinen Makel akzeptiert: den rechten Arm, der bis zum Handgelenk aufgeblasen und unförmig und mit Geschwüren überdeckt war. Natürlich hatte er ihr nie den entblößten Arm gezeigt. Er verbarg ihn geschickt unter maßgeschneiderter Kleidung.

Aber er hatte Gertrud von dem Makel erzählt. Nun ja, zumindest von dem einen. Gertrud war nicht davongelaufen oder hatte sich in Ausreden geflüchtet, wie die meisten anderen zuvor. Sie hatte sogar seinen Arm genommen und sanft darübergestreichelt. Zumindest über den Stoff, der den Arm bedeckte.

Er hatte ihre Hand ergriffen. Und er hatte genau gewusst, wo er anfangen und wo er aufhören würde mit seiner Erzählung. Im Kopf hatte er sich alles immer wieder zurechtgelegt.

Gertrud sah ihn lächelnd an. Vielleicht glaubte sie, er würde ihr ein weiteres Kompliment machen oder über ihre gemeinsame Zukunft reden, so wie in den Minuten zuvor.

Stockend begann Schimmeck zu sprechen. Aber bereits nach den ersten Sätzen erkannte er, dass er einen Fehler gemacht hatte. Ihr entsetztes Gesicht sprach Bände, auch wenn sie während seiner Rede seine Hand fest drückte.

Plötzlich fuhr ein Windstoß durch den Park und ließ die Blütenblätter der Magnolienbäume zu Boden schweben.

Er erkannte das Omen. Augenblicklich hörte er auf zu erzählen. Nein, Gertrud war nicht die Richtige … war nicht die Frau, die würdig war, dass er seine Erkenntnis mit ihr teilte. Er war verletzt. Schlimmer noch: Ihre Reaktion zerfetzte ihn innerlich, demütigte ihn mehr, als es sämtliche Stiefeltritte vermocht hatten.

In dem Moment dachte er zum ersten Mal ernsthaft über das Töten nach.

Der Gedanke hatte sich dann von selbst verflüchtigt, als Gertrud weit weg in eine andere Stadt gezogen war. Allein. Im Nachhinein war er entsetzt gewesen. Hätte er Gertrud wirklich töten können? Hatte das, was er an theoretischer Erkenntnis Tag und Nacht in seinem Kopf wälzte, ihn bereits innerlich vergiftet?

Er wusste alles über das Böse; genug, um zu erkennen, dass er nun selbst gefährdet war. Wie jemand, dessen Wunde sich entzündet hat. Er musste alles daransetzen, damit die Entzündung nicht den gesamten Körper erfasste.

Nach dem Abschied Gertruds sortierte er sein Leben neu. Er erstellte eine Prioritätenliste. Der wichtigste Punkt war, bei klarem Verstand zu bleiben. Er hatte sich eingehend mit der Materie beschäftigt. Die wenigsten Tötungsdelikte und sadistischen Taten wurden bei klarem Verstand verübt. Die Richter, die zu urteilen hatten, unterschieden da sehr wohl. Bei klarem Verstand solch eine bestialische Tat zu vollbringen, das hieß: mit bösem Willen.

Jene Täter, die er selbst kennengelernt hatte, waren nicht bei klarem Verstand gewesen. Jedenfalls nicht im Sinne des Gesetzes. Aber über sie hatte auch nie ein Richter das Urteil gesprochen. Juristisch gesehen waren sie unzurechnungsfähig, also genau genommen krank gewesen. Zumindest hätten die Rechtsverdreher der Täter vor Gericht genau darauf plädiert: dann und wann die falschen Freunde … die Angst, der Familie könne etwas passieren … der innere und äußere Druck … schließlich das System. So einfach war das.

Schimmeck hatte erlebt, wie blitzschnell der Funke des Bösen übersprang. Auf völlig Unschuldige. Hatte erlebt, wie der Streit um eine schäbige Zigarette in einem Kampf bis aufs Messer geendet hatte. Hannah Arendt hatte später von der »Banalität des Bösen« gesprochen – auf die Person Adolf Eichmanns gemünzt. Ja, die Banalität des Bösen. Auch er war davon überzeugt, dass sie existierte.

Und das war das wirklich Beängstigende an der Sache: Das Böse konnte in jedem ausbrechen. Weil der Samen in jedem einzelnen Menschen wurzelte. Und es bedurfte nur eines banalen Zufalls, um den Trieb sprießen zu lassen. So wie bei ihm, als Gertrud sich als die Falsche herausgestellt hatte.

Natürlich fragte er sich, ob es wirklich nur an Gertrud lag.

Oder war es einfach an der Zeit, dass das Böse in ihm endlich freigesetzt wurde wie Eiter aus einem überreifen, platzenden Geschwür?

Wie das Geschwür, das er anstelle eines rechten Armes am Körper trug?

Eine Zeit lang hatte er sich daraufhin mit den Tätern befasst. Sozusagen mit der Personifizierung des Bösen. Bis dahin hatte er das tunlichst vermieden. Er hatte, um zu überleben, physisch wie psychisch, das Böse abstrahiert. Er hatte die Gesichter aus seinem Gedächtnis gestrichen. Doch nun, da er selbst den Keim des Bösen in sich spürte, musste er mehr über diejenigen erfahren, in denen es bereits zur Entfaltung und zur vollen Blüte gelangt war. Er musste wissen, was sie fühlten, was sie dachten, wie sie »tickten«.

»Der tickt nicht mehr richtig«, hatte sein Vater früher oft gesagt, wenn er über einen Menschen sprach, der aus der Reihe tanzte. Wie bei einer Uhr, deren Werk nicht mehr präzise funktionierte.

Galt das inzwischen auch für ihn?

Seit fünfundzwanzig Jahren traf er sich jeden Freitag mit seinem Schachpartner. Während der ersten Jahre waren er und Dr. Pohlens einander fremd geblieben. Sie hatten sich zufällig kennengelernt, über Schach gefachsimpelt und sich zu einer Partie getroffen. Aus der einen Partie waren im Lauf der Zeit viele hundert geworden. Sie kamen abwechselnd bei ihm und bei Pohlens zusammen. Beide waren sie eingefleischte Junggesellen. Für Pohlens putzte und kochte eine Haushälterin, ja, sie stopfte sogar seine Socken. Nein, mehr liefe da nicht, wie Pohlens glaubwürdig versicherte.

Auf den Besuch bei Pohlens freute er sich jedes Mal. Mathilda, die Haushälterin, hatte stets etwas Kulinarisches für sie beide vorbereitet. Mal war es eine kräftige Gulaschsuppe, ein andermal eine Bratenplatte. Am liebsten mochte Schimmeck ihr Holsteiner Würzfleisch, das sie aus Schweinenacken, Schweinenieren, Räucherspeck und – sofern Saison war – frischen Pfifferlingen für ihn zubereitete. Jawohl, für ihn. Wenigstens hatte er das Gefühl.

Übrigens lernte er Mathilda niemals persönlich kennen. Das Essen war jedes Mal schon vorbereitet, wenn er zu Besuch kam.

Wichtiger als das Holsteiner Würzfleisch war jedoch die Tatsache, dass Pohlens Jurist war. Er hatte seinen Doktorgrad ehrlich erworben – nicht einfach abgeschrieben, wie das heutzutage oft üblich war. Pohlens hatte über »Motive bei Tötungsdelinquenten« promoviert. Pohlens verstand also eine Menge von dem, was er, Schimmeck, der Erforscher des Bösen, zu wissen begehrte. Lange Zeit hatte Schimmeck nichts von Pohlens' beruflichem Hintergrund gewusst. Pohlens war kein sehr gesprächiger Mensch, und auch den Doktortitel hatte er lange Zeit verschwiegen. Von der Juristerei hatte sich Pohlens kurz nach der Promotion voller Abscheu, wie er sagte, abgewandt. Seitdem fristete er als Übersetzer sein Leben. Ab und zu gelang es ihm, eine seiner eigenen Schauergeschichten an den Mann zu bringen. Oh ja, Pohlens war ein brillanter Theoretiker des Bösen und eröffnete Schimmeck ganz neue Wissensbereiche und Dimensionen.

Natürlich offenbarte er sich niemals gegenüber Pohlens. Da war nach wie vor die Sperre, die verhinderte, dass auch nur ein Wort über seine Lippen kam. So heuchelte er ein ausschließlich theoretisches Interesse, las mit Neugier Pohlens' Doktorarbeit und brachte nach jeder Partie Schach das Thema auf das Böse an sich.

Pohlens durchschaute ihn nicht, vertraute seinen geheuchelten Bekundungen. Dabei war offensichtlich, dass Pohlens nicht gern über das Thema sprach. Es bereitete ihm sichtlich Missvergnügen. Er sprach überhaupt erst dann darüber, wenn er im Laufe einer Partie zwei oder drei Cognacs getrunken hatte.

Schimmeck, der Wissbegierige, nutzte die kleine Schwäche aus. Bei seinen Besuchen brachte er immer öfter eine Flasche mit. Und wenn Pohlens zu ihm kam, so achtete er darauf, dass das Glas des Gastes nie leer wurde.

Es war eine schöne Zeit. Er, der alles über die Praxis des Bösen wusste, erfuhr nun alles über dessen Wesen. Leider verfiel Pohlens dem Alkohol immer mehr. Seine eigenen Geschichten über das Böse wurden immer wirrer und unverkäuflicher. An Übersetzungen, seinem Broterwerb, hatte er längst das Interesse verloren. Schließlich landete Pohlens völlig mittellos und als physisches Wrack in einer Trinkerheilanstalt. Schimmeck hatte ihn kurz nach der Einlieferung dort besuchen wollen, doch Pohlens hatte sich geweigert, ihn zu empfangen.

Seitdem hatten sie einander nicht mehr gesehen.

Pohlens' Doktorarbeit öffnete Schimmeck die Augen: Jeder Mensch, und sei sein Vorsatz zu töten auch noch so stark und sei sein Intellekt auch noch so schwach, mache sich später Gedanken, warum er die Tat begangen habe, schrieb Pohlens. Dabei seien die allermeisten Täter unglaublich einfallsreich darin, die Schuld auf andere zu schieben: die missratene Kindheit, erlittene Misshandlungen, eine Provokation des späteren Opfers und so fort.

Und doch war es so: Das Böse nistete in jedem Individuum. Gewiss, man konnte es unterdrücken. Er selbst,

Schimmeck, war das beste Beispiel dafür. Aber, was wäre, wenn er das Böse tief innen irgendwann nicht mehr bändigen konnte? Dann bekam er Angst. Dann begann er zu zittern. Denn er hatte miterlebt, wie das Böse erwachte. Ohne Vorwarnung. Ohne vernünftigen Grund hatte es Menschen in seiner Nähe übermannt. Sie waren zu Bestien geworden. Er schwor sich: So würde er nie werden. Eher würde er Hand an sich legen.

Einmal war es fast so weit gewesen, dass er sich umgebracht hätte. Das war nach dem Krieg gewesen, als er wieder in seine Heimatstadt zurückgekehrt war. Damals war er voller Hass und Selbsthass gewesen, als seine ersten Schritte ihn zu dem Haus führten, in dem noch bis zuletzt seine Eltern gewohnt hatten. Schon als er das Gartentor öffnete und über den altgewohnten Pfad zum Haus gehen wollte, ließ ihn ein schneidender Befehl innehalten. »STOP!« Nicht etwas »Schtopp« ausgesprochen, sondern mit scharfem S. Zwei Soldaten waren aus dem Dickicht getreten, Gewehre im Anschlag. Es waren Engländer, und sie fragten ihn, was er hier zu suchen habe. Er verstand nur leidlich Englisch und konnte kaum antworten. Aber wahrscheinlich waren es seine verängstigte Miene und sein völlig ausgemergelter Körper, der ihnen signalisierte, dass er keine Gefahr darstellte.

Er hatte es dennoch nicht begreifen wollen. Ungläubig hatte er sich umgesehen. Der einst so geliebte und von seiner Mutter mit Hingabe gepflegte Garten war völlig verwildert. Das vormals eindrucksvolle Haus war heruntergekommen und mit Einschüssen »verziert«. Er wagte nicht, sich vorzustellen, wie es drinnen aussah. Dennoch, er musste es wissen. Als er einen Schritt vortrat, drückte einer der Engländer ihm den Gewehrlauf in den Bauch und sprach etwas von »stupid boy«.

Da war er zur Besinnung gekommen. Er hatte die Hände gehoben, »sorry« gestammelt und war im Krebsgang davongestolpert. Als er über eine Stufe fiel, lachten die beiden Engländer.

Erst zurück auf der Straße kam die Angst, die Scheiß-Angst, die schon die ganzen letzten Jahre über wie ein kalter Mantel an seinem Körper klebte. Doch dann kam die Wut – oder war es das Böse? Wie eine Schlange zuckte sie plötzlich hervor.

Geh zurück, und bring sie um!, flüsterte sie ihm zu. Eine Woche lang hatte er ernsthaft mit dem Gedanken gespielt. Erst recht, nachdem er erfahren hatte, dass seine Eltern schon seit drei Jahren verschollen waren, und die Engländer sein Heim erst seit wenigen Wochen okkupiert hatten. Sie hatten kein recht, ihn von seinem Grund und Boden zu vertreiben! Er hatte Fieber bekommen und sich Tag und Nacht in Rachegedanken gesuhlt. Das Fieber zeigte ihm, wie das Böse in ihm wachsen und schließlich triumphieren würde. Doch als das Fieber schließlich verebbte, hatte es das Böse besiegt.

Schließlich war er bei einer Schwester seines Vaters untergekommen. Tante Elisabeth – Lisbeth hätte sie sich nennen lassen – hatte mehr Glück gehabt als seine Eltern. Aber was hieß schon Glück? Sie hatte sich einfach cleverer angestellt. Sie, die Jüdin, hatte schon früh einen Nichtjuden geheiratet. Vielleicht hatte sie alles kommen sehen, wer weiß. Sie und ihr Mann, Onkel Werner, waren verschont geblieben. Es war ihnen sogar gelungen, die Wäscherei von Schimmecks Eltern weiterzuführen, nachdem sie deportiert worden waren.

Seltsamerweise war ihm nicht einmal der Gedanke gekommen, dass die Wäscherei ja eigentlich ihm gehörte. Und obwohl sie anscheinend florierte, klagten Tante Lisbeth und Onkel Werner tagtäglich über die schwere Arbeit, die so wenig einbrächte. Und sie ließen ihn spüren, dass er allenfalls geduldet war. Er half, so gut er konnte, in der Wäscherei mit, doch die Lagerjahre hatten ihn gezeichnet. Er war und blieb körperlich ein Schwächling. Die scharfen Dämpfe, die bei der Reinigung der Wäsche entstanden, machten ihm schwer zu schaffen und reizten Haut und Lunge. Wäre Helga nicht gewesen, er wäre am Leben verzweifelt.

Helga war die einzige Tochter der beiden, also seine Cousine. Sie war zwei Jahre jünger als er, drall und kräftig, mit langen blonden Haaren und gesunden Zähnen. Sie war weder hübsch noch liebenswert, aber was Liebe war, wusste er ohnehin nicht.

Ihre Eltern verhätschelten sie. Sie bekam die Fleischportionen ab, während er sich mit dem Rest zufriedengeben musste. Sie bekam neue Kleider, während er noch immer die alten Lumpen trug. Sie durfte in einem Bett schlafen. Ihm hatte man eine verlauste Matratze im Keller bereitgestellt.

Helga schien es nichts auszumachen, dass er mit dem Makel seiner Familie behaftet war. Im Gegenteil, sie war fasziniert. Sie fasste seinen Arm an, zärtlicher als es später Gertrud tun sollte. Intensiver und anders. Nicht aus Mitleid streichelte sie ihn, sondern aus Wissbegierde.

»Ist das eine Krankheit, oder haben sie dir das im Lager verpasst?«, wollte sie wissen.

»Ich bin so auf die Welt gekommen«, stotterte er schüchtern. Von dem anderen Mal an seinem Körper erzählte er ihr nicht. Und auch nicht, dass Gott sich seitdem von seiner Familie abgewandt hatte. Lieber erzählte er ihr vom Prinzip des Bösen. Das interessierte sie zum Glück mehr als sein Makel.

Jedenfalls war sie derart fasziniert, dass sie jede Nacht zu ihm in den Keller kam. Meistens brachte sie ihm etwas zu Essen, später auch ab und zu Alkohol, den sie ihren Eltern gestohlen hatte. Zum Geburtstag überraschte sie ihn mit einem Hemd. Sie rang ihm jedoch das Versprechen ab, es nur außerhalb des Hauses zu tragen. Vielleicht hatte sie es aus der Wäscherei entwendet. Dennoch hatte er sich so sehr darüber gefreut, als hätte Helga ihm einen Mercedes vor die Tür gestellt.

Zu der Zeit hatte er noch nicht viel über die Theorie des Bösen gewusst. Also hatte er ihr nur erzählen können, was er beobachtet hatte. Doch schon damals hatte es eine Hemmschwelle gegeben. Was er am eigenen Leib erfahren hatte, das verschwieg er ihr. Sie klebte an seinen Lippen, forderte ihn zum Weitersprechen auf, wenn er stockte, gierte danach, auch die letzten, grausamen Details zu erfahren.

Manchmal kroch sie unter seine Decke und berührte ihn, auch an Stellen, die er nicht mochte. Bis zuletzt bemühte er sich, es vor ihr zu verbergen. Gottes Makel beschränkte sich nicht nur auf die Anomalität, mit der sein linker Arm behaftet war.

Sein Geschlechtsteil war ebenso davon betroffen.

Es schien sie zu erregen, aber er ließ nicht zu, dass sie ihn dort anfasste.

Also führte sie seine Hände, ließ ihn die Feuchte zwischen ihren Schenkeln spüren, während sie ihn zum Weitererzählen aufforderte. Er empfand nicht viel dabei, allenfalls eine gewisse Wärme. Doch sie beließ es nicht bei den intimen Zärtlichkeiten.

Eines Nachts tranken sie mehr als sonst. Er lallte, während er ihr vom Bösen erzählte. Als sie ihn diesmal berührte, empfand auch er etwas. Zumindest das eine Mal. Sie spürte es sofort und nutzte seinen Zustand aus. Ehe er sich versah, lagen sie beide nackt auf der Matratze. Helga schien Gottes Makel zwischen seinen Beinen nicht das Geringste auszumachen. Im Gegenteil. Sie bestieg ihn und zeigte ihm, wie ein Mann sich zu verhalten hatte.

Später wusste er nicht mehr, wie es geendet hatte. Als er am Morgen erwachte, war er voller Scham. Sie war doch seine Cousine!

Fortan schloss er seinen Kellerraum abends ab. Ein paar Nächte noch bettelte sie um Einlass, pochte an seine Tür, dann endlich ließ sie ihn in Ruhe.

Zumindest nachts. Dafür ließ sie ihren Hass tagsüber an ihm aus. Vorbei war es mit den heimlich zugesteckten Leckereien. Bei jeder Gelegenheit schwärzte sie ihn nun an und machte ihm das Leben schwer. Das Hemd, das sie ihm geschenkt hatte, stammte in Wahrheit von einem Kunden. Als Onkel Werner es erfuhr, hätte er ihn fast vor die Tür gesetzt.

Am liebsten wäre er geflohen. Wenn er nur gewusst hätte, wohin. So blieb er weiter im Haus seiner Verwandten und ließ sich demütigen und herumschubsen

Nach fünf Monaten war Helgas Zustand nicht mehr zu verheimlichen. Die Schwangerschaft zeichnete sich nun deutlich unter ihrer Kleidung ab. Sie war draller denn je und aß für zwei.

Als Tante Lisbeth und Onkel Werner erfuhren, von wem das Kind war, reagierten sie seltsam. Sie beschworen ihn, niemandem zu erzählen, dass er der Vater sei, ja, es am besten augenblicklich selbst zu vergessen. Sie boten ihm sogar Geld an, damit er verschwand. Doch er weigerte sich.

Das Geld hätte er gut gebrauchen können, und natürlich sehnte er sich nach der Freiheit. Doch zum ersten Mal seit Jahren spürte er, dass jemand Interesse an ihm zeigte. Weil er über etwas verfügte. Und sei es auch nur über das Wissen, der Erzeuger eines kleinen Wesens zu sein, das in Helgas Bauch heranwuchs.

Plötzlich verfügte er über Macht. Und diesmal hatte es nichts mit dem Bösen zu tun.

Dafür erwachte Neugier in ihm. Er wollte wissen, warum Tante Lisbeth und Onkel Werner ihm die Macht verliehen. Nach und nach erfuhr er es. Nicht, dass sie es ihm freiwillig erzählten. Er stöberte, als sie alle in der Wäscherei arbeiteten, in ihren Papieren. In einer Schachtel fand er ihre Geburts- und Heiratsurkunden und ein Familienbuch. Einem Fremden hätten die darin verzeichneten Namen sicherlich nichts gesagt, doch ihm, dem Mitglied der Familie, wurden die Augen geöffnet.

Tante Lisbeth und Onkel Werner waren Vetter und Base, genau wie Helga und er. Er spürte, wie das Wissen ihm weitere Macht verlieh. Macht war nichts rein Abstraktes. Seinen Unterleib durchströmte eine bislang noch nie gekannte Hitze. Er zitterte am ganzen Körper – so wie damals, als die Engländer ihn von seinem Grund und Boden verscheucht hatten. Doch diesmal war es ihm angenehm.

Er konnte es kaum erwarten, dass sie abends nach Hause kamen. Triumphierend schleuderte er ihnen sein neues Wissen ins Gesicht. Sie schickten die heulende Helga nach draußen. Fassungslos fragte Tante Lisbeth: »Warum hasst du uns nur so sehr?«

Das nahm ihm den Wind aus den Segeln. Er hasste sie doch nicht! Aber was sollte er antworten? Dass er sie liebte? Die Wahrheit war, dass sie ihm völlig gleichgültig waren. Sie waren allenfalls Mittel zum Zweck. Sie verhalfen ihm zu dem Gefühl der Macht, das er nun auskostete.

Er hatte ihnen seine Bedingungen genannt: ab sofort würde er in einem vernünftigen Bett schlafen und normales Essen bekommen. Auch seine Kleidung bedürfe der Aufbesserung. Andernfalls würde er zur Polizei gehen und die Blutschande anzeigen. Alle würden erfahren, wie Tante Lisbeth und Onkel Werner zueinander standen.

Sie hatten seinen Forderungen zugestimmt.

Hatte er damals bereits das Böse in sich erweckt?

Damals machte er sich jedoch keine großen Gedanken, hatte er doch schlicht und einfach aus der Not heraus gehandelt.

Und tatsächlich ging es ihm allmählich immer besser. Vor allem das anständige Essen trug zur Kräftigung seines körperlichen Zustands bei. Er legte sogar an Gewicht zu.

Helga suchte wie früher seine Nähe. In Anwesenheit ihrer Eltern riss er sich zusammen und wies sie nicht so brüsk zurück, wie abends, wenn sie an seine Zimmertür klopfte.

Viel lieber wählte er die Bibel zu seiner Gesellschaft. Gleichermaßen fasziniert wie mit zunehmendem Maße besorgt, sog er alles auf, was er in der Heiligen Schrift über das Böse erfuhr. Die Frage war doch: Hatte Gott das Böse erschaffen? Oder war es bereits vorher da gewesen, und Gott hatte Adam und Eva durch den Sündenfall auf die Existenz des Bösen aufmerksam machen wollen? Aber wenn das Böse schon vor dem Sündenfall existiert hatte, dann hatte es neben Gott existiert. Und wenn Gott das Böse zuließ, so war er nicht der Allmächtige, als den man ihn anbetete. Dann war das Böse mächtiger als er.

Ja, mehr noch: Wenn Gott das Böse nicht von der Welt fernhielt, obwohl es in seiner Macht stand, dann war er gar nicht der »liebe« Gott, dann war er der »böse Gott«. Der Gott der Willkür und des Gemetzels.

Nach weiteren vier Monaten hatte er sich kommod eingerichtet. Er wusste nicht zu sagen, woher er das Wort »kommod« überhaupt kannte. Er benutzte es sonst nie. Doch zu seiner augenblicklichen Situation passte es perfekt: Tante Helga und Onkel Werner behandelten ihn respektvoll, wie einen geschätzten Freund der Familie. Er wiederum revanchierte sich durch seine weitere Mithilfe in der Wäscherei. Nun, da er wieder zu Kräften gekommen war, fühlte er sich stark wie ein Bär. Onkel und Tante nahmen seine Hilfe nur zu gern an, denn Helga fiel immer häufiger aus. Ganze Tage und Nächte lang kotzte sie sich die Seele aus dem Leib. Es ging ihr immer schlechter.

Außerdem war es gut, dass sie sich nicht mehr in der Öffentlichkeit blicken ließ, denn ihr Zustand war nun unübersehbar.

Und auch ihm wurde bewusst, dass der Tag, an dem es vorbei sein würde mit dem kommoden Leben, nicht mehr fern lag. Sie sagten es ihm nicht direkt, doch sie machten Andeutungen, was sie von ihm erwarteten. Spätestens dann, wenn das Kind da war, verlangten sie klare Verhältnisse, sprich: die Heirat.

Er wusste nicht, was Liebe war. Zu Helga empfand er noch nicht einmal Zuneigung. Schlimmer noch: Er ekelte er sich vor ihr und ihrem unförmigen Leib. Er ekelte sich vor dem, was da in ihr heranwuchs.

Noch war es nicht zu spät zur Flucht. Noch schlummerte das Böse. Oder war es in Wahrheit längst erwacht und wartete nur auf den passenden Zeitpunkt?

Auch das war eine Frage, die ihn später zeitlebens beschäftigen sollte. Es war wie die Frage nach der Henne oder dem Ei: Was war vorher da: das Böse – oder er selbst?

Jenen einen Morgen würde er nie vergessen. Er erwachte mit einem unguten Gefühl in einem bitterkalten Zimmer. Die Scheiben waren von innen gefroren.

Doch nicht die Kälte hatte ihn geweckt. Aus dem Wohnzimmer drang ein Geräusch, wie er es noch nie zuvor gehört hatte – ein leises Wimmern oder Röcheln. Neugierig geworden, zog er sich rasch etwas über und betrat den Korridor. Trotz der frühen Stunde war der Flur hell erleuchtet. Onkel Werner kam ihm entgegen.

»Geh da nicht rein, Junge!«, sagte Onkel Werner mit bebender Stimme. In einem solchen Zustand hatte Schimmeck ihn noch nie erlebt.

»Weshalb nicht? Was ist passiert?«

Aber Onkel Werner ließ ihn wortlos stehen und verschwand im Bad.

Schimmeck zögerte. Die Zeit war längst reif. In den letzten Tagen hatten alle ein Heidentheater um Helga gemacht. Sie hatte sich den dicken Bauch gehalten und vor Schmerzen geschrien.

Jetzt war nur das leise Wimmern zu hören. Länger hielt er das Warten nicht mehr aus. Mit einer schwungvollen Bewegung stieß er die Tür auf. Sie krachte nach innen gegen die Wand.

Im Schein der trüben Deckenbirne erkannte er Tante Lisbeth. Sie saß regungslos auf der Kante des Sofas. Helga lag auf dem Sofa. Das weiße Nachthemd war hochgerutscht bis über den Bauch. Alles war voller Blut. Helga bewegte sich nicht. Sie lag da mit gespreizten Beinen, als wolle sie ein weiteres Mal seinen Samen empfangen. Er wagte einen Blick in ihr verzerrtes Gesicht. Ihre Zähne hatten sich in der Unterlippe verbissen. Ihre toten Augen blickten in die Unendlichkeit.

»Was ist mit ihr?«, fragte er unsinnigerweise. Tante Lisbeth blieb stumm.

Da drang wieder das Wimmern an seine Ohren. Mit steifen Schritten stakste er dahin, woher das Geräusch kam.

Es lag in einer Kinderwiege neben dem Sofa. Niemand hatte es gewaschen. Der ganze missgestaltete Leib war voller Blut. Fortwährend ließ es das leise Gewimmer hören.

»Es gehört dir!«

Er hatte gar nicht mitbekommen, dass sich Tante Lisbeth erhoben hatte und plötzlich hinter ihm stand

»Du musst es entsorgen.«

Die Worte klangen ihm noch heute im Ohr. Das eindringliche Flüstern dicht hinter ihm. Und sie sagte: »entsorgen«. Sie sagte nicht: »Du musst es töten.«

Ihr Gesicht glich einer Maske. Sie bückte sich nach einem weißen Kissen und hielt es ihm hin.

»Nein«, sagte er schließlich. »Es ist Helgas Kind. Das Kind deiner Tochter. Mach du es! Ich kann es nicht!«

»Du kannst es!« Sie blieb beharrlich. »Glaubst du, mir ist es beim ersten Mal leichtgefallen?«

Noch in derselben Stunde hatte er seine wenigen Habseligkeiten zu einem Bündel geschnürt und war geflüchtet. Er hatte Onkel und Tante nie wiedergesehen.

Doch sein Wissen über das Böse war um eine Lektion erweitert worden. Er wusste nun, dass das Böse nicht wartete, bis man es weckte. Es war immer schon da. Es war allgegenwärtig. Es gab kein Schicksal, das man drehen und wenden konnte. Das Böse war mächtiger, als ein Individuum. Und es trat in vielerlei Gestalt auf, um die verfluchte Tat zu provozieren – sogar als Säugling.

Doch mit der Tat war es nicht erledigt. Einmal erweckt, verschwand es nicht, sondern legte sich wie ein dunkler Schatten auf die Seele. Das war nichts Überirdisches, nichts Metaphysisches und schon gar nicht etwas Abstraktes. Das Böse nagte jeden Tag, jede Stunde, jeden einzelnen Augenblick an seiner Existenz. Er konnte es nicht mindern, nur ertragen. Wohin das führte? Wahrscheinlich ins Nichts.

Für Schimmeck folgten weitere Lehr- und Wanderjahre. Nach wie vor war er kein Mann des Geistes oder der Theorie. Dennoch holte er seinen Schulabschluss nach und begann eine Lehre als Schlosser. Schließlich machte er sogar sein Fachabitur. Da er keine Frau fand, blieb er sein eigener Herr und konnte tun und lassen, was er wollte. Der Preis, den er dafür zahlte, war gering: Er blieb ein Einzelgänger. Was die Kollegen und Kommilitonen daran fanden, sich in jungen Jahren zu verloben oder zu heiraten und auch noch so früh wie möglich Bälger in die Welt zu setzen? Zwar war er der Einzige, den sie nicht zu ihren Vatertagsausflügen, Tanzveranstaltungen und Kegelabenden einluden, aber es machte ihm nichts aus.

Nach dem Fachabitur zog er in die Großstadt, nach Hagen, und studierte Maschinenbau. Niemand kannte ihn dort. Und das blieb auch so, denn er lebte zurückgezogen, ja, eigenbrötlerisch. Während seine Kollegen und Kommilitonen heirateten und Bälger in die Welt setzten, sich beim Tanzen, auf Vatertagsausflügen und beim Kegeln vergnügten, blieb er immer allein.

Es machte ihm nichts aus.

Nach dem Studium fand er schnell Arbeit. Abermals wechselte er die Stadt. Er zog nach Wolfsburg, die anonymste Stadt, die er sich vorstellen konnte.

Er war zufrieden. Er fühlte sich geborgen dort.

Irgendwann kam die Pensionierung. Er hatte das Gefühl, ein ganzes Leben verpasst zu haben. Schlimmer noch: nie wirklich gelebt zu haben. Dann starb auch noch sein Schachfreund Pohlens.

Mit dem Alter kamen die Erinnerungen. Nun ließen sie sich nicht mehr verdrängen. Denn mittlerweile hatte das Böse sich ausgebreitet. In der Welt und in seiner Nachbarschaft. Es war perfider geworden, kam nicht mehr so offensichtlich in Militärstiefeln und Uniform daher. Es hatte sich herausgeputzt, trug neuerdings Anzug und Krawatte. Nun verkehrte es in den Kreisen von Bankenvorständen und Politikern. Einerseits trug es Namen wie »Agenda

2000«, »Hartz IV«, »Niedriglöhne«, »Kinderarmut«. Die Zocker an den Börsen lockte es natürlich unter anderem Namen auf den Leim.

Er sah alles, aber wie sollte er sich mitteilen, wie andere überzeugen?

Hochbetagt schrieb er sich an der Universität Bielefeld ein. Er studierte Philosophie.

Das Studium langweilte ihn, er verstand nicht viel, aber es verschaffte ihm Zugang zu einer bislang verschlossenen Welt. Anstatt in die Vorlesungen, zog es ihn immer öfter in die Bibliothek. Nach und nach fand er die Bücher, die er suchte: Schriften über die Physiognomie des Bösen. Cesare Lombrosos Theorie vom »geborenen Verbrecher«, der bereits von Geburt an eine »kriminelle« Schädelform aufwies, faszinierte ihn ebenso wie die Protokolle der akribischen Experimente, in denen die Nazis die Schädel von Genies und Verbrechern zu klassifizieren versuchten.

Schließlich hatte er genug studiert, doch was half ihm das? Würde Pohlens noch leben, er hätte nun einen exzellenten Diskussionspartner abgegeben. Doch es minderte nicht im Geringsten die Gefahr des Bösen, die noch immer in ihm schlummerte.

Vielleicht, so dachte er eines Tages, hatte er dem Feind zeit seines Lebens auch viel zu viel Aufmerksamkeit geschenkt. Er war nun ein alter Mann, und was sollte noch groß geschehen? Der Gedanke, dass das Böse sich völlig irrational und ziellos entfalten würde, brachte ihn eher zum Schmunzeln. Rache? Die, die ihn verletzt hatten, waren noch älter als er, längst vergreist oder unter der Erde. Er selbst würde wohl kaum jemals eine Bank überfallen oder zum Attentäter werden, um die sozialen Missstände anzuprangern. Dazu war er einfach zu alt.

Also führte er weiter das ganz normale Leben eines Rentners. Er schaute viel fern, ging am Wochenende spazieren und manchmal, wenn er auf der Piazetta der Autostadt in die Wasserfontäne starrte, dann fragte er sich, was wohl aus Gertrud und ihm geworden wäre, hätte Gottes Makel ihn nicht getroffen.

Natürlich war er mittlerweile schlauer als damals. Die Ärzte hatten ihm Elephantiasis attestiert, die abnorme Vergrößerung eines Körperteils durch einen Lymphstau. Natürlich, jedes Symptom hatte einen Namen, jede Anomalität galt als Krankheit. Er hatte geschwiegen und den Ärzten nichts von Gottes Makel erzählt. Wozu? Sie hätten ihm nicht geglaubt, dass sein Vater den Niedergang seiner Familie mit seiner Geburt verknüpft hatte. Und dass er damit recht behalten hatte.

Dann erreichte ihn der Brief. Onkel Werner hatte ihn auf dem Sterbebett geschrieben und direkt an Schimmeck adressiert, aber das Schreiben traf erst ein Jahr, nachdem auch Tante Lisbeth gestorben war, über Umwege bei ihm ein. Tante Lisbeth hatte den Brief wohl an sich genommen und versteckt.

Hätte sie ihn doch nur vernichtet! Das Gift, das er enthielt, breitete sich allzu schnell in ihm aus.

Es erweckte das Böse.

Onkel Werner bat ihn um Verzeihung. Er gab zu, Schimmecks Eltern den Nazis ausgeliefert zu haben. Es sei nicht aus Habgier geschehen. Und natürlich habe er auch nie gewollt, dass sie ihn, den Sohn, ebenfalls mitnehmen würden. Er habe solche Angst gehabt, wo doch Tante Lisbeth ebenfalls jüdischer Abstammung sei. Immerhin habe er es später wieder gut gemacht. Man habe ihn, Jacob, nach dem Krieg wieder aufgepäppelt. Und immerhin sei ein guter Mensch aus ihm geworden. Es war das typische belanglose Reue-Geschwafel, das die Todesangst diktierte.

Umso interessanter waren die Zeilen, die Helga gewidmet waren.

»Helga«, so schrieb der Onkel, »war nicht unser eigenes Kind. Nachdem Deine Tante mehrere lebensunfähige Missgeburten auf die Welt gebracht hatte und dabei fast selbst umgekommen wäre, entschieden wir uns, Helga zu adoptieren. Umso mehr kannst Du Dir wohl unser Entsetzen vorstellen, als auch Helga eine Missgeburt zur Welt brachte. Bis heute haben wir keine Erklärung dafür. Ich wünschte, du hättest das Neugeborene nicht getötet. Du weißt, es war nicht derart missgebildet, dass es nicht hätte überleben können …«

Er ließ den Brief sinken. Elephantiasis, das hatten ihm die Ärzte gesagt, war zwar nicht ansteckend, aber vererbbar.

Das Kind hatte den Makel des Bösen also von ihm empfangen.

Nicht Helga war schuld. Oder ein vermeintlicher Inzest.

Die einzige Frage, die noch blieb, war, ob er zum Mörder an seinem eigenen Kind geworden wäre, wenn er schon damals die Wahrheit gewusst hätte.

Sein Leben, das war ihm klar, hielt nur noch eine letzte Aufgabe für ihn bereit.

Nur er allein wusste über das Böse Bescheid.

Also konnte auch nur er allein es ausrotten.

Seit zwanzig Jahren trug er die geladene Walther PP immer bei sich.

Nun war es so weit.

Allerdings hätte er nie gedacht, dass er die Pistole eines Tages an die eigene Schläfe setzen würde.

Form follows function, oder: man sieht es ihm gar nicht an

von Ulrike Blatter

Medizinstudenten und Ärzte geben sich gern einmal dem zweifelhaften Vergnügen der Blickdiagnose hin. Blaue Lippen, gebeugter Gang, typische Augenform oder Haarstruktur, Hautverfärbung oder raue Stimme – all diese Indizien setzen Mediziner mit kriminalistischem Spürsinn zu einem Krankheitsbild zusammen, ganz ohne Apparate oder Labor. Bei Schimmeck fällt die Diagnose leicht: Elephantiasis, eine Erkrankung der Lymphgefäße, die dazu führt, dass das Gewebswasser nicht mehr abfließen kann und Extremitäten unförmig anschwellen. In den Tropen ist diese Erkrankung meist infektionsbedingt – Parasiten zerstören die Lymphbahnen, und es kommt zum grotesken Anschwellen der Körperteile, die südlich des anatomischen Äquators liegen. Unser Protagonist berichtet davon – auch wenn diese Schwellungen zeitweise durchaus lustbetont gewesen sein mögen.

Anders jedoch ist es bei der genetisch bedingten Form. Hier werden die Lymphgefäße erst gar nicht gebildet und es kommt schon in jungen Jahren zu bizarren Gewebewucherungen. Morbus Recklinghausen tritt – ungeachtet des Namens – auch außerhalb des Ruhrgebietes auf und kann zu fürchterlichen Deformierungen führen – seine Träger wurden auch schon als Elefantenmenschen bezeichnet und als lebende Monster auf Jahrmärkten bestaunt.

Der gesellschaftliche Umgang mit Monstern ist abhängig von Kultur und Epoche. Im Krimi kommt eine rabiate Methode zum Einsatz, die in der Antike hingegen durchaus gebräuchlich war: Tötung des missgebildeten Kindes kurz nach der Geburt. Was uns empört zurückschrecken lässt, wird heutzutage dank vorgeburtlicher

Diagnostik lediglich auf der Zeitschiene etwas weiter nach vorn manövriert. In einer Studie der Uni Münster bejahten schockierende 20 Prozent der Befragten die folgende Frage: »Würden Sie abtreiben, wenn bei dem Embryo eine Anlage zur Fettleibigkeit festgestellt würde?« Aber dies soll keine Ethikabhandlung werden, sondern wir wollen uns mit dem beschäftigen, was auch Schimmeck umtreibt: mit dem Bösen.

Das Böse ist hässlich. Es hat übermäßigen Haarwuchs, Fangzähne und Klauen, stinkt und hat eine warzige Nase. Auf mittelalterlichen Tafelbildern erkennt man die »bad guys« auf den ersten Blick an ihren körperlichen Entstellungen. Im Mittelalter wurden fehlgebildete Kinder als Ausgeburten der Hölle gesehen, als Makel Gottes, wie der kleine Jacob, der seine Familie angeblich ins Unglück reißt.

Der Zürcher Pfarrer Johann Caspar Lavater schrieb im 18. Jahrhundert: »Je moralisch besser, desto schöner. Je moralisch schlimmer, desto hässlicher.« Die Physiognomiker wollten aus Kopf- und Gesichtsform herauslesen, ob ein Individuum gesellschaftlich wertvoll sei oder ein gemeiner Verbrecher. Sie entwickelten das Idealbild des »geborenen Verbrechers« und diese Irrlehre führte ohne größere Umwege zur Nazi-Ideologie und ihren brutalen Vernichtungsaktionen von »lebensunwertem Leben« und sogenannt »asozialen Elementen«.

Diese Theorien wurden mittlerweile ad absurdum geführt – nicht zuletzt von ihren Erfindern: Hitler, Stalin, Mao und Pol Pot, die anerkannten Monster des 20. Jahrhunderts, wiesen keine extremen körperlichen Missbildungen auf, und so möchte man sich erleichtert zurücklehnen, denn dieser Horror ist ja längst vorbei.

Wirklich?

In Prime-Time-TV-Shows werden hässliche Entlein mit brachialen Methoden in angeblich schöne Schwäne umoperiert. Und das Böse? Kann man das auch wegoperieren?

Ach das Böse … Man sucht es immer noch. Mittlerweile ist man auf der Suche danach bis tief in den Zellkern vorgedrungen. Moderne Monster tragen keine Hauttumoren oder übermäßige Körperbehaarung. Heutzutage sitzt das Böse im Zellkern und lauert in genetischen Abnormitäten. Es bleibt abzuwarten, wie unsere Gesellschaft mit prophylaktischen Gentests umgehen wird. Zum Beispiel so: genetischer Risiko-Scan zur Einschätzung antisozialen Verhaltens direkt nach der Geburt, Einordnung auf einer Skala von Eins bis Zehn und dementsprechend Fördermaßnahmen oder lebenslanges Wegsperren? Das wäre dann aber ein Thema für einen kompletten Roman …

UWE SCHIMUNEK

Kunstfehler

Mit einer Knarre unter der Jacke muss ich erst einmal klarkommen. Das Ding hängt wie ein Eisblock im Holster. Bestimmt schlägt der Stoff Falten. So lang wie der Lauf mit dem Schalldämpfer ist. In einem fort klopfe ich mir ans Jackett. Als könnte die Wumme aus Versehen verschwinden.

Sonst löse ich meine Probleme lieber mit den Fäusten. Das hat etwas Unmittelbares. Mann gegen Mann. Nichts ist ehrlicher als eine Faust. Doch im Augenblick verlasse ich mich lieber nicht auf meinen rechten Haken. Wahrscheinlich könnte ich nicht einmal mit einem Baseballschläger richtig zulangen. Und das nur wegen dieser verdammten Trulla. Dafür bekommt sie nun die Rechnung.

Nur noch ein paar Minuten. Ich gehe zum Automaten und ziehe mir erstmal einen Kaffee. Wie klein dieser Scheiß-Schlitz ist. Mit der rechten Hand kriege ich da keine Münze rein. Zum Glück muss ich nur zwei Zwanziger versenken. Schon das ist nicht einfach mit links. Ob ich die Wumme mit einer Hand in die richtige Richtung halten und abfeuern kann?

Nein. Das muss ich beidhändig erledigen. So, wie das Trinken. Ich nehme den Kaffeebecher aus der Halterung und hebe ihn an. Doch, mit beiden Händen klappt das gut. Der Plastikbecher fühlt sich weich an. Das Ding könnte ich mit einem Griff zu einem Klumpen verarbeiten – wenn mir die rechte Hand wie gewohnt gehorchen würde …

Ein Blick ins Foyer: kein Mensch da. Nicht einmal der Empfang ist besetzt. Wie erwartet. Das bleibt auch bestimmt noch die nächsten fünf Minuten so. Ich habe das genau beobachtet. Weil die Anmeldung am Wochenende nur mit einer Notbesetzung arbeitet, trägt so eine 400-Euro-Kraft immer gegen 11:45 Uhr ihren Kittel zur Kantine und holt Essen. Das dauert bis fünf vor zwölf. Dann stopft sich das arme Würstchen am Schreibtisch ein paar Wiener rein. Jeden Samstag und Sonntag das Gleiche. Einen Notfall gab es nie. Nicht einen einzigen in der ganzen Zeit. In den ganzen Wochen meiner Tortur.

Mit dem vollen Kaffeebecher schlendere ich zum Aufzug. Der Lift ist da. Wie bestellt. Ich nehme die linke Hand vom Becher. Die Tür öffnet sich auf Knopfdruck.

Der Becher. Mein rechter Arm zuckt. Wie in Zeitlupe sehe ich meine Hand. Erst bewegt sie sich nur ein paar Millimeter. Dann schnellt sie nach oben, als hätte jemand auf Zeitraffer gestellt. So wie in den modernen Boxübertragungen: Erst ganz langsam, dann schlägt's ein wie der Blitz.

Die Brühe schwappt auf meine Hose. Scheiße. 40-Cent-Kaffee auf 'nem 400-Euro Stoff. Ich bring die Trulla um! Nicht, dass ich bis jetzt einen Zweifel gehabt hätte. Aber jetzt spüre ich den Pfusch noch einmal bis auf die Haut. Buchstäblich. So kurz vor dem Ziel.

Die Tür schließt sich hinter mir. Ich will den Becher in die Ecke werfen, aber mein Arm gehorcht mir nicht. Also gut. Tief durchatmen. Ich nehme den Becher in die linke Hand und wähle die Etage mit rechts. Dabei komme ich mir vor wie ein Spastiker. Ich muss fast in die Knie gehen. Dann treffe ich immerhin den großen Knopf mit der Zwei.

In der zweiten Etage muss ich den Umweg über die Urologie nehmen. So bleiben mir ein paar Minuten extra. Keine Schnellschüsse. Ha, was für ein Wortspiel. Ich muss wieder einen klaren Kopf bekommen. Wenn schon der Arm nicht will.

Bei den Piss-Opis habe ich zwar die Pausenzeiten nicht im Kopf. Aber dort kennt mich sowieso keiner. Wenn ich einer Schwester begegne, hilft der Russentrick: Ich frage mit rollendem »r« nach Herrrn Trrrutajew in der Derrrmatologie. Wenn die mich hinterher beschreiben sollen, bekomme ich so ein slawisches Aussehen – breite Wangenknochen, abstehende Ohren … Was sich die Kleinstadt-Muttis halt unter einem Russen vorstellen. Die glauben tatsächlich, genau das gesehen zu haben. Den Kniff hab ich vom Boss.

Die Fahrstuhltür geht auf. Auf dem Gang gähnt Leere. Meine Uhr zeigt 11:50 Uhr. Die Halbtoten stopfen wahrscheinlich gerade die Pampe vom Vertragscaterer in sich hinein, und die Schwestern dösen im Ruheraum. Ich hab mich immer gefragt, warum es so hier zeitig Essen gibt. Vermutlich handelt es sich um Schikane: Wer wieder einen normalen Lebensrhythmus haben will, soll halt gesund werden. Oder die glauben an die Goldene Morgenstunde. Vielleicht ist das so ein Psycho-Ding. Wenn alles früh anfängt, klingt das nach Disziplin. Dabei kann doch kein Mensch vor neun konzentriert arbeiten. Auch kein Chirurg. Und so eine Trulla erst recht nicht. Und dann passiert so ein Mist wie mit meinem Arm.

Eine Familie kommt mir entgegen. Frau, Mann, Oma – zum Glück kein Kind. Die lassen sich nicht mit Tricks foppen. Für die Alten reicht ein »Gutn Morrrgn.« Sofort gucken die mich an, als wäre ich ein Penner und hätte um 'ne Mark gebettelt. Ich grinse. Die senken betreten die Köpfe und schleichen in ein Krankenzimmer.

Da ist die Treppe – ein Schild zeigt nach oben zur CHIRURGIE. Nun wird's ernst. Zum Glück ist mein Zorn verflogen. Schließlich geht es hier um professionelle Arbeit. Das musste ich dem Boss versprechen. Keine Sperenzchen. Keine zertrümmerten Kniescheiben und so einen Quatsch. Der Boss war am Anfang skeptisch. Erst nach ein paar Wochen lag die Wumme in dem Paket. Sein Segen für meine Strafaktion.

Die Station. Grabesstille. Wie erwartet. Wie an jedem Wochenende um die Mittagszeit. Eigentlich sollte ich gar nicht bis zum Wochenende bleiben: Einlieferung am Montag nach einer kleinen »Plauderei« mit zahlungsunwilliger Kundschaft.

Gestürzt. Habe ich behauptet.

Einfacher Bruch im Oberarm. Stahlplatte rein. Routineeingriff. Hat die Trulla gesagt. Da war sie sich ganz sicher.

Und nun? Der Arm ist immer noch taub und funktioniert nicht. Und dann noch dieses ständige Zittern und Zucken … Die Trulla kriegt das nicht wieder hin. Vertröstet mich nur mit unverständlichem Gerede. Immer wieder.

Schluss damit.

Ich passiere das Zimmer 3/11. Die Kunststofftür ist verschlossen. Ob schon der nächste arme Kerl dort liegt? In meinem Einzelzimmer?

Immerhin ein Einzelzimmer. So musste ich nicht wochenlang das Geschnarche von so einem siechen Kassenpatienten anhören. Im Gegenteil: Flachbild-Fernseher und Blick ins Grüne – dazu jede Menge Ruhe. Der Boss fand das gar nicht schlecht. Ein bisschen Entspannung könne mir nicht schaden. Pingelig sei ich geworden in letzter Zeit. Ein richtiger Pedant.

Und wenn schon. Als wenn Langeweile jemals geholfen hätte. Mir jedenfalls nicht.

Ich trete durch die Glastür zum Ärztetrakt. Jetzt bin ich konzentriert. Keine Spur von meiner Migräne. Die ist in den Wochen hier immer schlimmer geworden. Und häufiger. Ruhe? Entspannung? Pah!

Die Tür von der Trulla ist angelehnt. Ich werfe noch einen Blick in den Flur hinter mir. Keine Schwestern. Keine Pfleger. Keine Halbtoten. Also los – ich trete ein.

Die Trulla schaut hinterm dem Tisch auf. »Sie!«

Ich schließe die Tür und gehe auf sie zu.

»Sie haben den Termin für die Nachuntersuchung am Freitag verpasst.« Sie guckt wie eine Kreuzung aus strenger Lehrerin und sorgenvoller Großmutter.

»Ich kann den Arm nicht bewegen. Seit sieben Wochen. Nach den ganzen Spritzen, Stromstößen, Physiotherapien. Was gibt es da noch zu untersuchen? Sie haben es vermasselt.«

Sie schiebt ihre Brille zur Stirn. »Aber ich …«

»Seien Sie still. Gucken Sie sich meinen Arm an. Vorher war er ganz. Jetzt ist er kaputt.«

»Das kann die verschiedensten Ursachen haben. Wir müssen da weiter diagnostisch vorgehen. In der Medizin gibt es die seltsamsten Dinge.«

»Es gibt keine seltsamen Dinge.« Ich trete noch einen Schritt näher. »In der richtigen Welt gibt es Leistungen und Fristen. Und Sie haben nicht geliefert.«

Die Trulla schüttelt den Kopf und sagt: »Wir sind doch keine Autowerkstatt, wo man ein Teil austauscht und dann läuft der Wagen wieder.«

Genug. Das hier ist kein Fernsehkrimi. Ich quatsche mir doch nicht den Mund fusselig. Bis noch jemand vorbeikommt. Ich ziehe die Knarre. Mit links. Schießen kann ich so nicht. Ich packe meine Rechte und hebe die Pistole beidhändig hoch. Die Trulla glotzt wie eine Kuh. Fehlt nur noch, dass die ihr Mittagessen wiederkäut. Ich ziele auf die Stelle zwischen ihren Augen.

Der Scheiß-Arm. Ich spüre das Zucken, noch bevor sich ein Muskel bewegt. Und doch kann ich nichts machen. Der Arm schlägt aus wie der Huf von einem wildgewordenen Gaul. Als würde er überhaupt nicht zu mir gehören. Und die Finger …

Wie in Zeitlupe sehe ich die Wumme durch die Luft fliegen. Bis zur Tischkante. Dann höre ich den Schuss.

Zusammenfassender Bericht der Polizeibehörde (Kopie an Rechtsmedizin, Staatsanwaltschaft und Klinikum, Abt. für Chirurgie), Aktenzeichen ZS/128098

Leichnam eines 46 Jahre alten Mannes von kräftiger Statur, 180 cm, 95 kg. Gemäß Obduktionsprotokoll der Rechtsmedizin fanden sich folgende Befunde: reizlose und gut verheilte bogenförmige Operationsnarbe im Bereich der rechten Schulter. Die Kontrolle des rechten Schultergelenkes ergab keine Auffälligkeiten. Im Bereich des rechten Brustkorbes, in Höhe der siebten Rippe typische Hautverletzung mit Schmauchhof und Pulvereinsprengungen, aber ohne Stanzmarke (typische Merkmale eines relativen Nahschusses). Kein Ausschuss. Die Obduktion ergab einen Schusskanal von links vorn unten nach schräg oben rechts. Gemäß dieser Befunde trat der Tod durch inneres Verbluten und Ersticken nach Aspiration (Einatmen) großer Blutmengen ein. Durch den Schuss kam es zur Zerreißung der großen Blutgefäße in Lunge und Herznähe.
Der Schuss erfolgte aus einer als gestohlen gemeldeten Pistole WaltherPPK/S mit Schalldämpfer. Die Waffe wurde am Tatort sichergestellt.
Nach Schilderung der Zeugin Dr. Anke Bolchow habe das Opfer nicht in suizidaler Absicht gehandelt. Die Oberärztin des Krankenhauses gab zu Protokoll,

vorgängig vom Opfer mit eben dieser Waffe bedroht worden zu sein. Bei dem Opfer handle es sich um einen Patienten, den sie operiert habe. Er habe danach über anhaltende Bewegungsstörungen geklagt. Deshalb sei eine weitere Diagnostik geplant gewesen.
Unmittelbar vor Ausführung der Tötungsabsicht habe genannter Patient plötzlich die Pistole fallen lassen und den Schuss ausgelöst, der ihn selbst getroffen habe. Aufgrund des komplexen Bildes wurde auch eine Schädelöffnung vorgenommen. Es fand sich ein zuvor nicht diagnostizierter Hirntumor mit Metastasen im Kleinhirn. Offenbar erklärt dieser Befund sowohl die querulatorische Persönlichkeit des Verstorbenen als auch die Ataxie (Störung der Bewegungskoordination).
Nach den vorliegenden Indizien ist von einem Unfall auszugehen. Die Leiche wird zur Bestattung freigegeben.

Kleinvieh macht auch Mist

von Ulrike Blatter

Es gibt medizinische Binsenweisheiten, die jeder Student in den ersten Semestern zu hören bekommt. Zum Beispiel: Eine Erkältung dauert ohne Medikamente sieben Tage und mit Medikamenten lediglich eine Woche.

Oder diese: Man kann Läuse UND Flöhe gleichzeitig haben. Dieser Spruch richtet sich aber nicht an Parasitologen und angehende Veterinärmediziner, sondern ist eine der wichtigsten Erkenntnisse überhaupt – besonders für Hausärzte. Gemeint ist nämlich ein Phänomen, das sich hinter dem sperrigen Fachbegriff Komorbidität verbirgt. Patienten können nämlich mehrere Krankheiten gleichzeitig haben – eben: Läuse und Flöhe.

Damit ist nicht eine beliebige Kombination gemeint, wie Gelbsucht und ein gebrochenes Bein. Diese beiden Diagnosen sind vom Krankheitsbild so verschieden, dass der geübte Mediziner sie auf den ersten Blick auseinanderhalten kann – sofern er nicht farbenblind ist. Viel schwieriger sind Erkrankungen, deren Symptome sich gegenseitig überlagern, oder wenn sich eine Krankheit in den Vordergrund drängt und die andere dadurch verschleiert wird oder einen untypischen Verlauf vortäuscht. Ganz so, wie ein Mensch, der Läuse und Flöhe hat: Beide Parasiten verursachen einen Hautausschlag. Man muss aber beide Erkrankungen therapeutisch »erwischen«, sonst wird der Patient nicht gesund.

Ein älterer Mann bricht auf offener Straße zusammen. Er hat übermäßig getrunken, ist verwirrt, reagiert aggressiv und riecht komisch aus dem Mund. Ein Nachbar erkennt ihn, weiß, dass der alte Mann dement ist. Wie würden Sie entscheiden? Soll man den offensichtlich stark betrunkenen Mann zum »Ausnüchtern« zurück in die Wohnung bringen, oder ruft man besser den Rettungsdienst? In diesem Fall ist es eine Entscheidung über Leben und Tod: Eine Blutprobe würde überraschenderweise zeigen, dass der Übeltäter, der unseren Patienten knockout setzte, nicht Alzheimer heißt und auch nicht Alkohol. Hier handelt es sich um einen unerkannten Diabetes. Mit knöchernem Finger klopft das Koma bereits an, und wenn der alte Mann nicht schnellstens Insulin und Infusionen bekommt, wird er sterben. Polizisten sind mittlerweile in diesem Krankheitsbild recht gut geschult – aber immer noch ist der Obdachlose, der »nur« seinen Rausch ausschlafen sollte und am Morgen kalt und steif in der Ausnüchterungszelle liegt, eine Horrorvorstellung für jeden Polizeibeamten.

Depressionen und Angststörungen sind ebenfalls gern übersehene Diagnosen. In ihrem Gefolge treten häufig Suchterkrankungen auf. Die Patienten stürzen und brechen sich ihre mürben Knochen, und der Hausarzt fragt sich: Was war eigentlich zuerst da? Das Ei der Schenkelhalsfraktur oder die Henne in Form von Eierlikör? Dabei liegt die Ursache vielleicht sogar noch tiefer: Vitamin-D-Mangel kann zu Knochenbrüchigkeit, Muskelschwäche und Winterdepression führen. Vitamin D wird zwar durch Sonneneinstrahlung in der Haut gebildet. Aber mal ganz abgesehen davon, dass viele Senioren nicht mehr so oft nach draußen kommen – im Alter nimmt die Fähigkeit der Haut, Vitamin D zu bilden, dramatisch ab.

Auch eine unerkannte Schilddrüsenstörung führt zu einer Reihe von Symptomen, die umso unerfreulicher sind, als dass sie der Hausarzt eventuell einer anderen Grunderkrankung zuordnet, also die Läuse bekämpft, während der Patient doch unter Flöhen leidet.

So ähnelt die Suche nach dem wahren Verursacher oft einem spannenden Detektivspiel. Auch Hausärzte müssen hierbei manchmal geradezu kriminalistischen Spürsinn entwickeln. Ebenso tragisch wie pikant war der Fall einer über 70-jährigen Patientin mit Kniegelenksarthrose. Hier stellte sich als Verursacher ein unbehandelter Tripper heraus. Die Geschichte lag allerdings schon lange zurück. Ungewolltes Kriegsabenteuer oder romantische Liebe? Darüber hatte die Patientin über fünfzig Jahre eisern geschwiegen. Aber wahrscheinlich erklärte die Infektion ihre ungewollte Kinderlosigkeit. Ob sie ihren Mann angesteckt hatte, ließ sich nicht mehr klären. Die Dame war verwitwet.

Ein Hirntumor, wie in Uwe Schimuneks Geschichte, ist übrigens als Zweitdiagnose gar nicht so selten. So entsinne ich mich an den Fall einer Patientin, die bei einem Überfall einen Schlag auf den Kopf erhielt und bei der sich im Röntgenbild ein bisher unerkannter Hirntumor zeigte. In diesem Fall war die Kopfverletzung sogar ein Glücksfall, denn der Tumor erwies sich als – gerade noch – operabel.

Der Ganove in unserem Kurzkrimi hat nicht so viel Glück – ein Umstand, der aber immerhin das Leben seiner Ärztin rettet, die sich trotz Todesangst offenbar immer noch einen ungetrübten differentialdiagnostischen Blick bewahrt hat.

Aber das bedauernswerte Opfer hat sowieso eine hoffnungslose Prognose: Tief eingefressener Hass ist bekanntermaßen eine der schwersten Erkrankungen überhaupt und so gut wie unheilbar.

WOLFGANG SCHÜLER

Der Aufschlitzer

»Ich komme dir nach, Jack.«
(Arthur Conan Doyle, »Das Tal der Angst«)

London, 1888

Der alte Mann am Kamin war in seinem Sessel eingeschlafen. Seine Füße ruhten auf einem Lederhocker, eine warme Alpakadecke hüllte ihn ein.

Ein zurückhaltendes Hüsteln weckte ihn. Vor ihm stand der Butler. John Thunders war lang und dünn und ein Muster an Diskretion. Er trug einen sorgfältig frisierten Mittelscheitel sowie buschige Bartkoteletten, die ganz ausgezeichnet mit seinem schwarzen Gehrock harmonierten.

Sir William Withey Gull benötigte mehrere Sekunden, um zurück in die Realität zu finden. »Was gibt es, Thunders? Ist meine Frau bereits von ihrem Ausflug zurückgekehrt?«

»Nein, Sir, wir haben einen unangemeldeten Besucher, der sich nicht abweisen lassen will.«

»Wer ist es?«

»Ein Inspektor Lestrade von Scotland Yard.«

»Was will der Mann?«

»Er lässt ausrichten, dass er Ihnen dies nur persönlich sagen kann.«

Sir Gull richtete sich auf, glättete sein zerzaustes Haar und seufzte. »Dann herein mit dem Kerl, in drei Teufels Namen.«

Inspektor Lestrade war ein kleiner, blasser Bursche mit einem Rattengesicht und dunklen Augen. Er steckte in einem zu engen schwarzen Anzug und hielt einen runden Hut in den Händen, den er vor Verlegenheit unablässig drehte.

»Sie haben mich geweckt«, knurrte der alte Mann. »Um zu klarem Verstand zu kommen, brauche ich jetzt eine gute Tasse Tee. Wollen Sie auch eine? Oder ist es Ihnen zu dieser Tageszeit aus dienstlichen Gründen untersagt, Heißgetränke anzunehmen?«

»Nein, Sir, das heißt ja, Sir, also ich nehme gerne auch ein Tässchen, wenn es Ihrer Gnaden genehm ist. Draußen herrscht ein zu fürchterliches Wetter.«

William Withey Gull winkte dem an der Tür wartenden Butler und fragte dann: »Was führt Sie zu mir, Inspektor? Ich nehme mal an, Sie wollen mit mir nicht über Londons klimatische Verhältnisse plaudern?«

»Nein, Sir, ganz gewiss nicht. Ich benötige Ihren fachlichen Rat.«

»In welcher Angelegenheit?«

»Sie sind eine große medizinische Koryphäe. Bevor Sie königlicher Leibarzt wurden, haben Sie lange Jahre als Professor am Guy's Hospital gelehrt und dort die chirurgische Ausbildung geleitet.«

»Ich kenne meinen Lebenslauf selbst zu Genüge. Kommen Sie zur Sache.«

»Sehr wohl, Sir. Ich benötige Ihren Beistand in einem aktuellen Mordfall. Ich nehme doch an, dass unser Gespräch unter die ärztliche Schweigepflicht fällt?«

»Nun, der Eid des Hippokrates ist zwar nicht auf eine Unterhaltung wie diese zugeschnitten, aber ich kann Ihnen versichern, dass nichts von dem, was Sie mir offenbaren wollen, hinaus in die weite Welt getragen werden wird.«

»Vielen Dank, Sir, ich weiß Ihr außerordentliches Entgegenkommen sehr zu schätzen«, entgegnete der Inspektor. »Beginnen wir mit dem eigentlichen Sachverhalt. Gestern, also am 31. August 1888, wurde in den frühen Morgenstunden, und zwar ganz genau um 3:40 Uhr, die 43-jährige Mary Ann Nichols in der Buck´s Row ermordet aufgefunden. Der Polizeiarzt Dr. Henry Llewellyn stellte bei der Untersuchung der Leiche eine Vielzahl von Verletzungen fest. Die gravierendsten Wunden waren zwei tiefe Schnitte am Hals, von denen der eine die Luftröhre, die Speiseröhre und das Rückenmark vollständig durchtrennt hatte und dabei bis an die Nackenwirbel reichte, sowie zahlreiche tiefe Schnitte im Bauch. Letztere waren alle von links nach rechts geführt worden und könnten deshalb von einem Linkshänder stammen.«

»Aha«, meinte Sir Gull. »Meine zurückhaltende Konklusion lautet: Der Mörder konnte die Frau nicht leiden. War es das, Inspektor, was Sie von mir hören wollten?«

Lestrade seufzte. »Leider noch nicht ganz, Sir. Mein kurzer Bericht eben war nur die Vorgeschichte und lediglich zur Einstimmung gedacht. Jetzt komme ich zum eigentlichen Punkt: Der Täter hat der bedauernswerten Mrs. Nichols nicht nur den Bauchraum geöffnet, sondern ihr anschließend noch einige innere Organe entnommen und sie neben der Leiche drapiert.«

»Tut mir leid, ich verstehe immer noch nicht …«

»Sehen Sie, Sir, ich habe jeden Tag von morgens bis abends mit Mord und Totschlag zu tun. Jemanden umzubringen, ist relativ einfach. Ein harter Schlag auf den Kopf, ein gezielter Stich mit dem Messer, ein gut platzierter Schuss mit dem Revolver – und schon tritt das Opfer seine Himmelsreise an und hört unterwegs die Engelschöre singen. Doch für jeden Delinquenten, der den Mord vertuschen möchte oder muss, beginnen erst danach die eigentlichen Probleme. Wie und wo soll er die Leiche unbemerkt verschwinden lassen? Manche Verbrecher fangen frischen Mutes an, die irdische Hülle zu zerteilen. Sie merken recht bald, dass das viel leichter gedacht, als getan ist. Bei fehlenden anatomischen Kenntnissen und ohne das entsprechende Handwerkszeug artet eine solche Hackstückerei nämlich zu einer Schwerstarbeit aus, die überdies mit einer riesigen Sauerei verbunden ist.«

»Inspektor, würden Sie jetzt bitte auf den Punkt kommen!«

»Ja, Sir, ich bin soeben angelangt. Der Aufschlitzer von Mary Ann Nichols hat offenbar scharfe chirurgische Instrumente verwendet und besaß ein genaues Wissen über die innere Beschaffenheit eines menschlichen Körpers. Deshalb vermute ich, dass der Täter ein ausgebildeter Mediziner sein könnte.«

»Ja und?«

»In vielen Berufen gibt es ganz spezielle Handschriften, welche die profanen Laien nicht erkennen können, die sich aber dem Eingeweihten auf den ersten Blick erschließen. An erster Stelle stehen die Maler mit ihren unverwechselbaren Pinselstrichen, Farbmischungen und Leinwänden; gefolgt von den Möbeltischlern mit ihren Furnieren und Lacken; dann die Geigenbauer mit den von ihnen verwendeten Hölzern; schließlich die Goldschmiede mit den ihnen eigenen Metallen und Legierungen. Die Reihe ließe sich beliebig fortsetzen. Nun zu meiner eigentlichen Frage: Gibt es solche Handschriften auch bei Chirurgen? Und könnten Sie, der Sie Hunderte

Studenten ausgebildet haben, eine solche Handschrift wiedererkennen?«

Der königliche Leibarzt wollte erst spontan verneinen, besann sich dann jedoch eines Besseren: »Sicherlich hat jeder Chirurg seine Eigenheiten. Sie sind aber weit weniger ausgeprägt und augenscheinlich als bei jedem beliebigen Kunstschöpfer, und außerdem nur unmittelbar während der Operation selbst sichtbar. Deshalb halte ich es für ausgeschlossen, dass ich anhand einiger Wunden und Schnitte den Verursacher derselben identifizieren könnte. Aber ich will Ihnen den Gefallen tun und mir die Tote einmal anschauen. Vielleicht fällt mir ein Detail ins Auge, welches dem amtlichen Leichenbeschauer entgangen ist. Doch in diesem Zusammenhang stellt sich mir eine Frage: Haben Sie eigentlich schon Sherlock Holmes, den berühmten Detektiv aus der Baker Street, in dieser Sache konsultiert?«

Inspektor Lestrade machte den Eindruck, als sei er soeben auf dem falschen Fuß erwischt worden. »Ach wissen Sie, Sir, ich finde, die Fähigkeiten von diesem Mister Holmes werden reichlich überschätzt«, antwortete er ausweichend.

†

Der Coroner, der sie im Leichenschauhaus in Whitechapel empfing, hatte vor seiner Ernennung mehrere Jahre lang lediglich als Advokat gearbeitet und kaum medizinisches Wissen. Insofern war sich Sir William Withey Gull sofort sicher, einige neue Erkenntnisse beisteuern zu können. Er untersuchte die Leiche von Mary Ann Nichols mit großer Aufmerksamkeit. Der Butler notierte akribisch die einzelnen Ansagen.

Dann fasste Sir Gull die Ergebnisse für Inspektor Lestrade zusammen: »Der Mörder war mindestens einen

Fuß größer als sein Opfer und sehr kräftig. Hier, sehen Sie, er hat der armen Frau mit der linken Hand mitten ins Gesicht gegriffen und ihr den Mund sowie die Nase zugedrückt. Die Abdrücke seiner Finger sind noch deutlich in Form von Blutergüssen erkennbar. Im gleichen Moment hat der Täter den Hals mit einem extrem scharfen Instrument durchtrennt. Er hielt es in seiner rechten Hand. Dies geschah mit großer Entschlossenheit. Mary Ann Nichols hatte keine Chance, sich zu wehren oder auch nur zu schreien. Die übrigen Verletzungen wurden ihr post mortem beigefügt. Auch ich gehe davon aus, dass der Mörder Linkshänder ist, weil nur Linkshänder mit beiden Händen gleichermaßen geschickt sind. Er besitzt tatsächlich große Sachkenntnis. Aber er wollte sie verschleiern. Sehen Sie hier, die Zickzackschnitte? Sie sind völlig überflüssig und haben nur den einzigen Sinn, uns glauben machen zu wollen, hier sei kein Chirurg, sondern bestenfalls ein Metzger am blutigen Werk gewesen.«

»Meinen Sie, bei dem Täter könnte es sich um einen Mann in der Art von Dr. Jekyll und Mr. Hyde handeln?«

»Davon können Sie ausgehen. Ich denke, er wird ein völlig unauffälliges Leben in einer gutbürgerlichen Existenz führen. Aber mit weiteren Informationen kann ich Ihnen leider nicht dienen. Eine mir bekannte chirurgische Handschrift lässt sich beim besten Willen nicht erkennen. Ach, doch noch etwas, das von Bedeutung für Sie sein könnte: Die Frau war geschlechtskrank. Sie hatte Syphilis, und zwar bereits in einem fortgeschrittenen Stadium.«

†

William Withey Gull hatte gelogen. Wenigstens teilweise. Er hatte sich nämlich an einen seiner Studenten namens Thomas Russell erinnert. Dieser neigte zu Anfällen von

Jähzorn, wenn ihm beim Sezieren infolge des zu reichlichen Genusses alkoholischer Getränke am Vortag die Hände zitterten. In seiner Wut ritzte er dann gern Zickzackmuster in seine Übungsobjekte.

Sir Gull ließ über seinen Butler diskrete Erkundigungen einziehen. Thomas Russell war inzwischen zum leitenden Chirurgen am St. James Hospital aufgestiegen und wohnte in der Elroy Street in der Nähe des Regent Parks.

†

Der Leibarzt von Queen Victoria steckte einen geladenen Trommelrevolver ein und ließ sich ein *Hansom Cab* kommen. Mit der Kutsche fuhr er bis zum Regent Park. Den Rest lief er zu Fuß.

Thomas Russell, ein großer Mann mit bereits ergrautem Haar, der leicht vornüber gebeugt ging, war bass erstaunt, seinen ehemaligen Professor vor der Haustür anzutreffen. Doch er fing sich rasch. »Es ist mir eine große Freude, Sir, Sie in meinem bescheidenen Heim begrüßen zu dürfen. Treten Sie doch bitte ein. Nehmen Sie Platz, am besten dort in dem Ohrensessel. Er ist sehr bequem. Darf ich Ihnen etwas zur Stärkung anbieten? Ich habe einen ausgezeichneten Rumpunsch vorrätig.«

Das Gespräch plätscherte eine Weile völlig harmlos dahin.

Sir Gull nutzte die Gelegenheit, sein Gegenüber gründlich zu mustern. Dann sagte er: »Verzeihen Sie mir bitte meine Offenheit, mein lieber Doktor Russell, aber ich will von Kollege zu Kollege zu Ihnen sprechen. Täusche ich mich etwa, oder ist Ihre Gesundheit ein wenig angegriffen?«

»Da ist nichts weiter. Ich leide unter Abgeschlagenheit und Gliederschmerzen. Etwas frische Luft wird mir guttun. Am Wochenende fahre ich an die Küste und werde mich dort in einem Badeort gründlich erholen.«

»Mit Verlaub, ich muss Ihnen leider widersprechen. Ihre Lymphknoten sind leicht geschwollen. Im Gesicht haben Sie einige schwachrosa gefärbte Flecken. Ihr Haupthaar beginnt an einigen Stellen deutlich sichtbar kreisförmig auszufallen. Das deutet auf etwas ganz anderes hin als lediglich auf ein vorübergehendes Unwohlsein.«

»Ich weiß beim besten Willen nicht, worauf Sie hinauswollen. Mir geht es gut.«

»Mir deucht, Sie haben sich die Franzosenkrankheit zugezogen.«

»Herr Professor, ich darf doch sehr bitten!«

»Mit der Syphilis ist nicht zu spaßen, sehr verehrter Herr Kollege. Sie scheinen sich momentan im zweiten Stadium zu befinden. Das ist noch relativ harmlos. Später wird es wesentlich unangenehmer. Dann bilden sich Geschwüre am ganzen Körper, und Sie verfallen dem Wahnsinn. Ich rate daher dringend zu einer Quecksilberbehandlung.«

Dr. Russell gab seinen Widerstand auf. »Sie haben leider recht. Ich bin zurzeit Strohwitwer. Meine Frau besucht ihre Verwandtschaft in Amerika und wird erst in einem Vierteljahr zurück erwartet. Aber ich habe meine Bedürfnisse. Nach einem ausgedehnten Herrenabend habe ich leider Kontakt zu einer übel beleumundeten Person aufgenommen. Der harte Schanker war das Ergebnis davon. Sie wissen genauso gut wie ich, Sir, dass eine Quecksilberkur schwere Nebenwirkungen hat und bis zum Tode führen kann. Syphilis ist kaum heilbar. Ich weiß nicht, was ich machen soll. Mein Leben ist ruiniert. Was will ich meiner armen Frau sagen, wenn sie zurückkehrt?«

Sir Gull hüstelte. »Das ist kein leichtes Los, fürwahr. Dürfte ich vielleicht den Namen jener Liebesdienerin erfahren, die Sie infiziert hat?«

»Ich weiß ihn nicht. Woher denn auch. Ich kenne die Frau noch nicht einmal. Ich war betrunken. Mir sind nur Schemen im Gedächtnis geblieben.«

»Hieß die leichte Dame vielleicht Mary Ann Nichols?«

Dr. Russell sprang auf. Er war leichenblass geworden. Sein Besucher hingegen fuhr ungerührt fort: »Haben Sie Mrs. Nichols möglicherweise kürzlich erneut besucht? Diesmal aber nicht, um dem Liebesspiel zu frönen, sondern um bittere Rache zu nehmen?«

»Was soll das werden?«, flüsterte Thomas Russell völlig entgeistert. »Haben Sie völlig den Verstand verloren?« Im nächsten Moment griff er in seine Rocktasche, riss ein Skalpell heraus und streifte die Schutzhülle ab. Die scharfe Waffe hielt er in der linken Hand wie ein Fechter den Degen.

Sein ehemaliger Professor blieb die Ruhe selbst. »Regen Sie sich nicht auf. Was geschehen ist, ist geschehen. Sie werden Ihr Seelenheil nicht zurückgewinnen, auch wenn Sie mich töten.«

»Ach ja, und was wollen Sie dann von mir, wenn ich fragen darf?«

»Wissen Sie, Mary Ann Nichols lebte in der Gosse. Sie war eine Trinkerin. Sie hätte es sowieso nicht mehr lange gemacht und wäre bald auf natürliche Weise gestorben. Vielleicht hätten Sie sogar ein gottgefälliges Werk getan, diese Dame auf humane Weise aus dem irdischen Jammertal zu erlösen.« Plötzlich nahm die Stimme des alten Mannes an Schärfe zu: »Aber Sie hätten Sie keinesfalls so grausam verstümmeln dürfen. Damit sind Sie weit über das Ziel hinaus geschossen. Einen solchen Tod hatte sie nicht verdient. Einen solchen Tod hat niemand verdient.«

Thomas Russell machte einen Ausfallschritt in Richtung seines Besuchers und schrie dabei: »Von dir widerlichem Kretin lasse ich mir keinen Mord anhängen. Stirb, du verdammter Narr!«

»So schnell stirbt es sich nicht«, antwortete William Withey Gull. Kaltblütig zog er den Revolver und schoss seinem Angreifer mitten in die Stirn.

†

Am 27. September 1888 ging beim *Central News Office* City London ein Brief ein, in dem sich der Verfasser als der Mörder von Mary Ann Nichols bezeichnete. Er nannte sich »Jack the Ripper«. Das bedeutete »Jack, der Aufschlitzer«. Damit war der Name in der Welt.

Weitere Verbrechen geschahen, die von Mal zu Mal grausamer wurden. Scotland Yard rechnete dem Ripper die folgenden Morde zu: den an Annie Chapman am 08. September 1888, den an Elizabeth Stride am 30. September 1888, den an Catherine Eddowes am gleichen Tag und den an Mary Jane Kelly am 09. November 1888. Danach brach die Mordserie ohne erkennbaren Grund ab.

Die Polizei tappte im Dunkeln. Sie verfolgte ergebnislos Hunderte Spuren. Inspektor Lestrade wollte und wollte nicht aufgeben. Er entwickelte mehrere Theorien. Keine davon erwies sich als tragfähig.

Nachdem sich Lestrade mit seinen Ermittlungen einmal im Kreis gedreht hatte, war er wieder am Anfang angekommen. Er begann erneut über die Handschrift des Chirurgen und die charakteristischen Zickzackschnitte nachzugrübeln. Am frühen Morgen des 31. Januar 1890 fiel es dem Inspektor wie Schuppen von den Augen: Er hatte den Mörder von Anfang an gekannt! Er sprang von seinem Schreibtisch auf, rannte ohne Hut und Mantel auf die Straße und ließ sich von einer Droschke in die Victoria Park Road bringen. Dort befand sich auf einem parkähnlichen Grundstück der Herrensitz von Sir William Withey Gull.

Das schmiedeeiserne Tor war diesmal verschlossen. Lestrade zog wie von Sinnen an dem Klingelzug. Den eisigen Wind, der ihm um die Nase pfiff, bemerkte er nicht.

Von Ferne näherte sich langsam ein langer, dünner Mann mit buschigen Bartkoteletten. Er war wie ein Gärtner gekleidet. »Oh, welch seltene Freude. Der Hüter des Gesetzes. Hier sind Sie immer willkommen. Bitte treten Sie ein.«

Inspektor Lestrade stutzte. »Sind Sie nicht der Butler von Sir Gull?«

»Sehr wohl.«

»Und Sie heißen?«

»John Thunders, wenn es beliebt.«

»Weshalb stecken Sie heute in der Kluft eines Gärtners?«

»Der gnädige Herr, Gott sei seiner armen Seele gnädig, meinte, dass ich in einem kleinen Haushalt wie dem seinen durchaus in der Lage sei, beide Positionen befriedigend auszufüllen. Aber kommen Sie doch herein. Sie werden sich hier draußen noch den Tod holen.«

Inspektor Lestrade erbleichte. »Sagen Sie mir jetzt nicht, dass ich zu spät gekommen bin. Was ist mit Sir William Withey Gull geschehen?«

»Er ist seiner geliebten Gattin ins Jenseits gefolgt. Ein Schlaganfall hat ihn vorgestern dahingerafft.«

John Thunders ging voraus. Lestrade folgte ihm mit hängenden Schultern. Plötzlich blieb der Gärtner stehen und drehte sich um. Der Polizist prallte mit voller Wucht gegen seine Brust.

Thunders meinte: »Falls Sie Abschied nehmen möchten. Der Herr liegt gleich hier drüben im Gewächshaus aufgebahrt. Dort ist es hübsch kühl.«

»Nein, danke. Ich stolpere während meiner Arbeitszeit ständig über Leichen. Da habe ich an zusätzlichen Toten keinen Bedarf.«

»Dafür habe ich vollstes Verständnis. Nehmen Sie bitte solange im Salon Platz. Ich bin gleich mit einer guten Tasse Tee für Sie zurück. Dann können wir in aller Ruhe plaudern.«

Wenig später saß Lestrade in einem bequemen Lehnstuhl und schlürfte genießerisch die heiße Flüssigkeit. »Können Sie sich noch an die Morde von Jack the Ripper erinnern?«

»Gewiss. Wenn ich mich nicht irre, haben sie sich im Herbst und im Winter 1888 ereignet.«

»Den Täter konnten wir nicht fassen, obwohl es Dutzende von Spuren und Hinweisen gab. Und heute kam mir endlich der zündende Gedanke: Der einzige Mann, auf den alle Details zutrafen, war Sir Gull. Ich bin heute hergekommen, um ihn zu verhaften.«

»Offensichtlich verfügte er über einen siebenten Sinn, der es ihm ermöglichte, sich auf effiziente Weise einer Festnahme zu entziehen. Aber Scherz beiseite: Ich kann es Ihnen mit bestem Wissen und Gewissen versichern, dass mein Herr nicht dieser Jack the Ripper gewesen ist.«

»Wie das?«

»Weil ich weiß, wer Jack the Ripper ist.«

»Ha, ha, sehr lustig. Veralbern kann ich mich allein.«

»Nein, ganz im Ernst. Sie wissen doch: Der Mörder ist immer der Gärtner.«

Lestrade richtete sich auf. »Hören Sie jetzt auf mit dem Unsinn!«

»Nun gut, ich gebe es zu. Ich habe ein wenig geschwindelt. Der Mörder ist zwar meistens, aber nicht immer der Gärtner: Das erste dem Ripper zugeschriebene Opfer namens Mary Ann Nichols wurde nicht von ihm getötet, sondern von einem gewissen Dr. Thomas Russell.«

»Meinen Sie den Chirurgen, der vor einiger Zeit Selbstmord begangen hat?«

»Ganz genau denselben. Aber es war kein Selbstmord. Sir Gull hat den Mörder von Mary Ann Nichols erschossen.«

»Woher will er gewusst haben, dass Dr. Russell der Täter war?«

»Weil mein Herr die chirurgische Handschrift von Dr. Russell entziffern konnte. Er stellte ihn zur Rede. Es kam zum Kampf, und Sir Gull brachte seinen ehemaligen Studenten zur Strecke.«

Lestrade runzelte die Stirn. »Nun gut, nehmen wir einmal hypothetisch an, Dr. Russell hätte tatsächlich Mrs. Nichols abgestochen und ist von William Withey Gull daraufhin ins Jenseits befördert worden. Auf wessen Konto sollen dann aber die übrigen vier Morde gehen?«

»Inspektor? Hören Sie mir nicht zu? Ich sagte doch bereits mehrfach, dass dafür der Gärtner verantwortlich ist. Oder, falls Sie es ganz genau wissen wollen: Ich bin Jack the Ripper.«

»Nie und nimmer. Sie arbeiten hier in einem hochherrschaftlichen Haus, meilenweit von der Buck´s Row in Whitechapel entfernt. Aus welchem Grund hätten Sie durch halb London reisen sollen, um in den Slums Morde an Dirnen zu begehen?«

»Das ist eine lange Geschichte. Wollen Sie die ganze Wahrheit hören?«

»Machen Sie es kurz.«

»Also gut. Vor rund zwanzig Jahren war ich ein hoffnungsvoller Student der Medizin. Über Nacht trat bei meiner Familie ein eklatanter Vermögensverfall ein. In meiner Not beantragte ich ein Stipendium. Der Stiftungsrat versagte es mir. Den Vorsitz führte, Sie ahnen es bereits, der hochwohllöbliche Sir William Withey Gull! Meine gesamte Existenz wurde durch einen einzigen Federstrich aus seiner Hand ruiniert. Ich schrieb mehrere

Petitionen. Sie blieben erfolglos. An jenem Tag, an dem ich mich schließlich aufgegeben hatte und Selbstmord begehen wollte, las ich rein zufällig eine Stellenanzeige. Stellen Sie sich vor: William Withey Gull suchte einen Butler! Ich bewarb mich und wurde sofort genommen. Allerdings hatte ich von da an die Hölle auf Erden. Sir Gull ließ keinen einzigen Tag verstreichen, ohne mir unter die Nase zu reiben, dass mich sein Großmut vor der Gosse gerettet hätte. Außerdem wäre infolge meiner minderen Begabung im ganzen Leben kein brauchbarer Arzt aus mir geworden. Schließlich und endlich bekam ich nur den halben Lohn, musste aber doppelt so viel wie alle anderen Domestiken schuften – morgens als Butler, anschließend als Gärtner, abends und nachts wieder als Butler. Aber Inspektor, Sie wissen doch: Rache ist ein Gericht, das kalt genossen werden will. Also wartete ich auf eine passende Gelegenheit. Sie ergab sich, als Sie hier hereinschneiten und Sir Gull von dem Mord an Mrs. Nichols berichteten. Mein Herr nahm die Spur auf und fand sehr bald heraus, wer der Mörder war. In der Annahme, ein gottgefälliges Werk zu verrichten, brachte er den Übeltäter zur Strecke.

Seine gute Laune verflog jedoch schlagartig, als er aus der Zeitung von dem Mord an Annie Chapman erfuhr. Da brach für ihn eine Welt zusammen. Er musste nämlich glauben, dass er einen Unschuldigen ermordet hätte. Und genau das war mein Ziel gewesen.

Der Name Jack the Ripper, mit dem ich mich in einem Brief der Öffentlichkeit vorgestellt habe, geht übrigens auf eine Anregung von Ihnen zurück, Inspektor. Sie sprachen von Dr. Jekyll und Mr. Hyde und von einem Aufschlitzer. Daraus machte ich dann ›Jack the Ripper‹. Irgendwann empfand ich sogar Freude an meiner nächtlichen Tätigkeit. Von Mal zu Mal verbesserte ich meine Kunst. Und mein Herr wurde mit jedem Mord hinfälliger. Ein Jahr lang ließ ich ihn dahinvegetieren. Dann offenbarte ich ihm das gesamte Drama. Das erhoffte Ergebnis ließ nicht lange auf sich warten. Sir William Withey Gull lief blaurot an, begann zu keuchen, Schaum trat vor seinen Mund, er erlitt einen Schlaganfall – und starb eines natürlichen Todes. Ich musste keinen einzigen Finger krumm machen. In seinem Testament hat er mich äußerst großzügig bedacht. Das ist kein Wunder, denn ich habe es eigenhändig gefälscht. In meinem ganzen Leben muss ich nun keine Not mehr leiden.«

Der Inspektor tastete nach seiner Innentasche und musste feststellen, dass er nicht nur Hut und Mantel in Scotland Yard zurückgelassen hatte, sondern auch den Revolver.

John Thunders lachte belustigt. »Glauben Sie im Ernst, mein lieber Herr Inspektor, ich hätte Ihnen das alles erzählt, wenn Sie bewaffnet wären? Vorhin, bei der kleinen Rempelei am Gewächshaus, habe ich Ihre Jacke überprüft und zu meiner größten Freude feststellen können, dass Sie sauber sind. Ganz im Gegensatz zu mir. Sehen Sie, ich habe hier einen hübschen kleinen Salonrevolver mit zwei Läufen. Auf diese kurze Distanz kann ich Sie unmöglich verfehlen. Deshalb nehmen Sie bitte die Schnüre, die rein zufällig auf dem Tischchen neben Ihnen liegen, und binden zuerst ihre beiden Füße an den Stuhlbeinen fest. Ziehen Sie den Strick fest an; und hätten Sie die Freundlichkeit einen Doppelknoten zu machen? So, sehr schön! Jetzt wiederholen Sie die Prozedur bitte mit der linken Hand und der Armstütze. Fertig? Gut. Aufgepasst, jetzt binde ich noch Ihre rechte Hand fest. Bitte wehren Sie sich nicht. Ich habe nicht die geringste Lust, Sie niederzuschlagen.«

Nachdem das Werk vollendet war, wand sich Inspektor Lestrade hilflos auf dem Lehnstuhl hin und her. »Du entkommst mir nicht, du Hund! Ich kriege dich!«

Der Mann, der sich John Thunders nannte, schmunzelte. »Das glaube ich kaum. Meine Tasche ist gepackt. Niemand kennt meinen wahren Namen. Unten an der Themse liegt ein Boot für mich bereit. Es bringt mich so schnell wie der Wind bis an die Flussmündung. Dort steige ich auf ein Schiff um. Und ehe Sie sich befreien konnten, bin ich bereits auf hoher See.«

†

Am nächsten Tag ging Inspektor Lestrade zu Sherlock Holmes und bat ihn um Hilfe. Aber der Detektiv konnte ihm auch nicht raten. »Wir wissen nicht, wohin der Bursche will. Außerdem lügt er wie gedruckt. Ich glaube weder, dass er mit einem Boot die Themse hinab gefahren ist, noch dass er jemals ein Student von William Withey Gull war. Um Gewissheit zu bekommen, wird Ihnen nichts weiter übrig bleiben, als die entsprechenden Jahrgänge zu überprüfen, aber ich denke nicht, dass Sie Erfolg haben werden. Die Welt ist groß, und die Personenbeschreibung äußerst vage. Erst wenn der Ripper irgendwo anders auf der Erde zuschlägt – und das wird er tun, verlassen Sie sich darauf – kriegen wir ihn. Also möglicherweise kriegen wir ihn«, meinte der Detektiv, und sein Kompagnon Dr. Watson nickte bestätigend.

Inspektor Lestrade bedankte sich vielmals für dieses aufschlussreiche Gespräch. Allerdings fühlte er sich erneut in seiner Ansicht bestätigt, dass die Fähigkeiten von diesem Mister Holmes reichlich überschätzt wurden.

Echte Handarbeit
von Ulrike Blatter

Meine Freundin ist Ärztin und hat eine gestochen schöne Handschrift – nur leider vollkommen unleserlich. Einer meiner Chefs führte seine Patientenakten handschriftlich – und während meiner Ferienvertretungen verzweifelte ich regelmäßig. Einmal rief mich ein Apotheker an, weil er das Rezept eines Kollegen nicht entziffern konnte – natürlich war dieser nicht erreichbar … Ägyptische Hieroglyphen waren dagegen ein Kinderspiel! Selbstverständlich war dies weder böser Wille noch ein Charakterfehler: Ärzte sind für ihre miserable Handschrift berühmt-berüchtigt, ja, es scheint eine Art Berufsmerkmal zu sein. Aber üblicherweise wissen sie zwischen Blut und Tinte zu unterscheiden und schreiben ihre Botschaften auf Papier und nicht auf menschliche Haut. Denn Ärzte stehen immer auf der Seite des Guten.

Wirklich?

Der Arzt Sir William Withey Gull ist mitnichten der Phantasie des Schriftstellers entsprungen, sondern war tatsächlich ein Zeitgenosse von Jack the Ripper. Folgt man Sir Gulls Argumentation, sind Ärzte geradezu als Mörder prädestiniert: Sie verfügen über umfassende anatomische Kenntnisse, sodass sie genau wissen, an welchen Stellen man wie lange und wie tief schneiden, zustoßen oder zuziehen muss, um den gewünschten finalen Effekt mit dem geringstmöglichen Aufwand zu erzielen. Auch in puncto Gifte sind Mediziner üblicherweise auf dem neuesten Stand. Wie sagte ein Pathologe einmal in einem Interview: »Natürlich kenne ich das Rezept für den perfekten Mord. Aber ich werde den Teufel tun und es verraten.« Diese Haltung ist löblich. Vor allem, da dieser menschenfreundliche Kollege sowieso nur mit toten Patienten konfrontiert ist.

Ich hoffe, er ist beruflich einigermaßen ausgelastet und hat keine Ambitionen, sich durch eigene Aktivitäten noch mehr Leichen aufzuhalsen.

Sir Gull erkennt den Mörder an dessen Handschrift – und zwar nicht an der Art, wie dieser Rezepte ausfüllt, sondern an der Art, wie er Messer und Skalpell handhabt. Unkonzentriertes Herumgekritzel, eine wellenförmige Arkade in die Haut des Opfers geritzt, führen den scharfsinnigen Arzt auf die Spur des wahren Täters. Ein origineller Fall von Profiling, der auch sicher zum Erfolg geführt hätte, wenn es Wolfgang Schüler nicht gefallen hätte, dem Fall ein paar unerwartete Wendungen zu verpassen. Nicht nur die Psychologie verspricht einen Blick in menschliche Abgründe, auch die Graphologie behauptet, aus der Handschrift sorgfältig verborgene Charaktereigenschaften herauszulesen. Deshalb bestehen auch heute noch manche Vorgesetzte auf einem handgeschriebenen Lebenslauf. Flüssige, gut gegliederte Schriften mit Rechtsneigung und tief stehenden Oberzeichen deuten angeblich auf Intelligenz, Kontaktfähigkeit und Gründlichkeit. Charaktereigenschaften, die einen Chef erfreuen – aber auch einem Serienmörder dienlich sind. Es ist eben alles eine Ansichtssache. Und auch ein hingesudeltes Rezept, das vom Apotheker falsch gelesen wird, kann unter Umständen fatale Nebenwirkungen entfalten. Glücklicherweise haben handgeschriebene Rezepte in Zeiten vollautomatisierter Praxissoftware mittlerweile Seltenheitswert, aber auch bei Computerausdrucken kommen Fehler vor.

Und wenn auch die Erstellung von Täterprofilen heute nicht mehr wie Anno Domini 1888 »handgestrickt« ist, sondern softwareunterstützt, kommt es auch hier zu Irrtümern. Ich erinnere mich an ein Phantombild in einem Mordfall: Es ähnelte auf fatale Weise einem prominenten Politiker.

So bieten die Taten des Rippers der Phantasie des sich wohlig gruselnden Publikums immer noch einen ganz eigenen Reiz. 1888 spielte es sicher eine große Rolle, dass die ermordeten Frauen aus dem Prostituiertenmilieu stammten. Eine Tatsache, die den zur viktorianischen Prüderie verdammten Briten zündenden Gesprächsstoff geboten haben dürfte. Und taucht der Ripper unvermutet aus den Seitengassen Londons auf, um nach vollbrachter Tat spurlos wieder im sprichwörtlichen Nebel zu verschwinden, dann hält dieser Kitzel unter Umständen sogar mehr als hundert Jahre an.

Typisch für die Ripper-Morde war übrigens, dass nicht nur Polizei und Justiz auf Verbrecherjagd gingen. Ganz besonders die schreibende Zunft engagierte sich außerordentlich: Journalisten und Schriftsteller überboten sich mit Theorien und Täterprofilen und halten den Fall bis in die heutige Zeit in allen Facetten lebendig. Sir Gull gehörte übrigens auch zum Kreis der Verdächtigen. Aber auf diese Idee kam der Schriftsteller Stephen Knight erst 1970. Und Wolfgang Schüler wird sicher nicht der letzte sein, der einen wunderbar nostalgischen Krimi über diesen Mörder schreibt. Hoffentlich reicht er ein getipptes Manuskript ein – auch Schriftsteller sind bekannt für ihre miserable Handschrift. In alten Krimis werden Täter übrigens manchmal anhand ihrer Schreibmaschine enttarnt. In einem handgetippten Brief hat das E eine Scharte oder das A einen etwas verwischten Aufstrich. Die metallenen Schreibmaschinentypen waren fast so individuell wie eine Handschrift. Aber diese Zeiten sind längst vorbei. Echtes Handwerk ist selten geworden. Die Chirurgie bildet hier eine Ausnahme, und ein blutiges Messer zieht immer die Blicke auf sich …

CLAUDIA PUHLFÜRST

Die Hoffnung stirbt nie

Kopfschüttelnd verließ Lisa die Küche. Jetzt war es also soweit. Viel eher, als sie es sich gewünscht hatte. Doch in den letzten Wochen hatten die Dinge eine unschöne Wendung genommen.

Und die anstehende Entscheidung wollte und konnte sie nicht allein fällen. Das mussten sie alle gemeinsam beschließen. Vorsichtig stiefelte sie die Treppen hinab. Wahrscheinlich ahnten die anderen schon etwas. In den letzten Tagen war sie zunehmend unleidlicher gewesen – ein sicheres Zeichen dafür, dass sie mit sich und ihrem Schicksal haderte. Meist dauerte es dann nicht mehr lange, bis sie den Rat zu einer Beschlussfassung brauchte

Sie klopfte an und öffnete die Tür. Da saßen sie um den großen Tisch herum und schauten gespannt.

»Hey, Leute! Ihr habt mich schon erwartet, stimmt's?« Lisa zog sich einen Stuhl heraus und setzte sich neben Gunnar.

»Ich möchte euch um eure Meinung über den Neuen bitten.« Jetzt hatte sie alle Aufmerksamkeit für sich. Jeder wusste, was jetzt kam. Es war immer das Gleiche. Und doch musste die Zeremonie eingehalten werden. Frank saß ihr gegenüber, und sie fixierte ihn einige Sekunden lang, aber er wartete genau wie die anderen ab, was sie dieses Mal für Argumente vorbringen würde. Lisa holte tief Luft, ehe sie den nächsten Satz hervorstieß. »Ich sag es ja nicht gern, aber der Neue taugt nix.«

Roland runzelte ganz kurz unwillig die Stirn. Oder hatte sie sich getäuscht? Nachdem sie ihm direkt ins Gesicht geschaut hatte, entschied Lisa, dass er eher unbeteiligt dreinsah.

»Ich habe das leider zu spät bemerkt. Meine Schuld, sorry Leute.« Ein kurzer Blick in die Runde und sie setzte schnell hinzu: »Ja, ja, ich weiß, was ihr denkt. Dass ich gleich von Anfang an besser hätte aufpassen müssen.« Lisa senkte den Blick auf die Tischplatte. Bernd hatte Kaffee verschüttet. »Ich bin getäuscht worden. Getäuscht und enttäuscht. Ich werde daraus lernen, versprochen.« Ein weiterer tiefer Atemzug, dann legte sie los.

»Wir leben hier in einer Gemeinschaft. Euch muss ich das nicht erklären, ihr wisst es. Jeder muss sich ein bisschen anpassen. Das tut Martin aber nicht. Er hört nicht zu. Nie. Er behauptet hinterher sogar gänzlich andere Dinge, als ich gesagt habe. Ich weiß nicht einmal, ob da Methode dahintersteckt, oder ob er tatsächlich einfach nur *nicht* zuhört. Das ist auch nicht wichtig. Martin fügt sich nicht ein. Sein Interesse gilt allein seinen Belangen. Sachliche Kritik empfindet er als persönliche Beleidigung.« Noch ehe Roland den Mund öffnen und die obligatorische Frage stellen konnte, antwortete Lisa schon. »Nein, daran wird sich nichts ändern. Nicht, dass ich es nicht versucht hätte. Geredet habe ich wie mit Engelszungen. Aber damit habe ich es nur schlimmer gemacht. Von Woche zu Woche hat sich das Klima verschlechtert. Und jetzt bin ich es leid.«

Sie sah einen nach dem anderen an. Nichts als Einvernehmen. Etwas anderes hatte Lisa auch nicht erwartet.

»Stimmen wir also ab, was geschehen soll.«

†

»Ich dachte, ich koche uns heute etwas Besonderes.« Lisa pinselte Honig auf das Stück Kassler und schloss dann die Tür des Backofens. Sie musste sich nicht umdrehen, um zu schauen, wer da eben zur Tür hereingekommen war. Dass Martin spät kam – zu spät, wie so oft in letzter Zeit – würde sie nicht thematisieren. Nicht heute. »Bist du hungrig?«

»Deinen Kochkünsten konnte ich noch nie widerstehen.« Er kam näher, und Lisa hoffte, dass er sie nicht berühren würde. »Was gibt es denn Leckeres?«

»Kasslerbraten. Nach meinem Spezialrezept.« Sie ging hinüber zum Vorratsschrank und nahm eine Flasche Wein heraus. »Dazu trinken wir ein Gläschen.«

»Gibt es was zu feiern?« Martin guckte irgendwie komisch. Ob er Lunte roch?

»Wir kennen uns heute auf den Tag genau acht Monate.« Das war nicht ganz exakt, aber er konnte es sowieso nicht nachprüfen. Martin merkte sich keine Daten, keine Geburtstage, keine wichtigen Ereignisse. Es sei denn, sie hatten direkt mit ihm zu tun.

»Ach was!«

Jetzt tat er bestürzt, und Lisa beeilte sich, ihm das vorgetäuschte schlechte Gewissen zu nehmen. »Ich hätte es auch fast vergessen, aber heute Nachmittag beim Einkaufen fiel es mir wieder ein. Machst du den Wein auf?«

»Na klar.« Martin grinste inzwischen wie ein Honigkuchenpferd. Er aß gern, besonders Hausmannskost. Und wie durch ein Wunder war auch seine Schweigsamkeit verschwunden, die ihr seit Tagen das Leben zur Hölle gemacht hatte. Irgendetwas war ihm letzte Woche gegen den Strich gegangen. Irgendetwas war ihm vorletzte Woche gegen den Strich gegangen und vorvorletzte Woche und die Monate davor. Und jedes Mal sprach er in der Folgezeit tagelang kein Wort, gab die beleidigte Leberwurst. All dieses nachtragende Gehabe. Das war echte Paranoia.

Lisa stellte die Gläser auf den Tisch und lächelte Martin zu. Alles war perfekt vorbereitet.

Die anderen hatten – wie sie fand – das richtige Urteil gefällt. Wie immer. Der Rat wusste, was in solch einer Situation zu tun war.

Martin goss ein, nahm einen Schluck Wein und wälzte ihn laut schlürfend im Mund hin- und her. Lisa war angewidert. Irgendwo musste er gelesen haben, dass dies die richtige Art und Weise sei, Wein zu verkosten. Obwohl er sonst nicht viel las. Von Musik hatte er auch keine Ahnung, geschweige denn von Kunst. Sie seufzte unhörbar. Wie war es diesem Typen bloß gelungen, ihr den eloquenten Alleskönner vorzutäuschen? Ein schneller Blick zur Uhr, dann ging sie zum Herd, um den Braten ein letztes Mal einzupinseln.

»Kasslerbraten hast du noch nie gemacht.« Sie hörte ihn schlucken. Er hatte nicht mal den Anstand, zu warten, bis sie mit ihm angestoßen hatte. »Was schmierst du eigentlich da drauf?«

»Honig. Durch die Hitze bildet sich eine schöne braune Kruste.«

»Klingt echt lecker. Ich bin gespannt, wie das schmeckt.«

»Du wirst überrascht sein.« *Vor allem von der Wirkung.* Lisa unterdrückte ein Kichern und legte ein sanftmütiges Lächeln auf ihr Gesicht, ehe sie sich umdrehte. »Noch fünf Minuten. Holst du bitte noch Servietten aus dem Wohnzimmer?«

Und er hatte keinen Hinterkopf. Also keinen schön ausgeprägten. Sein Hinterkopf war flach wie ein Brett. Männer ohne Hinterkopf waren minderbemittelt. Dazu diese Finger. Lisa schüttelte sich und sah dabei zur Tür. *Schon da hättest du stutzig werden sollen.* Lange, spatenförmige Fingernägel. Kein Typ mit solchen Händen taugte was. Und die weichen blassen unbehaarten Unterarme. Igitt!

Aber irgendwie hatte Martin sie trotzdem eingewickelt. All seine Fehler waren erst nach und nach ans Licht gekommen. Wenn sie von Anfang an richtig zugehört hätte … Mit jedem, mit dem Martin zu tun gehabt hatte, hatte es irgendwann Probleme gegeben. An denen natürlich stets die anderen schuld gewesen waren. Ein Strohfeuer nach dem anderen war aufgelodert, hatte hell gebrannt und war nach kurzer Zeit in sich zusammengefallen. *Diesmal jedoch wird es anders enden, mein Freund.*

Lisa hob den Braten heraus und begann, ihn in gleichmäßige Scheiben zu schneiden.

Alles hat ein Ende, nur die Wurst hat zwei …

Ihr leises Summen konnte er nicht hören. Martin schlürfte Wein. Ab und zu schmatzte er genüsslich. Sein Glas war schon fast leer.

»Bitte sehr.« Über dem Fleisch schwebte eine feine Wolke aus Gewürzen und Süße. Die wichtigste Zutat jedoch war geruchlos und hatte fast keinen Eigengeschmack. Lisa lächelte versonnen, während sie zusah, wie Martin sich den Teller füllte. Selbstverständlich hatte sie das Mittel getestet. Mehrfach. Es wirkte immer.

»Was gibt es eigentlich dazu?« Er sah hoch, das Messer in seiner Rechten schwebte über dem Fleisch.

»Kroketten. Kommen sofort.« Lisa stand auf und ging, die Beilage zu holen. Hinter ihr klapperte das Besteck über das Porzellan. Martins Unsitte, schon mit dem Essen zu beginnen, bevor sie auch nur die Chance hatte, sich selbst etwas aufzufüllen, hatte sie immer zur Weißglut getrieben, doch heute war sie ein Teil des Plans. Wie gut, dass fast alle Männer ihre schlechten Gewohnheiten allen Ermahnungen zum Trotz beibehielten. Die Schüssel in der Rechten drehte sie sich um. Sie konnte spüren, wie ihre Mundwinkel sich in die Breite zogen, als sie sah, wie er schneller kaute und schluckte, um sie nicht zu verärgern.

… Jawoll mein Schatz, es ist vorbei …

†

Mit dem Ärmel wischte sich Lisa über die Stirn. Fast geschafft. Unter den dünnen Handschuhen juckte die Haut. Sie betrachtete ihr Werk und fand es gelungen. Wenn sie sich mit dem Aufräumen beeilte, bekäme sie noch drei Stunden Schlaf, bevor sie zur Arbeit musste. Und sie war noch nie zu spät gekommen. Im Institut legte man Wert auf Pünktlichkeit. Pünktlichkeit und sorgfältige Arbeit.

… doch du musst nicht traurig sein …

Martins Innereien konnte sie nachher mitsamt den Bratenresten im Institut entsorgen, es würde niemandem auffallen. Biologischer Abfall wurde im Anatomischen Institut in schwarzen Tonnen mit irreversibel schließendem Deckel gut gekühlt aufbewahrt und zweimal die Woche zur Verbrennung abgeholt. Jeweils acht Studenten präparierten in den Anatomiekursen an einer Leiche und innerhalb einer Woche füllten sich auf diese Weise mehrere Behälter mit den verschiedensten menschlichen Organen.

… du bist ja nicht lang allein …

»Da ist er!« Lisa stieß die Kellertür mit dem Fuß auf und rollte die Karre in den Raum. Die altertümlichen Glühbirnen flackerten kurz und zauberten Emotionen auf die Gesichter der Anwesenden. »Martin wird euch ab heute Gesellschaft leisten.« Sie schob ihn dichter an den Tisch. »Darf ich vorstellen: Das sind Roland, Frank, Gunnar, Nico, Jörg und Bernd.« Nacheinander zeigte sie auf jeden einzelnen. »Sie waren genau wie du alle erst ein bisschen unartig, aber jetzt gehorchen sie mir aufs Wort. Nicht wahr, Leute?« Ein schneller Blick in die Runde. Lisa konnte keinen Widerspruch in den Gesichtern erkennen. »Du wirst neben Gunnar sitzen.« Vorsichtig hob sie Martin von der Transportkarre auf den Stuhl. Komplett entkernt und entwässert waren sie gar nicht so schwer.

»Ihr könnt euch jetzt in aller Ruhe und ausgiebig über euer Frauenbild austauschen.« Lisa strich Martin über die Haare. »Ich gehe mich ausruhen. War echt harte Arbeit. Und damit meine ich nicht die Kocherei.« Ihr leises Kichern prallte von den Wänden ab und kringelte sich über den Köpfen ihrer Lieben, ehe das Licht verlosch.

Mit einem milden Lächeln stieg Lisa nach oben. Bei Roland würde sie demnächst die Wangen- und Mundpartie nachbessern müssen. Die Farbe verblasste allmählich und es zeigten sich erste Risse. Was ja auch kein Wunder war, schließlich saß der Gute schon mehrere Jahre hier unten. Und zu Beginn hatte sie das Handwerk des Haltbarmachens im Gegensatz zu dem des Zerteilens und Präparierens erst lernen müssen.

Bernd hingegen sah noch wie neu aus. Und auch Frank und Jörg zeigten fast keine Alterungsspuren. Sie würden noch lange bei ihr bleiben. *In alter Frische.* Es glich ein bisschen *Dinner for one,* nur dass ihre Freunde nicht nur ihrer Phantasie entsprungen waren, sondern tatsächlich hier saßen.

Jetzt, nachdem sie Martin neben seinen Vorgängern gesehen hatte, fand Lisa, dass er doch ganz gut passte. Sie zog die Kellertür zu und beschloss, sich zum Abschluss noch einen Schluck Wein zu gönnen.

Man durfte die Hoffnung nicht aufgeben. Irgendwann würde einer auftauchen, der ihre hehren Erwartungen erfüllte.

Wie hätten Sie's denn gern?

von Ulrike Blatter

Hatte ich Big je wirklich geliebt,
oder war ich nur süchtig nach dem Schmerz?
Dem erlesenen Schmerz jemanden haben zu wollen,
der nicht zu haben war.

Carrie Bradshaw (Sex And The City, Staffel 2 Episode 12)

Geben Sie es endlich auf, liebe Leserinnen! Mr. Right gibt es ebenso wenig wie Mr. Big. Er hat noch nie existiert, nicht einmal zu Zeiten, als das Wünschen noch etwas geholfen hat – denn auch der Märchenprinz, hoch zu Ross, war nie mehr als ein trügerisches Wunschbild frömmelnder Jung- oder frustrierter Ehefrauen.

Mein Chef, seines Zeichens Unfallchirurg, sagte einmal: »Wenn Sie unbedingt heiraten wollen, dann nehmen Sie einen Chirurgen. Der stört nicht, denn er ist so gut wie nie da. Und wenn er mal da ist, dann aber richtig.«

Höre ich etwa bei solchen Macho-Sprüchen jemanden nach Luft japsen?

Was, so fragen Sie, vollkommen zu Recht, was zeichnet denn einen Chirurgen vor anderen Heiratskandidaten aus? Etwa, dass er Menschen öffnen kann? Diese Fähigkeit besitzen sicher auch zahlreiche fingerfertige Männer aus dem Kollegenkreis der Anatomin Lisa aus Claudia Puhlfürsts Kurzgeschichte. Und trotzdem hat Lisa keinen Anatomen geheiratet. Auch keinen Chirurgen. Warum eigentlich?

Gehen wir die Sache doch einmal systematisch an: Es ist nämlich wissenschaftlich erwiesen, dass jede Frau – mindestens! – sechs verschiedene Männer braucht, um wunschlos glücklich zu sein.

Erstens braucht frau einen Mann für's Handwerkliche – Reifen wechseln oder IKEA-Schränke zusammenschrauben. Nicht, dass frau das nicht selber könnte – aber sie hat genug mit der eigenen Karriere zu tun und keine Zeit für schnöde Handwerkstätigkeiten. Außerdem erzeugt körperliche Arbeit Muskeln – und die stehen einem Kerl einfach besser als einer Lady.

Zweitens braucht frau einen Mann, der genügend Geld hat, um seiner Herzallerliebsten einen angemessenen Lebensstandard zu ermöglichen. Da Frauen in unserer Gesellschaft immer noch schlechter bezahlt werden als Männer, erscheint ein gewisser Ausgleich in der Partnerschaft mehr als angemessen. In diesem Zusammenhang verdient eine vom akuten Aussterben bedrohte Spezies besondere Erwähnung: der tüten- und schachteltragende Lastesel, der ohne Murren im Laden die Kreditkarte zückt. In Zeiten des Onlineshoppings tauchen solche Männer leider nur noch in Witzblättern auf.

Selbstverständlich sollte – drittens – ein Mann auch optisch etwas hermachen. Oberflächlich betrachtet, könnte dies der Handwerker sein, da er ja durch seine Tätigkeit ein entsprechend ansprechendes Muskelprofil aufgebaut hat, aber auch hier gibt es Einschränkungen, denn …

… Viertens sucht frau einen Partner, der auch intellektuell seinen Mann steht. Selten wird ein solcher Mann jedoch die oben bereits erwähnten optischen, haptischen und pekuniären Ansprüche erfüllen, sodass auch ein Kandidat mit einem IQ von 170 kaum jemals Vollkommenheit garantieren wird.

Fünftens: Das große Kapitel der Emotionen. Welcher Mann schluchzt bereitwillig auf dem Sofa bei einem romantischen Herz-Schmerz-Film? Oder zeigt wenigstens so viel Empathie, dass er die Kleenex-Box in Griffweite rückt? Ganz zu schweigen von Jahrestagen, roten Rosen oder spontan arrangierten Candle-Light-Dinners. In diesem Bereich gähnen oft erschreckende Lücken in männlicher Herzensbildung, sodass sich frau mit Schaudern vom vermeintlichen Märchenprinzen abwendet.

Wie hieß es oben? Sechs verschiedene Männer braucht frau zum Glücklich sein? Da war doch noch etwas? Was war das nur? Ach so: Last but not least – Punkt Sex … Ein wahrhaft abendfüllendes Thema. Aber nicht immer erfüllend, Sie wissen, was ich meine.

Ach seien wir doch endlich ehrlich: Begraben wir Mr. Right– oder sollten wir ihn vielleicht besser ausstopfen?

Übrigens, bevor Sie jetzt klammheimlich zum Lachen in den Keller gehen und die stumme Sammlung Ihrer Verflossenen betrachten: Haben Sie sich eigentlich mal überlegt, wie viele Frauen ein Mann braucht, um glücklich zu sein?

DIE AUTOREN

EDI GRAF

stammt aus in Friedrichshafen. Nach Hörspielen, Kurzkrimis und Erzählungen erschienen mit »Nashornfieber« und »Löwenriss« seine beiden ersten Kriminalromane. »Elefantengold« und die Fortsetzung »Leopardenjagd« folgten. Zur WM in Südafrika kam 2010 »Bombenspiel« auf den Markt, 2012 »Verschleppt« und ein Jahr später »Kriminalpolka«.
In mehreren Anthologien ist er mit Kurzkrimis vertreten, außerdem schreibt er Reiseführer, Reportagen und Mundart.
Edi Graf studierte Literaturwissenschaft und arbeitet als freier Redakteur.

NESSA ALTURA

hat viele Storys für Anthologien, 2 Kurzprosabände und den Roman »Die 13. Klasse« veröffentlicht. Sie lebt in Süddeutschland. Bibliografie, Presse, Vita und mehr unter:
www.nessaaltura.de
Unter anderem gewann Nessa Altura den Friedrich-Glauser-Kurzkrimipreis und den Kurzgeschichtenpreis von ›Quo Vadis‹ , der Vereinigung deutschsprachiger Verfasser historischer Romane. Seit 2011 vertreibt sie literarische Textgeschenke und schreibt ein Blog unter:
www.autorenexpress.de

INA HALLER

wurde 1972 geboren. Sie lebt mit ihrer Familie im Kanton Aargau, Schweiz. Nach dem Abitur studierte sie Geologie. Seit der Geburt ihrer drei Kinder ist sie »Vollzeit-Familienmanagerin« und Autorin. Zu ihrem Repertoire gehören Kurz- und Kindergeschichten sowie Kriminalromane.
www.inahaller.ch

IVONNE KELLER

hört auf die Stimmen in ihrem Kopf und schreibt nieder, was man ihr einflüstert. Dabei kommt manchmal Gruseliges zutage, manchmal Heiteres. Verschiedene Veröffentlichungen in Anthologien und Magazinen. Ihr Debütroman »Hirngespenster« ist bei Droemer Knaur erschienen. Sie wohnt mit vier männlichen Wesen in der Nähe von Frankfurt am Main.
www.ivonne-keller.de

REGINE KÖLPIN

geb. 1964 in Oberhausen, lebt in Friesland. Publikation von zahlreichen Romanen und Kurztexten, auch als Herausgeberin tätig. Unter »Regine Fiedler« schreibt sie für Kinder und Jugendliche. Regine Kölpin leitet Schreibwerkstätten in der Jugend- und Erwachsenenbildung und inszeniert unter »Kriminelle Lesungen vor Ort« historische Stadt-/Ortsführungen. Mehrfache Auszeichnungen, u. a. nominiert für den Kärntner Krimipreis 2008, 1. Platz E.G.O.N 2009, Erhalt des Stipendiums Tatort Töwerland 2010; Auszeichnung zur Starken Frau Frieslands 2011.
info@regine-koelpin.de

MONIKA KÜBLE

Monika Küble, alias Helene Wiedergrün, geboren 1960 in Bergatreute in Oberschwaben. Studierte Sozialpädagogik in Weingarten, italienische Sprache und Kultur in Perugia / Italien, Romanistik, Germanistik und Kunstgeschichte in Konstanz. Dort wohnhaft seit 1990. Verdient ihre Brötchen mit Italienischunterricht, Stadtführungen, Reiseleitungen, Übersetzen und Dolmetschen, kunsthistorischen Vorträgen und journalistischer Tätigkeit. Hat drei Krimis mit der Ermittlerin Apollonia Katzenmaier geschrieben (Der Tote in der Grube, 2006; Blutmond, 2010; Blutmadonna, 2013).

Im August 2013 veröffentlichte sie gemeinsam mit ihrem Mann Henry Gerlach ihren ersten historischen Roman »In nomine diaboli«, der am Konstanzer Konzil spielt.
www.helene-wiedergruen.de

HEIDI MOOR-BLANK

Die Schreiblust war Ventil während des Rückzugs ins reine Mutterleben. Unterstützung und Inspiration gab die Mitgliedschaft bei den »Mörderischen Schwestern« Nach der Rückeroberung des Arbeitsplatzes in einem Softwarehaus bleibt nur noch wenig Freizeit – deshalb reicht es »nur« für Krimi-Kurzgeschichten. Schließlich muss noch genügend Zeit bleiben für die weiteren Hobbys: Theater bei der »Kleinen Bühne Landau« und schwimmen und tauchen wann immer es geht. Veröffentlicht in »Natürlicher Tod – ausgeschlossen« und verschiedenen Anthologien. Mehr unter:
www.heidi-moor-blank.de

CLAUDIA PUHLFÜRST

Kriminelle Schreibtischtäterin aus Sachsen. Herrin von »Ungeheuer« und »Sensenmann«.
Liest, schreibt, guckt Horrorfilme, gruselt sich. Spezialgebiet Humanethologie und nonverbale Kommunikation. Gibt Anthologien heraus, schreibt Fachliteratur, organisiert die Ostdeutschen Krimitage (*www.mord-ost.de*). Mörderische Schwester, Rudelführerin eines Hundes und zweier Meerschweinchen. Liebt und betreut das Buchvolk (*www.buchvolk.de*).
Schreibt zurzeit an ihrem zwölften Psychothriller.
www.puhlfuerst.com

UWE SCHIMUNEK

Leipziger Journalist und Autor, veröffentlicht Kriminalromane und Kurzkrimis. Zuletzt erschienen im Jaron Verlag »Der ermordete Gärtner – Ein Katzmann-Krimi« und »Die Leiche im Landwehrkanal – Von Gontards sechster Fall«. Schimunek liest regelmäßig bei den jahrlich stattfindenden Ostdeutschen Krimitagen und im Rahmen des Krimi-Kleinkunst-Programms »Killer-Kantate«.

REGINA SCHLEHECK

geb. 1959, lebt bei Köln. Hauptberuf: Oberstudienrätin, daneben fünffache Mutter, Referentin, Herausgeberin, seit 2002 Autorin von Hörspielen, Kurzprosa und Erzählungen, vielfach ausgezeichnet, u. a. mit dem Deutschen Phantastikpreis 2008 und dem Friedrich-Glauser-Preis 2013, gehört den »Mörderischen Schwestern« und dem »Syndikat« an.

Ihre Mutter nahm zum Glück nie Tabletten.

www.regina-schleheck.de

WOLFGANG SCHÜLER

Jahrgang 1952, arbeitet als Rechtsanwalt, Schriftsteller und Journalist. Seine erste Kriminalgeschichte wurde 1982 gedruckt. 1987 kam sein Standardwerk zur Geschichte der Kriminalistik »Verbrecher im Netz«, heraus, von dem inzwischen fünf Nach- und Neuausgaben in drei verschiedenen Verlagen mit einer Gesamtauflage von über 100.000 Exemplaren erschienen sind. Bisher hat Wolfgang Schüler über ein Dutzend Kriminalromane, Sachbücher zu kriminalistischen Themen und Sammlungen von Gerichtsberichten veröffentlicht. In zahlreichen Krimisammlungen ist er mit Kurzgeschichten vertreten.

ANETTE SCHWOHL

Nach dem Studium der Kunstgeschichte, Literatur- und Musikwissenschaft gab es noch ein Aufbaustudium Kulturmanagement obendrauf. Nach neun Jahren als Museumsdirektorin im öffentlichen Dienst begann ich 2003 mit dem Schreiben und dem Unterrichten von Kreativem Schreiben. Zuletzt erschienen: »Vom leeren Blatt zum fertigen Text« Brockhaus, ein Schreibratgeber von vier Mörderischen Schwestern.

ILKA STITZ

geboren 1960, studierte Kunstgeschichte, Germanistik und klassische Archäologie. Nach dem Studium folgte eine Ausbildung zur Journalistin für Presse- und Öffentlichkeitsarbeit. Derzeit arbeitet sie als freie Journalistin und Autorin in Köln. Von ihr erschienen mehrere historische Romane und Kurzgeschichten, teilweise in Zusammenarbeit mit Karola Hagemann (Hagemann & Stitz sowie unter dem Pseudonym Malachy Hyde). Zuletzt erschien der Roman »Harzblut«.
www.ilkastitz.de
www.hagemann-stitz.de

ANGELA TEMMING

wird 1969 in Mannheim geboren. Sie studiert Design und arbeitet in Berlin als freie Grafikerin, umgeben von reichlich Familie. Nebenbei beginnt sie, einen schnoddrigen Kriminalroman zu verfassen, in dem es um Lügen geht, um Vaterliebe, um Familie, in der man nicht mehr miteinander spricht. Es entstehen Kurzkrimis, die sie auf Lesebühnen vorstellt.
Sie bloggt unter *www.angelatemming.de* und ist Mitglied der »Mörderischen Schwestern«, liebt die Texte von Max Goldt, Nesser, Andreas Föhr, Ian Rankin und auch mal Don Winslow – und, fern von Krimis, Richard Brautigan.

UWE VOEHL
geb. in Hagen, lebt als Schriftsteller und Lektor in Bad Salzuflen. Seine Erzählung »Sternenkinder« erhielt 2007 den UTOPIA-Literatur-Preis, verliehen vom Börsenverein des Deutschen Buchhandels und der Aktion Mensch. Gemeinsam mit Ralf Kramp und Carsten Sebastian Henn schrieb er bislang fünf Krimis um die Kommissarin Carola Coltella. Bei Bastei Lübbe erscheint seine Krimi-Serie um den Hobbydetektiv Moritz Morgenstern.

PETER WARK
ist auf der Schwäbischen Alb aufgewachsen, was seiner sozialen und geistigen Entwicklung nicht geschadet hat. Behauptet zumindest er. Bisher neun veröffentlichte Kriminalromane und zahlreiche Kurzgeschichten.
www.warkkrimi.de

GUDRUN WEITBRECHT
lebt und arbeitet in Stuttgart. Sie ist verheiratet und hat einen Sohn. Seit 2001 hat sie zahlreiche Kurzkrimis sowie zwei Kriminalromane veröffentlicht. Sie ist außerdem Herausgeberin von vier Schwaben-Anthologien. Zur Zeit schreibt sie unter anderem an ihrem dritten Roman, der im Sommer 2014 herauskommt.

Immer mehr Kapitalverbrechen werden aufgeklärt. Der Tatort in seiner Einmaligkeit gehört zu den bedrohten Gebieten und bedarf der Unterstützung. Ohne ganzheitliches Konzept, das umweltverträglich und sozial ausgewogen auf die Bedürfnisse mündiger Opfer abgestimmt ist, kann heute selbst Gevatter Tod nicht einfach seiner Tätigkeit nachgehen.

Stephan Hähnel stellt sich in seinen absurden und schwarzhumorigen Geschichten dieser Herausforderung. Bei ihm fühlt sich das gemeine Verbrechen noch wohl und darf selbst mit harten Broten oder strapazierfähigem Toilettenpapier seine bösartigen Ambitionen ausleben.

www.buchvolk.de

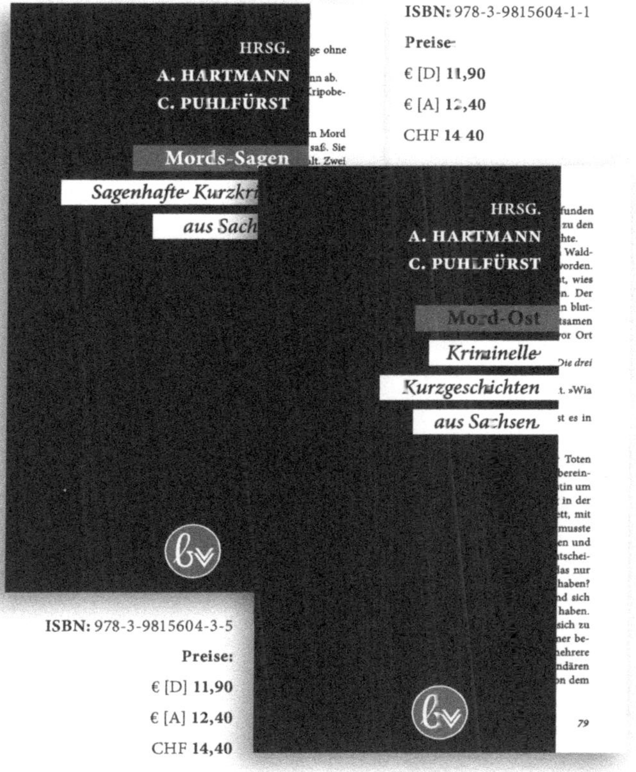

Sie lieben Grusel und Thrill? Humor? Eiskalte Stories von einheimischen Schreibtischtätern, schauderhafte Schauplätze irrwitziger Intrigen, üble Übeltäter und tödliche Taten?
Dann wird Sie dieses Buch begeistern!
Schmatzende Tote, ein Reiter ohne Kopf, böse Zwerge, unglücklich Verliebte, Totengräber, Fabeltiere, giftige Insekten oder Moosmänner – sie alle sind hier versammelt. Heimtückische Verbrechen, mysteriöse Orte, clevere Täter und bodenlose Abgründe erwarten Sie … alles rein fiktiv natürlich.
Die Arglist ist allgegenwärtig …

www.buchvolk.de